시나리오 플래닝

불확실한 시대의 성공 전략
시나리오 플래닝

차례

프롤로그 미래를 이끄는 가이드 11

불확실성이라는 괴물 21
　확실히 불확실한 세상 21
　불확실성이 증폭되는 이유 23
　기업 생태계의 불확실성 27
　확실성에 끌리는 오류 30
　불확실성의 올바른 의미는? 34
　불확실성에 관한 오해 38

예측이라는 허상 43
　불확실성을 바라보는 4가지 유형 43
　예측은 항상 틀린다 52
　미래를 바라보는 시나리오 관점 64

미래를 바라보는 2가지 관점 75
　퓨처 포워드 vs 퓨처 백워드 75
　퓨처 포워드: 파스칼의 고민 77
　퓨처 백워드: 9.11 테러의 재구성 81

Phase 0 시나리오 플래닝 계획   91

   시나리오 플래닝의 7단계   91
   시나리오팀의 구성   93
   프로젝트 일정 수립   108

Phase 1 핵심이슈 선정   117

   핵심이슈란 무엇인가?   117
   핵심이슈의 예   122
   1) 인터뷰 질문서 작성   124
   2) 인터뷰 실시   126
   3) 핵심이슈와 틀 결정   128
   4) 최고의사결정자 보고와 승인   131

Phase 2 의사결정요소 도출   133

   의사결정요소란 무엇인가?   133
   의사결정요소 도출 사례   136
   1) 기초자료 조사   141
   2) 의사결정요소 도출과 확정   147

Phase 3 변화동인 규명   **153**

    변화동인이란 무엇인가?   153

    1) 변화동인 도출의 틀 결정   157

    2) 변화동인 탐색   163

    3) 심층조사와 극점 도출   168

Phase 4 시나리오 수립   **181**

    1) 변화동인 평가   181

    2) 핵심변화동인 추출   186

    3) 시나리오 수립   189

Phase 5 시나리오 라이팅   **197**

    왜 시나리오를 써야 하는가?   197

    1) 인과분석   202

    2) 시나리오 맵 작성   212

    3) 시나리오 형식 결정   214

    4) 시나리오 쓰기   217

Phase 6 　대응전략 수립　225

　대응전략 수립의 방향　225
　1) 시나리오 시뮬레이션　227
　2) 전략 대안 도출　229
　3) 적합도 평가　234
　4) 최적전략 대안 선택　243

Phase 7 　모니터링　253

　모니터링은 왜 해야 하나?　253
　1) 모니터링요소 선정　255
　2) 사인포스트 설정　262
　3) 임계치 설정　273
　4) 시나리오 현실성 평가　280

에필로그 　열린 시각으로 행동하라　287

　시나리오 플래닝에 관한 오해들　287
　시나리오로 미래를 바라보라　293

　부록 1　개인의 고민을 시나리오로 풀기　299
　부록 2　'가정 뒤집기'로 시나리오 수립하기　306

　참고문헌　314

과거를 되돌아보지 말라. 현재를 믿으라.
더욱 씩씩하게 미래를 맞으라.

헨리 롱펠로 Henry Wadsworth Longfellow

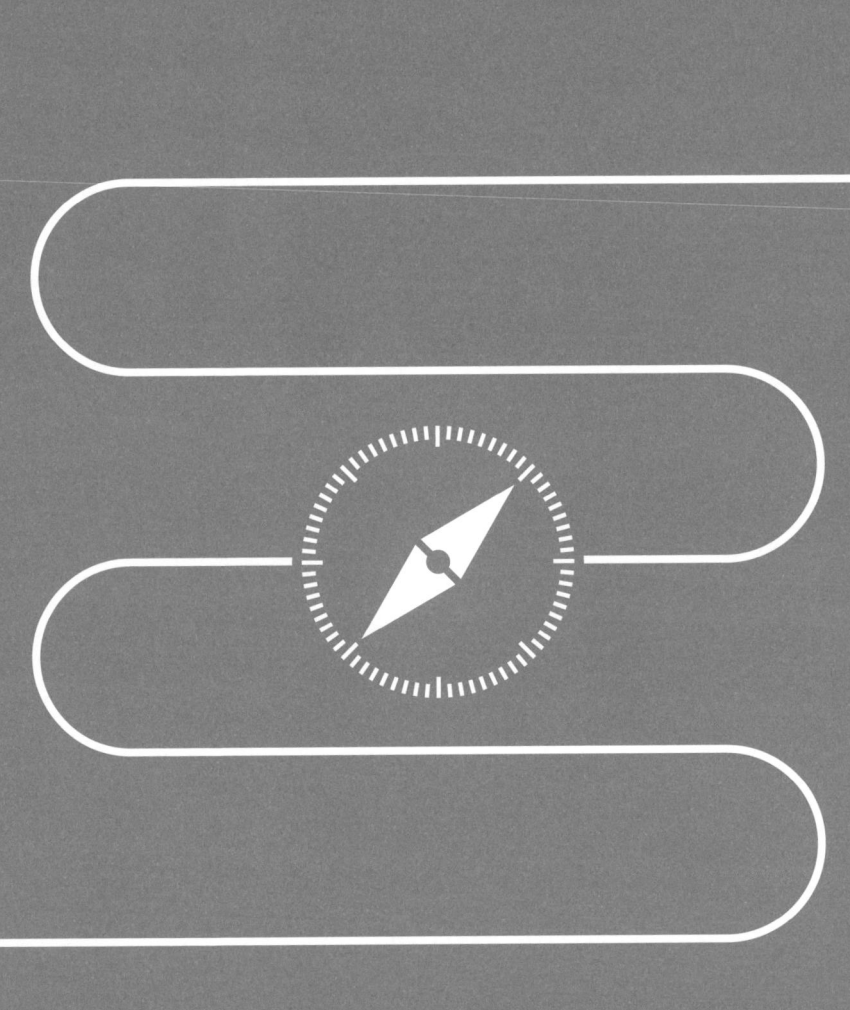

프롤로그
미래를 이끄는 가이드

1

태풍 '곤파스'가 전국을 강타하고 지나간 2010년 9월 3일, 출근길을 나서던 나는 놀라운 광경을 목격했다. 아파트 외부 주차장에 세워진 차 한 대가 바람을 견디지 못하고 쓰러진 나무에 깔린 것이다. 언뜻 봐도 뽑은 지 얼마 안 된 그 차는 수리해도 소용없을 만큼 크게 파손됐다.

하룻밤 만에 이 지경이 된 차를 바라보는 차주의 마음은 어떠할까? 처음에는 놀라고 당황한 그에게 곧이어 후회가 물밀 듯 밀려오고 이런 저런 문장들이 머리를 휘젓고 다니지 않을까?

'차를 안전한 곳에 주차했어야 했는데…'
'차를 어떻게 빼내지? 천재지변인데 자동차 보험이 적용되긴 할까?'

이 이야기는 사람들이 미래의 불확실성에 어떤 태도를 지니는지 상징적으로 보여준다. 대부분의 사람들은 태풍 피해가 발생할 거라는 일기예보를 들어도 '설마 나에게 무슨 일이 생기겠어?'라며 위험에 대비하는 행동을 하지 않는다. 무언가가 계속해서 '신호'를 주는데도 그런 리스크가 자신을 피해갈 거라고 예측하고 기대한다.

"내일 특급 태풍이 전국을 강타할 것으로 보입니다!" 당신은 이 일기예보를 듣자마자 주차장으로 달려가 차를 안전한 곳으로 옮겨 놓겠는가? 이 책은 "그리 하겠다."라고 대답하는 사람들을 위한 책이다.

2

2011년 3월 18일, 나는 금요일 저녁의 느긋함을 만끽하면서 공원을 산책하던 중에 평소에 잘 알던 고객의 전화를 받았다. 그는 바로 다음 날인 토요일에 워크숍을 진행할 수 있겠냐는 부탁을 해왔다.

'토요일에 워크숍을?' 의아해 하던 나에게 그는 "동일본 대지진(2011년 3월 11일 발생) 이후의 불확실성에 우리 회사가 어떻게 대처해야 하는지 고민하던 차에 시나리오 플래닝을 써서 대응 방안을 미리 수립해야 한다는 의견이 내부에서 모아졌습니다."라고 대답했다. 동일본 대지진 사태의 후폭풍이 자신들에게 큰 영향이 미칠 것임을 직감한 경영진은 상황을 올바로 대처하지 못하면 감당할 수 없는 리스크를 떠안을 거라는 절박함을 느끼고 있었다.

그런데 당시 언론이나 경제연구기관들은 대지진이 경제에 미칠 영향이 크지 않을 거란 의견을 많이 내놓았다. 대지진이 일어난 일본 북동부 지역이 일본 경제에서 차지하는 비율이 8% 밖에 안 된다는 점, 1995년 고베 대지진 이후에도 상황이 비교적 빠르게 회복되었다는 점 등이 주장의 근거였다.

하지만 이를 부정하는 의견도 만만치 않았다. 후쿠시마 원전의 냉각장치가 고장나 외벽이 붕괴되면서 상당량의 방사능 물질이 유출되었고, 비교적 멀리 떨어진 도쿄 등의 지역에도 방사능이 검출됐다는 소식이 전해지면서 우리나라를 비롯한 전 세계가 방사능의 공포에 사로잡혔다. 체르노빌 사태 이후 최대 원전 사고로 기록될 원전 폭발이 일본 경제를 장기 침체에 빠뜨릴 거란 전망도 강하게 제기되었다. 방사능 확산으로 인한 생산시설의 가동 중지, 일본 국민의 심리적인 동요와 이탈, 재해 복구 시스템에 대한 불신, 일본산 제품의 방사능 오염 가능성 때문이었다.

사람들은 긴급하고 위험한 사건이 발발하면 처음에는 상황이 악화될 거라 우려한다. 그러나 시간이 흐를수록 비관론은 낙관론으로 바뀐다. '설마하니 상황이 나빠지겠어? 잘 복구되겠지. 별 문제 없을 거야.'라고 안심한다. 당시에도 이런 경향이 여지없이 나타났다. 망가진 원자로 냉각장치에 전력을 공급했다는 소식, 소방대원들이 목숨을 걸고 '물 쏟아붓기 작전'에 성공했다는 소식을 접하고 사람들은 곧 문제가 정리되리라 낙관했다.

"하지만 비관론이 낙관론으로 전환된다고 해서 불확실성이 지닌 리스크가 사라지는 것은 아니지 않습니까?" 이 책은 이렇게 반문하는 사람들을 위한 책이다.

3

인간이 이 땅에 출현한 이후 한순간도 미래를 논하지 않은 적이 없다. 생존은 인간에게 부과된 지상 과제이며, 언제나 현재가 아니라 미래의 문제다. 시간은 늘 오늘에서 내일로 흐를 뿐 방향을 거스르는 일이 없다. 우리는 불확실성이라는 별들로 가득한 우주에 살고 있다. 내일을 미리 볼 기회는 누구에게도 허용되지 않는다. 미래는 무차별적으로 누군가에게 희망과 기회라는 선물을, 또 다른 누군가에게 절망과 위협이라는 형벌을 내린다. 음침한 길모퉁이를 돌자마자 어깨를 움켜쥐는 것이 구원의 손길인지 악의에 찬 저주의 손길인지 우리는 알 방법이 없다. 미래는 언제나 호기심과 두려움이라는 야누스의 얼굴로 인간의 삶과 동행한다.

그럼에도 우리 인간은 불확실성이 지배하는 세상에서 제법 잘 생존해오고 있다. 인간이 다른 동물들과 구별되는 요소 중 하나를 고르라면 늘 미래를 고민하고 탐구한다는 점이다. 선사시대에 제단 위에 세운 크고 작은 종교도, 사회라는 집단에서 구축한 정치 체계도, 우주탐사선을 태양계 바깥으로 쏘아 보낼 정도의 과학도, 제어 불가능한 핵전쟁의 위험에 스스로를 몰아놓은 가공할 만한 무기 제조능력도 결국 미래를 마주해야 할 인간의 두려움과 호기심이 역사의 원동력으로 작동한 결과물들이다.

하지만 이런 놀라운 결과물들은 인간에게 "미래를 정복할 수 있다!"는 자신만만함을 부여하는 부작용을 함께 낳았다. 급기야 좀 더 많은 노력을 기울이고 충분한 시간을 들이면 미래의 불확실성을 확실한 것으로 바꿔놓을 수 있다고 믿는 지경에 이르렀다. 과학과 기술의 발달은 그런 믿음을 더욱 자극하고 가속한다. 먼 과거에는 미래를 예측하기가 아주 수월했다. 그때는 모든 것이 단순한 세계였다. 그러나 오늘날은 양상이 매우 다르다. 우리는 이미 타임머신이 발명되지 않고서는 미래를 예측하기 어려운 매우 복잡한 시대에 접어들었다. 누구도 여기에서 빠져나갈 수 없다.

예측으로 미래를 정복한다? 꿈꾸는 건 자유지만 목표로서는 아주 공허하다. 인간은 공간의 3차원에 한쪽 방향으로만 흐르는 시간 축을 더한 우주에 사는 존재이기 때문이다. 신은 인간이 이 우주에서 무엇을 하든 상관하지 않았고 앞으로도 그렇겠지만(적어도 즉시 반응은 안 할 것이다), 과거와 미래의 시간을 자유롭게 여행하는 초超우주적 생활만은 끝끝내 허락하지 않을 것이다. 미래를 정복하는 일은 우리가 신이 되어야만 가능하다.

좀 더 지혜로울 필요가 있다. 미래를 예측할 수 있다는 헛된

꿈을 꾸기보다는 미래를 대비하겠다는 자세를 가져야 한다. '미래를 예측하는 것'과 '미래를 대비하는 것'은 언뜻 보면 같은 말처럼 느껴지지만 그 의미는 상당히 다르다.

'미래를 예측한다'는 말은 점을 치듯 어떤 일이 일어날 거라고 단정함을 의미한다. 물론 이런 단정적인 예언에 따라 무언가를 대비할 수 있지만, 그 대비는 언제나 불완전하다. 예측한다는 것은 마치 1만 가구가 모여 사는 어느 도시에서 A씨네 집에 화재가 발생할 테니 미리 대비하라는 말과 다를 바 없다. 나머지 9,999가구에는 아무런 대책을 세우지 않는 형국과 같은 것이다. 그만큼 예측은 불완전하다.

반면 '미래를 대비하라'는 말은 1만 가구 중 어느 집을 '찍는 일'은 포함하지 않는다. 대비하라는 말은 마치 그 도시에 화재가 일어날 가능성이 있으니 발생하지 않도록 누구나 사전에 조치하고, 만일 사고가 일어나면 어떻게 대처할지 포괄적으로 논의하라는 말과 같다. 이것이 미래를 대비하라는 명령문의 진정한 의미다. 그리고 시나리오가 이 모두를 가능하게 한다.

시나리오의 유용함과 필요성은 톰 행크스가 주연한 영화 《아폴로 13호》를 보면 절실하게 느낄 수 있다. 이 영화는 기체 이상으로 달에 착륙하기는커녕 자칫 우주 미아가 될지 모르는 다급한 상황을 묘사한다. 영화에는 비상사태가 발생하자 승무원은 물론이고 텍사스 휴스턴에 위치한 통제 센터의 요원들이 문제를 해결하느라 급박하게 움직이는 상황이 등장한다. 이 장면을 보며 인상적이었던 점은 위험에 직면한 승무원들 사이의 긴장감이 아니라 그들이 문제를 해결하는 과정에서 한시도 손에서 놓지 않았던 두꺼운 매뉴얼이었다. 승무원들은 그 매뉴얼에서 위험 발생 상황에 따라 어떻게 행동하고 조치해야 하는지를 검색하고 참조하며 위기를 극복해간다. 또 한 가지 인상적이었던 것은 통제 센터에서도 우주선과 동일한 환경을 갖춰놓고서 승무원들과 똑같이 문제를 풀어가며 조치 방법이 적절한지 테스트하는 장면이었다.

이 영화는 우리가 불확실한 미래에 대처하는 데 준비하고 수행해야 할 거의 모든 것을 보여준다. 시나리오Scenario란 그들의 손을 떠나지 않았던 매뉴얼이고, 시나리오 플래닝Scenario Planning이란 그런 매뉴얼을 만들어가는 과정이다. 시나리오는 딱 떨어지는 하나의 수치를 토해내지는 않지만(또한 그럴 의도도 없지만) 우리가 그것을 손에 쥔다면 미래를 미리 테스트해볼 수 있다. 미래에 어떤 일이 벌어지는지 관찰하면 실제 상황과 마주할 때 어떻게 대처할지 힌트를 얻을 수 있다. 이는 예측이 주지 못하는 시나리오만의 효용이고 시나리오 플래닝으로 달성해야 할 목표다. '미래의 미아'로 불행한 내일을 살고 싶지 않다면 필히 시나리오 플래닝이라는 나침반을 손에서 놓지 말아야 한다.

연말이나 연초가 되면 미래를 전망하는 예측서들이 서점 판매대를 점령한다. 그런 책들은 하나같이 '미래가 이렇게 된다'라며 미래를 꿰뚫고 있다는 투로 우리를 현혹한다. 하지만 미래의 가장 큰 부분을 차지하는 불확실성은 별로 다루지 않는다. 그래서 미래를 충분히 예측 가능한 대상으로 오인하게 만든다. 만일 미래 예측서를 기대하고 이 책을 집어 들었다면, 미안하지만 당신의 선택은 틀렸다. 이 책은 예측으로 미래를 정복하기보다 시나리오로 미래를 대비하라는, 보다 현실적인 주문을 던지기 위해 쓰였다. 나는 독자들에게 미래를 꿰뚫어 보는 능력을 함양시킬 목적으로 이 책을 쓰지 않았다. 이 책은 미래를 여러 가능성으로 그려보고 대비하기 위한 구체적이고 실무적인 방법에 초점을 맞췄다.

4

2000년 무렵, 내가 모 컨설팅 회사에 근무하고 있을 때였다. 어느 날 한 고객으로부터 의뢰가 들어왔다. 컨설팅 요청은 뭐든 까다로운 법이지만, 그 건은 특별했다. 시나리오 플래닝이었기 때문이다. 당시엔 회사 내의 어느 누구도 방법론을 아는 사람이 없었기에 수주할 것인가 말 것인가를 놓고 잠시 논쟁이 일었다. 고객 관계를 고려해 수주하기로 했지만 그 다음이 문제였다. 과연 누가 그 일을 수행할 것인가? 불행인지 행운인지 여러 사람의 손사래에 표류하던 그 일은 때마침 프로젝트를 끝내고 쉬고 있던 나에게 떨어졌다. 없는 방법론을 맨땅에서 새로 만들랴, 그걸 적용해 과제를 해결하랴, 그야말로 눈코 뜰 새 없었다. 항상 시나리오들이 머릿속을 떠다니는 통에 잠을 이루기 힘들었다.

3개월 동안 겪었던 그때의 시련을 돌이켜보면 새삼 감사할 따름이다. 그 경험이 나를 시나리오 플래닝의 세계로 인도했기 때문이다. 이 책에는 그때부터 갈고 다듬어온 실천 방법론과 노하우가 모두 녹아 있다. 부디 시나리오 플래닝의 진수를 즐겁게 맛보기 바란다.

유정식

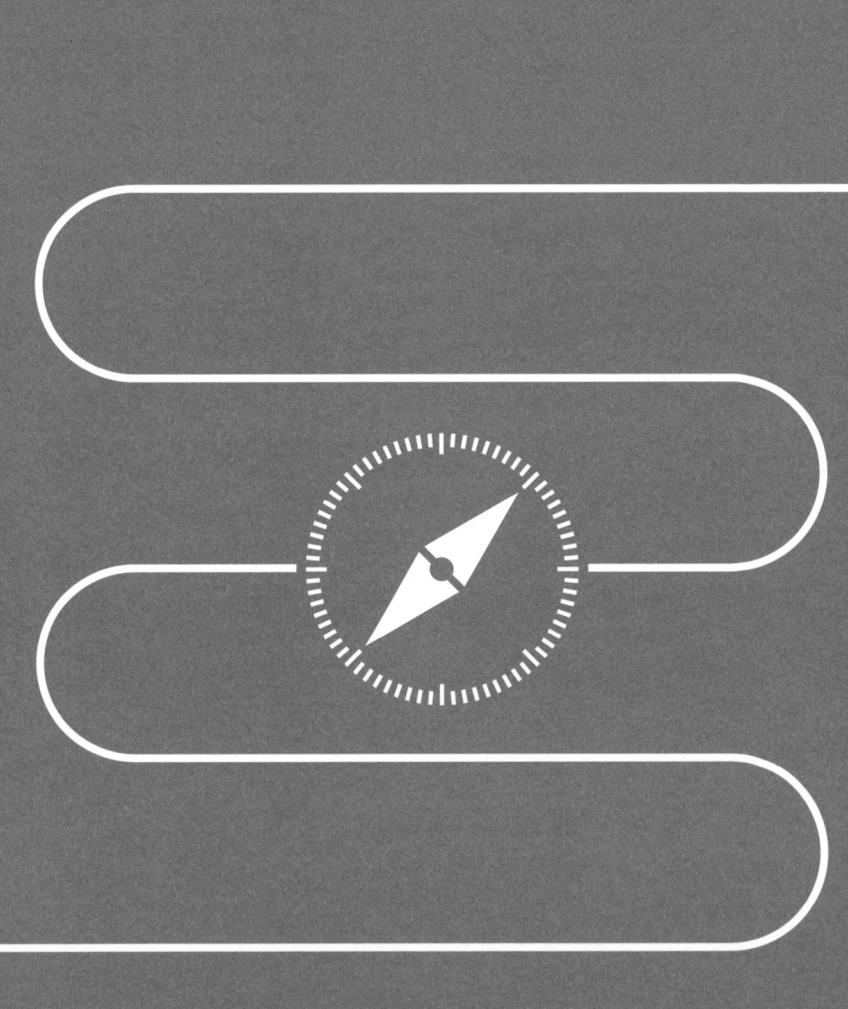

불확실성이라는 괴물

확실히 불확실한 세상

메사추세츠 공과대학교의 기상학자인 에드워드 로렌츠Edward N. Lorenz는 1960년대 초에 기상의 변화를 컴퓨터로 시뮬레이션하는 연구를 진행했다. 기상을 모사하는 여러 방정식의 변수에 값을 대입해보면서 어떤 결과가 발생하는지 이해할 목적이었다. 그는 실험 도중 이상한 점을 발견했는데, 검증하려고 실시한 두 번째 시뮬레이션이 첫 번째 시행과 판이하게 다른 결과(다른 기상 현상)를 산출한다는 점이었다. 그는 컴퓨터가 고장 났거나 프로그램이 잘못 설계되었거나 둘 중 하나라고 추정했다. 하지만 두 번째로 시뮬레이션할 때 소수점 넷째 자리를 반올림해서 대입한 것이 문제의 원인으로 밝혀졌다. 초깃값의 사소한 차이(반올림 과정에서 없어진 소수점 넷째 자리 이후의 숫자들)가 결과의 커다란 차이로 증폭될 수 있다는 점을 우연히 발견한 것이다.

영화 《쥬라기 공원》에서 멋진 가죽 재킷을 입고 출연하는 말콤 박사는 손등에 물방울을 떨어뜨리며 말한다.

> "손등에 난 솜털, 땀, 먼지, 바람 등 수많은 요소가 작용하여 매번 흐르는 방향을 다르게 만들듯이 정교한 시스템으로 설계된 인공의 생태계는 아주 작은 변화에도 붕괴되고 말 것이다."

아주 작은 변화들이 전혀 다른 결과를 이끌어내는 이런 현상에는 아마존에서 나비가 날개를 한 번 펄럭이면 텍사스에 허리케인이 일어날 수 있다는 의미에서 '나비효과'라는 다소 목가적인 별명이 붙었다. 하찮아 보이는 차이가 시간이 지날수록 엄청난 파국을 야기할 수 있다는 점 때문에 나비효과는 과학자뿐만 아니라 일반인(특히 금융업계 종사자들)에게까지 패러다임을 전환시킬 만한 충격으로 받아들여졌다. 아프리카 어느 지역에서 벌어지는 부족 간의 전쟁이 텍사스산 중질유 가격의 폭등으로 이어질 수 있고, 우리나라 교육열이 어느 순간 푹 가라앉는다면 미국 부동산 경기가 하강 국면에 접어들지 모르며, 누군가 무심코 신고 나간 검정 고무신이 패션계를 뒤흔드는 복고復古 패션의 아이콘이 될 수도 있다는 것을 나비효과가 시사하기 때문이다. 무엇이 무엇에게 어떤 영향을 미쳐서 어떤 혼돈을 야기할지 누구도 알 수 없다. 아무도 손등에 떨어진 물방울의 진행 방향을 정확하게 예언하지 못한다. 이러한 현상을 학문으로 정립한 이론이 '카오스 이론' 또는 '혼돈학chaotics'이다.

혼돈은 우리를 둘러싼 물리적 환경의 '불확실성Uncertainty'을 낳는 '확실한' 원동력으로 작용한다. 물리적 환경의 불확실성은 인간의 생활과 사회 현상의 불확실성으로 이어진다. 그리고 그 세계에서 이윤을 추구하는 기업도 불확실성의 숲에서 '확실히' 벗어날 수 없다. 나비효과는 날씨의 세계에만 존재하는 요술이 아니라 거미줄처럼 연결된 '기업 생태계'를 지배하는 절대 권위의 법칙이 되어 끊임없이 불확실성을 양산해낸다. 어떨 때는 기회로, 또 어떨 때는 위협으로 작용하는 불확실성 때문에 기업의 전략 실행은 어제보다 오늘이, 오늘보다 내일이 점점 더 어려워진다. 어제 수립한 전략이 오늘이면 휴지 조각으로 전락하고, 오늘 예측한 미래가 내일이면 곧장 거짓말로 드러난다. 이렇게 매번 틀리면서도 또다시 예측에 기댈 수밖에 없는 '양치기 소년'의 딜레마에 기업들은 어느덧 빠져 있다. 이것이 '확실히 불확실한' 세상에서 이윤을 추구하려는 기업들이 어쩔 수 없이 치러야 할 대가이자 숙명이다.

그런데 불확실성은 가만히 있으면 좋으련만 왜 점점 커지는 것일까? 무슨 특별한 이유라도 있는 걸까?

불확실성이 증폭되는 이유

나비효과는 수만 년 전의 원시시대에도 분명 존재했다. 그때도 바람이 불었고 비가 왔으며 눈이 내렸고 천둥이 쳤을 테니까. 그러나 당시 나비효과는 인간사회에 미치지 못한 채 구름과 빗방울 사이에서만 존재하는 개념이었다. 원시시대의 인간사회 규모는 씨족의 범위를 넘지 못했고, 이따금 마주치기도 했지만 각 씨족 사이의 거리는 상호작용하기에 턱없이 컸다. 돌을 깎거나 흙을 빚어 만든 도구들은 보기만 해도 누구나 사용법을 알아차릴 정도로 단순했다. 때때로 홍수나 맹수의 공격처럼 목숨을 위협하는 돌발 사건이 삶을 힘겹게 했지만, 그런 일 역시 때가 되면 바뀌는 계절의 순리처럼 '확실성의 영역'에 해당했다. 반복되는 일상에서 내일 무엇이 일어나고 다음날에는 어떤 일이 생길지 누구나 알고 있었다. 아니, 미래에 생길 예기치 못한 일에 별로 관심이 없었다고 해야 옳을 것이다. 불확실성은 아예 인식되지 않았기에 분명 사람들의 일상사에 별다른 영향을 미치지 못했을 것이다.

반면 현대인들은 입버릇처럼 '지금은 불확실성의 시대'라고 말한다. 그리고 날이 갈수록 불확실성이 증폭된다고 푸념한다. 무엇이 이토록 불확실성을 점점 크게 만들고 있을까?

인류는 씨족사회를 부족사회로, 부족을 국가로 발전시키면서 서로 자웅을 다투기 시작했고 생산력과 군사력 증강을 목적으로 꾸준히 인구를 증가시켰다. 단순하고 조악했던 도구는 날로 정교해지고 복잡해졌다. 입에서 입으로 전해지던 지식은 종이의 발명과 인쇄술의 보급으로 질적으로나 양적으로나 급격히

팽창했다. 점성술 수준에 머물렀던 과학은 서서히 종교적 세계관을 뛰어넘으며 엄정한 논리 체계를 갖추기 시작했다. 가축이나 인력에 의존하던 탈것들은 증기기관과 내연기관의 발명 덕에 사람과 사람 사이의 거리를 극적으로 좁혀 놓았다. 한 마을에서만 머물던 소문은 매스미디어의 출현으로 삽시간에 모든 방향으로 퍼졌다. 컴퓨터는 놀라운 연산력과 엄밀함으로 인간의 능력을 극대화시켰을뿐더러 급기야 개인과 개인 사이를 실시간 네트워크로 연결하며 상호작용을 최고조에 이르도록 만들었다.

이렇듯 인류의 삶은 시간이 흐를수록 원시사회의 수준에 비해 크게 향상됐지만, 그러는 동안 한없이 커져버린 불확실성이라는 괴물과 맞닥뜨려야 했다.

상호작용 결정의 3요소

불확실성이 이처럼 커져버린 이유와 앞으로도 계속해서 커지게 될 이유는 모두 상호작용의 폭증 때문이다. 예를 들어, 50명의 학생들이 모인 교실을 상상해보자. 이들은 모두 지극히 내성적이라서 서로가 말 한마디는커녕 눈길조차 보내지 않는 특이한 학생들이다. 언제나 조용한 이 교실의 담임교사는 아주 편안하게 학급을 관리할 수 있을 것이다. 이와 달리 학생들 모두 한 주먹씩하는 다혈질이라면 담임교사는 '오늘도 제발 무사히'를 기원하며 하루하루를 보낼 것이다. 학생들 간의 상호작용이 클수록 나비효과가 숱하게 '날아들어' 어디로 튈지 모르는 불확실성을 낳기 때문이다.

좀더 파고 들어가 보자. 그렇다면 상호작용의 크기는 무엇이 결정할까?

첫째, 상호작용의 양적 크기는 한 시스템에서 활동하는 '플레이어player'의 규모에 비례한다. 5명이 정원인 교실과 50명이 정원인 교실을 비교할 때, 다른 조건이 모두 동일하다면 후자의 교실에서 상호작용이 더 활발하게 일어나기 마련이다. 이는 수학으로 증명이 가능하다. 5명인 교실에서 '나'는 4명의 다른 아이와 우정을 맺을 수 있으므로 모두 20개(=5×4)의 사회적 링크가 형성된다. 반면, 50명인 교실에서는 2450개(=50×49)나 되는 링크가 만들어진다. 이를 일반화하면 정원이 N명일 때 링크의 개수는 N(N-1)개가 된다. 이처럼 상호작용의 양적 크기는 시스템 내에서 활동하는 플레이어의 규모에 따라 기하급수적으로 팽창하는데, 이런 현상을 '메칼프의 법칙Metcalfe's Law'이라고 부른다.

둘째, 상호작용의 질적 크기는 플레이어들이 보유한 지식knowledge 수준에 따라 결정된다. 모든 학생들이 한글의 자음과 모음만을 겨우 알 때와 유창하게 우리말을 구사할 줄 알 때의 차이를 감안하면 당연히 후자의 상호작용 질이 더 우수할 것이다. 학생 수가 아무리 많아도 아는 게 없으면 서로 이야기 나눌 거리가 생기지 않는 법이고, 설령 말을 주고받는다 해도 고차원적인 아이디어의 공유가 어렵기 때문이다.

셋째, 상호작용의 양적 또는 질적 크기는 커뮤니케이션

communication에 달려 있다. 학생들 대부분이 높은 지식 수준을 성취했다 해도 입을 굳게 닫은 채 고개를 푹 숙이고 책만 내려다본다면 상호작용이 생길 리 없다. 말을 주고받든, 표정과 몸짓을 주고받든 서로 소통해야 지식이 가치를 발현할 수 있다.

정리하면, 상호작용의 크기(질적, 양적)가 커지면 불확실성은 증폭되고, 플레이어의 수, 지식의 수준, 커뮤니케이션이 상호작용의 크기를 결정한다

기업 생태계의 불확실성

상호작용의 증폭을 '기업 생태계'에 그대로 대입하면 기업을 둘러싼 환경의 불확실성이 왜 지금까지 커져왔으며 앞으로도 증폭될 것인지 깨달을 수 있다. 알다시피 인구는 기하급수적으로 증가해왔다. 1900년대에 10억 명이었던 세계 인구는 이후 6배가 성장하여 2022년 11월 기준으로 약 80억 명에 달한다. 2050년이 되면 100억 명 수준에 이를 것으로 전망된다. 인구 증가는 고객 니즈Needs의 성장과 복잡성을 의미한다. 고객 니즈는 매우 다양하고 복잡한 양상으로 기업들을 압박하는데, 시간이 흐를수록 고객의 까다로움은 더욱 심화될 것이 분명하다. 좋은 제품을 싸게 구입하기만 하면 만족했던 고객은 이제 제품의 감성과 환경의 지속가능성까지 요구한다.

기업의 물리적 형태도 다양성을 띠며 새로운 경쟁 국면을 만들어낸다. 대규모 다국적기업이 로컬기업의 세력을 밀어내는

한편, 1인기업과 같은 미니기업들이 니즈의 틈새를 파고들며 짭짤한 이윤을 창출한다. 굴뚝을 버리고 온라인에서만 존재하기도 하며, 온라인기업들이 슬며시 굴뚝산업으로 영역을 넓히기도 한다. 실상 온라인과 오프라인을 구분하는 경계는 이미 깨졌다.

과학 기술의 발달과 체계화된 교육 시스템 덕에 고객과 기업이 보유한 지식이 역사상 그 어느 때보다 넘쳐나는 상황에서, 소위 '지식노동자'들은 기업 네트워크를 휘젓고 다니며 각자의 전문성을 뽐낸다. 그들의 활약은 정보통신과 AI 도구의 놀라운 성능 덕이다. 과거에 소식을 전하려면 참을성이 꽤 필요했지만 이제 클릭 한 번으로 전 세계 누구와도 실시간 의사소통이 가능해졌다. 세계화된 지능으로 자기조직화(selforganization)하는 인터넷은 지금 이 순간에도 커뮤니케이션의 거대한 장을 구축하며 사람들의 다양한 견해를 흡수하고 창출하며 인간 생활과 기업 활동 전반을 지배한다.

이렇게 전 세계를 하나의 덩어리로 묶는 조밀한 네트워크에서 플레이어, 지식, 커뮤니케이션이 오가는 복잡한 상호작용은 언제 어디서 어떤 일이 일어날지 감히 예측하기 어려운 불확실성의 블랙홀 속으로 기업들을 빨아들이고 있다. 기업들이 미래에 경험할 불확실성은 지금보다 훨씬 증폭된 수준일 것이며 결코 작아지지 않을 것이다. 상호작용의 세 가지 조건(플레이어, 지식, 커뮤니케이션)은 인류가 멸망하지 않는 한 앞으로도 규모와 복잡성과 난해함을 더해가며 기업을 늘 고민의 늪에 빠뜨릴 것이다. '옛날과 같은 상황이 다시 오지 않을까?'라는 낭만적인 기대는 타임머신이 발명되지 않고선 불가능한 공상일 뿐이다.

하니웰의 CEO였던 래리 보시디Larry Bossidy와 경영학자 램 차란Ram Charan은 이렇게 말한다.

"갈수록 많은 경영자들이 과거에는 예상하지도 못했던 스피드에 점점 더 무방비 상태로 노출되고 있다. 우리의 비즈니스 모델이나 전략, 나아가 우리 조직의 생존 자체를 위협하는 도전이 전혀 예상하지도 못한 곳으로부터 나타난다."

이런 불확실성의 증폭에서 자유로울 수 있는 개인과 기업은 이 세상 어디에도 없다. 그래서 개인들은 내일 아침에 우산을 가져갈 것인가 말 것인가의 불확실성을 해소하려고 TV 뉴스에 귀 기울이거나 포털 사이트를 검색한다. 기업 역시 앞으로 한달 후나 1년 후의 실적이 어떻게 변할지, 경쟁사들은 어떤 전략을 구사할지 등을 예측하려고 애쓰며 불확실성을 줄이려 한다.

그러나 불확실성은 인류에게 주어진 숙명과 같은 것이므로 그것을 줄이려고 무모하게 도전하기보다 어떻게 하면 잘 다룰 수 있을 것이지, 더 나아가 어떻게 기업 경영에 활용할 것인지 논하는 게 현명하다. 따라서 현실감각을 가진 경영자라면 이 책의 주제인 '시나리오 플래닝'과 같은 '불확실성 관리 도구'를 적극 활용해야 한다.

확실성에 끌리는 오류

그런데 문제는 누구나 불확실성을 병적으로 싫어하는 탓에 그것을 회피하는 것에만 관심을 가진다는 데 있다. 불확실성은 결코 다룰 수 없는 것이기 때문에 무조건 피하거나 없애야 한다고 사람들은 간주한다. 확실하게 불리한 상황이 될 것인데도 불확실성이 해소되었다며 주가가 오히려 오르는 현상까지 발생한다. 왜 그럴까? 그 이유는 우리의 뇌와 유전자 속에 숨어 있다.

당신 앞에 각각 100개의 구슬이 담긴 두 개의 항아리가 놓여 있다. 첫 번째 항아리에는 검은 구슬과 흰 구슬이 각각 50개씩 들어 있고, 두 번째 항아리에는 검은 구슬과 흰 구슬이 몇 개씩 들어 있는지 알지 못한다고 하자. 검은 구슬을 뽑았을 때 1억 원의 상금이 주어진다면 당신은 두 항아리 중 무엇을 택하는 것이 좋을까?

심리학자 대니얼 엘스버그_{Daniel Ellsberg}가 수행한 이 실험에서 참가자 대부분은 검은 구슬이 뽑힐 확률이 50%로 '확실히' 정해진 첫 번째 항아리를 선택했다. 두 번째 항아리에 검은 구슬이 흰 구슬보다 많이 들어 있을 가능성이 있지만, 확률이 이미 결정된 게임에 참여하는 것을 더 선호했던 것이다. 더군다나 당첨되지 못했을 때의 리스크(이 경우 1억 원의 상금을 다른 사람이 타는 모습을 지켜보며 느끼는 부러움일 것이다)가 클수록 확률이 확실한 쪽으로 손을 내미는 경향을 보였다.

이 실험은 불확실성이 큰 상황을 무조건 기피하고 보려는 인간의 성향을 잘 보여준다. 검은 구슬이 몇 개 들어 있을지 예상할 수 없는 두 번째 항아리를 배제하고 확률이 확실하게 제시된 첫 번째 항아리를 택하는 것은 불확실성을 배제하고 확실성을 선호하는 것이 생존에 유리한 전략임을 '진화적'으로 체득했기 때문이다.

진화의 줄기를 타고 먼 과거로 거슬러 올라가면 인간의 뇌는 '도마뱀의 뇌'와 연결된다. 인간의 두뇌에서 합리적인 계산과 분석 작업은 머리 앞에 위치한 전두엽이 담당한다. 인간은 다른 동물에 비해 상당히 큰 전두엽을 가졌기에 논리력과 분석력이 우월하다. 그러나 인간은 불확실한 상황과 마주할 때 종종 논리보다 직관에 따라, 분석보다 감정에 따라 확실성을 선호하는 쪽으로 행동한다. 비록 그것이 나중에 확실하지 않았다고 판명될지라도 적어도 그 순간에는 확실하게 보이는 쪽으로 본능을 발휘한다. 파충류와 진화적으로 연결된 인간의 두뇌에 도마뱀으로 대표되는 파충류의 뇌가 숨어 있기 때문이다(인간이 속한 포유류는 파충류로부터 진화했다).

이러한 '파충류성性'은 약 500만 년 전 인류의 조상들이 아프리카 기후의 변화로 안락한 숲을 포기하고 몸이 훤히 드러나는 초원에서 살아가야 했을 때 더욱 강화되었다. 사방이 탁 트인 초원은 언제 어디서 맹수의 공격을 받을지 모르는 매우 위험한 장소였다. 인간들은 땅이 울리거나 새들이 갑자기 날아오르거나 하는 모든 현상들에 촉각을 곤두세우며 위험을 감지해야 했다. 그런 상황에서는 여러 현상을 종합적으로 따지기보다 확실한 한두 가지에 집중하는 것이 생존에 유리했다. 예컨대 풀숲이 흔들리면 곧바로 도망치거나 돌멩이를 들어야 했다. 풀숲이 흔들리는 이유를 곰곰이 따져보고 행동했던 느긋한 인간들은 안타깝게도 맹수의 먹이가 되었고 그렇게 하지 않은 자들만이 '자연선택'되어 인류의 조상으로 자리 잡았다. 진화의 힘이 파충류의 '확실성 선호 유전자'를 우리의 DNA에 분명하게 각인시켜 놓은 것이다.

이 유전자는 맹수에게 잡아먹히거나 적에게서 물리적인 공격을 당할 염려가 거의 사라진 (물론 전쟁이라는 위험이 있지만, 개인 간의 물리적 위협 가능성은 매우 작아졌다) 현대에도 여전히 막강한 힘을 발휘한다. 과거에는 맹수의 위협이나 적의 칼날을 피하기 위해서였지만, 지금은 돈과 명예를 담보하는 더 높은 자리를 타인보다 먼저 차지하기 위해, 그리고 경쟁사보다 더 많은 고객을 유치하기 위해 빨리 판단하고 빨리 행동하는 것이 중요해졌다. 필요한 것을 선점하려면 확실성이 높은 쪽으로 재빨리 행동하는 게 유리하다. 과거에는 정보량이 부족해서 그랬지만, 지금은 정보가 넘쳐나는 바람에 옳게 판단 내리기가 오히려 어렵기 때문이다. 늘어난 플레이어, 지식, 커뮤니케이션이 상호작용을 벌이면서 노이즈noise가 잔뜩 낀 정보(즉 불확실한 정보) 역시 무한정 쏟아내는 탓이다. 그래서 많이 알수록 더 큰 불확실성에 맞닥뜨리는 모순된 상황에 처하고 만다. 나중에 쓰레기 정보임이 밝혀지더라고 초기에 확실성의 탈을 쓰고 있으면 사람들의 열렬한 환영을 받는다. '이렇게 될 수도 있고 저렇게 될 수도 있다'는 불확실한(어떤 면에서 매우 솔직한) 정보는 냉대를 받기 십상이다. 수많은 쓰레기 정보가 양산되고 여러 가지 예측 기법들이 난무하며 소위 족집게 고수들에게 투자자들이 구름처럼 몰리는 주식시장이 바로 '사이비 확실성'이 횡행하는 단적인 예다.

문제는 확실성을 추구하는 행동이 더 나은 선택과 성공을 보장하지 않는 데 있다. 파충류의 확실성 선호 유전자는 온갖 천적의 위협으로부터 목숨을 보호하는 데 도움을 주었지만, 복잡하고 불확실한 현대사회에서는 오히려 우리의 눈과 귀를 어둡게 만드는 주범이 되기도 한다. 그 유전자는 주식 투자에서 손실이 발생했을 때 털고 나오기보다 어떻게든 만회해보라고 유혹한다. 시장이 활황이면 지나치게 낙관적으로, 불황이면 지나치게 비관적으로 행동하는 것이 확실한 투자처럼 보이게 만든다. 포트폴리오 전체로는 이익을 내는데도 손실이 난 종목에 신경 쓰느라 냉정한 판단을 못하도록 이끈다. 보고 싶어하는 확실한 정보만 보이도록 눈을 흐리게 만든다. 수많은 사례가 증명하듯이 감感에 의존한 의사결정은 대개 실패로 끝난다. 그럼에도 사람들은 자기가 지나치게 확실성을 좇다가 잘못된 판단을 내렸다는 사실을 인정하기보다 모든 실패의 원인을 불확실성에 떠넘

긴다. 불확실성을 피하지 못하고 제거하지 못해서 실패했다고 불평하는 것이다.

하지만 회피하고 천대하며 확실성의 탈을 씌운다 해서 불확실성이 사라지지는 않는다. 불확실성을 줄이려면 인구가 적고 지식과 커뮤니케이션이 보잘것없었던 옛날로 돌아가는 수밖에 없다. 불확실성은 우리가 이 우주의 일원으로 존재하는 한 영원히 함께 할 수밖에 없는 동반자인 셈이다.

불확실성의 올바른 의미는?

여기까지 읽어오면서 불확실성이라는 단어를 무수히 발견했을 것이다. 하지만 불확실성의 의미가 무엇인지 정의 내린 부분은 아직 읽지 못했을 것이다. 혹시 지금 불확실성의 의미를 정확히 말할 수 있는가? 아마도 '어떻게 될지 모른다' 정도의 뜻으로 불확실성의 의미를 이해할지도 모르겠다.

이런 뜻도 대략 맞지만 미래를 탐구하고 대비하려면 보다 정확하게 불확실성의 의미를 짚고 넘어가야 한다. 우리가 늘 갈망하는 미래의 모습은 어떻게 될지 아무도 모르는 불확실성의 어두운 구름 속에 갇혀 있기 때문이다. 그러므로 불확실성이 무엇인지 정확히 대답하고 다른 사람을 이해시킬 수 있다면 시나리오 플래닝의 반은 이미 배운 것이나 다름없다. 이제 그럴 차례가 충분히 됐다

다음 중 가장 불확실한 것이 무엇인가?

① 내일 비가 올 확률은 90%이다.
② 내일 우리 팀이 경기에서 이길 확률은 50%이다.
③ 우리가 인연일 확률은 바늘 하나가 떨어져 사방 1cm의 종이 위에 꽂힐 확률이다.

나는 시나리오 플래닝을 주제로 강의나 워크숍을 진행할 때마다 항상 이 문제를 재미 삼아 던진다. ③번을 선택하는 사람이 70% 정도로 제일 많다. ①번을 선택하는 사람은 거의 없는데, 이는 비 올 것이 거의 확실시되는 문장이기 때문이다. 간혹 기상청의 예보를 신뢰하기 어렵다는 이유로 ①번을 선택하는 사람이 있기는 하다(한때 기상청은 '구라청'이라고 비난받았지만 사실 정부기관 중 예측력이 가장 뛰어나다. 기획재정부의 경제 예측력과 비교하면 알 수 있다).

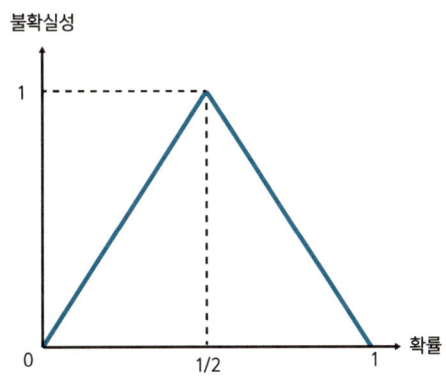

확률과 불확실성의 관계

이 문제의 답은 바로 ②번이다. 동전을 던질 때 어떤 면이 나올지 확신하여 대답하기 어렵다. 각 사건의 확률이 동일하기 때문이다. 앞면이 나올 확률과 뒷면이 나올 확률이 모두 50%의 확률을 똑같이 가질 때가 가장 불확실하다(위 그림 참조).

만약 동전의 무게중심이 이상해서 앞면이 나올 확률이 51%만 되어도 50%일 때보다 불확실성은 작아진다.

이처럼 불확실성이란 '어떤 변수가 가질 수 있는 모든 경우의 확률이 동일한 정도'를 의미한다. 주가가 올라가는 경우와 내려가는 경우, 각각의 발생 확률이 동일하다고 느껴진다면 이때의 불확실성이 1에 이른다. 어떤 집을 구입했는데 1~2년 후에 지하철 노선이 들어오기로 거의 예정이 된 상태라 해보자. '지하철이 들어오지 않는' 경우와 '지하철이 들어오는' 경우, 각 발생 확률은 큰 차이가 있기에 이때는 불확실성이 0에 가깝다. 설명을 쉽게 하기 위해 경우의 수가 2개인 상황만 예로 들었지만, 경우의 수가 3이나 4일 때도 마찬가지다. 각 경우의 발생 확률이 서로 동일하다면 불확실성이 가장 큰 값인 1을 갖는다.

앞에서 낸 문제에서 ③번(이 문장은 영화 〈번지점프를 하다〉에 나오는 대사다)을 선택한 사람들에게 그 이유를 물어보면 "확률이 지극히 낮기 때문에 어떻게 될지 모른다."는 식으로 대답하는 경우가 상당히 많다(사실 이런 식의 대답은 논리가 전혀 없어서 매우 성의 없게 느껴진다). 이는 '낮은 승률'을 불확실성의 개념으로 잘못 이해한 것이다. 확률이 매우 낮다는 것은 그 사건이 일어나지 않을 확률이 매우 높다는 뜻이다. 따라서 ③번은 매우 확실한 상태다.

그런데 ①번과 ②번에서는 확률을 수치로 제시한 반면, ③번은 그렇지 않기 때문에 가장 불확실하다고 판단하는 사람도 있다. 하지만 어떤 사건의 확률을 정확히 측정할 수 있다고 해도 그것은 불확실성이나 확실성과 아무런 관련이 없다. 동전의 앞면이 나올 확률이 50%라는 사실을 확실히 알아도 이번에 던져질 동전이 어떤 면을 보일지 항상 정확히 맞출 수는 없는 것과 동일한 이치다(하지만 실제의 동전에서는 50 대 50의 비율로 앞면과 뒷면이 나오지 않는다. 500원 짜리 동전을 테이블 위에 세우고 손가락으로 튕기면 앞면이 나올 확률이 무려 70%나 된다. 점심 내기를 할 때 써먹어 보라).

또한 불확실성은 '환경의 구조와 흐름 속에 내재된 동인動因들 사이의 인과관계를 예측할 수 없는 정도'는 의미로도 정의할 수 있다. 서로 영향을 주고받는 여러 변수들의 관계들이 논리와 경험에 반反하는 모습으로 요동친다면 향후에 어떤 사건이 일어날지 알 수 없다.

예를 들어, 원유 거래 시장에서 달러화가 기본적인 결제통화의 역할을 담당하기 때문에 유가가 오르면 달러 가치가 상승하는 게 일반적인 현상이었다. 그러나 이런 전통적인 인과관계는 2008년에 원유가 배럴당 150달러에 근접하는 동안, 달러 가치가 크게 하락하는 현상을 보임으로써 깨지고 말았다. 미국 역시 세계 원유 수입의 24%를 차지하는 주요 수입국인데다가 심각한 재정수지 적자에 서브프라임 모기지 사태까지 겹친 터라 유가 상승이 오히려 달러 가치의 하락을 부추긴 탓이다. 또한 낮아진 통화 가치 때문에 더 많은 달러를 주고 원유를 사야 했기에 유가가 더욱 상승할 수밖에 없는 악순환이 이어지고 말았다. 그래서 두 동인 사이의 전통적인 인과관계를 적용하여 향후 경제 전망을 내리려던 경제전문가들은 곤란에 빠지고 말았다.

정리하면, 불확실성이란 '개별 동인이 가질 수 있는 모든 경우의 확률이 동일한 정도' 혹은 '기존의 경험과 상식을 깨고 영향을 주고받는 인과관계가 시시각각 변화하기 때문에 논리적인 예측이 불가능한 정도'를 일컫는다. 앞으로 이 책에서 불확실성이라는 단어가 나올 때마다 이 의미를 머릿속에 바로 떠올리기 바란다.

불확실성에 관한 오해

다음 중 불확실성의 의미를 옳게 적용한 문장을 골라보라.

① 정말 불안해. 우리 회사가 언제 망할지 불확실하니까.
② 불확실한 것은 항상 좋지 않은 결과를 낳게 돼.
③ 도박사들은 불확실한 것이라면 사족을 못쓰지.

정답부터 말하면, 네 개의 문장 모두 불확실성의 의미를 잘못 사용했다. 많은 사람들이 ①번에서처럼 불확실성은 곧 '불안하다'라는 의미로 오해한다. 그러나 나쁜 일이 생길 것 같거나 상황이 좋지 않은 방향으로 흘러가서 불안함을 느끼는 것이 불확실한 상태는 아니다. 그렇게 말하는 사람은 부정적인 방향으로 사건이 전개될 확률이 커서 불안하다는 뜻을 전달하는 것이므로 그가 처한 상황은 '확실한(즉, 불확실하지 않은)' 상태라고 보는 것이 맞다. 사실, 경제 불황일 때 신문이나 방송에서 불확실성이 가중된다는 기사를 쏟아내는데 엄밀히 말해 옳은 말이 아니다. 불황이면 앞으로도 꽤 오랫동안 경기가 좋지 않을 확률이 크다는 소리이므로 불경기가 '확실해진' 상황이기 때문이다. 활황도 아니고 불황도 아닌 때가 경제에서 가장 불확실한 시기다. 신문과 방송에서 경제위기나 불황을 불확실성의 증폭과 연결시켜 보도하는 이유는 독자와 시청자의 불안감을 자극해 눈길을 끌려는 의도일 뿐이다.

불확실한 상황은 성공과 실패 중에 어떤 것을 가져다줄지 모르는 상태를 말한다. 동전을 던져 앞면이 나오면 100원을 따고 뒷면이 나오면 100원을 잃는다고 하자. 각 면이 나올 확률은 동일하므로 불확실성이 높은 상황이지만, 돈을 딸 확률이 50%나 되므로 반드시 부정적인 상황인 것만은 아니다. 따라서 불확실한 것이 항상 나쁜 결과를 낳는다는 ②번도 불확실성을 잘못 이해한 문장이다.

또 어떤 사람은 ③번 문장처럼 불확실성을 '무모한 수준' 혹은 '리스크 수용Risk Taking 수준'이란 의미로 사용하기도 한다. 만일 정부가 재정적자를 만회하려고 강력한 증세增稅 정책을 추진한다면 가뜩이나 움츠린 소비를 더욱 위축시켜 경기의 회생 가능성을 차단하고 말 거라는 강력한 반대에 직면할 수 있다. 하지만 추진을 강행할 경우 거센 저항을 받을 거라고 해서 정부의 증세 정책이 불확실하다고 말하는 것은 옳지 않다. 불확실성은 정부의 증세 정책이 실제로 추진될지 아니면 반려될지 각각의 확률로 판단할 수 있는 문제이지 정부의 행동이 얼마나 무모하고 용감무쌍한지와는 아무런 관련이 없다.

흔히 직업 도박사들은 불확실성을 좋아할 것 같지만, 실제로는 그렇지 않다. 도박 자체가 불확실성이 매우 커서 리스크 역시 상당하다는 말은 옳을 수 있지만, 도박사들이 불확실한 것을 좋아한다는 말은 사실이 아니다. 그들은 누구보다도 확실한 것을 좋아한다. 만약 무게중심이 한쪽으로 쏠린 주사위가 있고 그것이 자주 '5'를 낸다면 이 사실을 발견한 도박사들은 백이면 백 룰렛 게임을 할 때마다 다른 사람들 모르게 편심偏心된 주사위를 사용할 것이다.

지금까지의 논의를 요약하면, 불확실성은 불안한 것도, 나쁜 것도, 위험한 것도 아니다. 단순히 말해, 불확실성은 집에서 지하철 승강장까지 걸어가는 동안, 오른발을 왼발보다 더 많이 디딜지, 아니면 그 반대일지를 짐작할 때와 같은 것이다. 혹은 점심 밥그릇 속에 든 밥알의 개수가 홀수인지 짝수인지 세어보지 않고는 도무지 알 수 없는 것과도 같다. 알고 보면 불확실성은 사람들에게 전해지는 무게감에 비해 좀 싱겁고 단순한 의미를 가졌다. 이러한 불확실성이 심심深深하고 복잡한 미래를 연출하는 것은 아이러니가 아닐 수 없다.

불확실성과 리스크는 그 자체로 아무 관련이 없는 개념이지만 불확실성을 지혜롭게 대처하지 못하면 향후에 부담할 리스크는 상당히 크다. 어떤 사건의 발생 확률과 발생하지 않을 확률이 50 대 50이라서 최고의 불확실성을 나타낸다는 말은 언젠가는 어느 한쪽으로 기울어 확실한 상태로 변할 잠재력이 크다는 의미와 같기 때문이다. 꼭대기에 선 바위는 언젠가 왼쪽이나 오른쪽 골짜기로 굴러 떨어지기 마련이다. 미래의 불확실성에 잘 대처한다는 말은 지금 꼭대기에 올라선(불확실성이 큰) 바위들이 무엇이며 향후에 그 바위들은 어느 방향(시나리오)으로, 어떤 속도(리스크)로 떨어질지 잘 가늠하여 피하거나 맞선다(전략)는 의미다. 이 책의 주제인 시나리오 플래닝은 바로 이런 미래의 불확실성을 효과적으로 대처하기 위한 방법론이다.

다음 장에서는 전통적인 '불확실성 대처법'의 단점을 따져보고 시나리오 플래닝에 왜 초점을 맞춰야 하는지 알아보자.

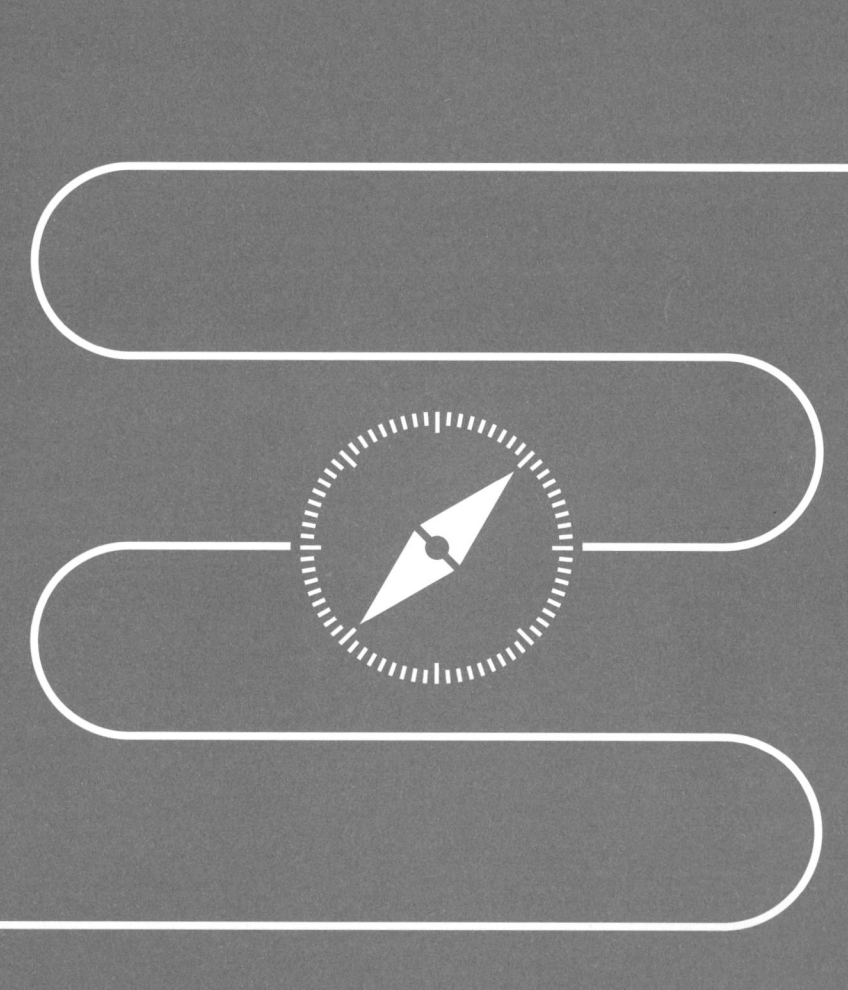

예측이라는 허상

불확실성을 바라보는 4가지 유형

내가 군대에 있을 때 우리 소대는 모처에 위치한 무기고 시설의 경계 근무를 위해 파견된 적이 있다. 무기고들이 산 전체에 수십 개가 흩어져 있는 탓에 24시간 동안 대여섯 번이나 초병 근무를 서야 하는 고단하고 지루한 임무였다. 그곳은 도시로부터 멀리 떨어진 곳이어서 밤이 되면 칠흑 같은 어둠 속에서 군용 랜턴 하나에 의지해 초소들을 잇는 험한 산길을 이동하며 경계 근무를 서야 했다. 그래서 밤 근무를 나갈 때마다 랜턴에 든 건전지가 새것인지 확인하는 게 수칙이었다.

그러던 어느날 밤이었다. 파트너와 함께 한참 산길을 걸어 다음 초소로 이동하고 있었는데, 갑자기 내가 들고 있던 랜턴이 꺼졌다. 분명히 건전지를 새것으로 갈아 끼우고 나온 터라 이상했지만, 날씨가 추우면 건전지가 제 기능을 발휘하지 못할 수도 있 겠거니 짐작했다. 다행히 파트너의 랜턴은 정상이었다. 좀 불편하긴 했지만 밤길을 걷기엔 충분했다.

우리는 그날 밤 13초소로 향하고 있었다. 숫자가 주는 불쾌감 때문인지, 워낙 외진 골짜기의 그늘진 곳에 위치했기 때문인지, 낮 근무를 설 때도 그 음험한 기운에 기분이 좋지 않았다. 게다가 13초소는 한밤중에 흰 옷을 입고 면회 온 애인을 귀신으로 오인하여 총을 발사해버렸다는 둥 갖가지 요상한 전설들이 구전되는 곳이었다. 운 나쁘게 13초소에 근무하라는 명을 받는 날이면 하루 종일 기분이 찜찜했다. 더군다나 그곳은 숙영지에서 가장 멀어서 이동하는 데만 1시간 가까이 걸렸다. 그래서 근무 시간표를 짜는 병사는 13초소에 배정받은 부대원들의 투덜거림에 날마다 시달려야만 했다.

초소를 100여 미터 앞에 둔 순간이었다. 이번엔 파트너의 랜턴이 깜박거리다가 툭 꺼져버리는 게 아닌가? 나와 파트너는 얼음처럼 그 자리에서 얼어붙고 말았다. 연속적으로 랜턴 두 개가 모두 나가버리다니! 파견 오기 전에 선임자들에게 들었던 13초소의 전설들이 머릿속을 빠르게 스치고 지나갔다. 혹시 그 전설이 사실인 걸까? 파트너는 자신도 새 건전지를 갈아 끼운지 1시간도 되지 않았다는 말을 반복하며 어쩔 줄 몰라 했다. 나는 짐짓 "귀신이 장난친 건가?"라고 농을 쳐봤지만 서늘한 공포감에 모골이 송연해지는 건 어쩔 수 없었다.

그날 밤은 달도 뜨지 않아서 아무것도 보이지 않았다. 우리가 교대해주기를 목 빠지게 기다릴 13초소의 근무조를 배려해서 앞으로 나아가 보려 했지만 발을 헛디디는 바람에 하마터면 골짜기 아래로 굴러떨어질 뻔했다. 그렇다고 꼼짝 않고 있으면 날이 샐 때까지 골짜기에 갇혀 있어야 할 판이었다. 경계 근무 수칙상 기도비닉(企圖秘匿, 들키지 않도록 조용히 이동하거나 숨어 있음)을 극도로 유지해야 했지만, 우리는 최후의 방법을 쓸 수 밖에 없었다. 우스꽝스럽게도 우리는 목청껏 소리를 질러 13초소에 있던 고참병들에게 도움을 요청했다. 그들은 한밤중에 들려오는 괴성에 얼마나 놀랐을까? 그 이후의 이야기는 상상에 맡기겠다.

이 장을 경험담으로 시작한 이유는 기업들에게 다가오는 불확실한 미래 역시 때때로 아무것도 보이지 않는 깜깜한 밤길에서 느끼는 두려움과 비슷하고, 기업들이 불확실한 상황에서 취하는 전략의 양상들 또한 어둠 속에서 공포에 떨던 나의 당황스러운 행동들과 유사하기 때문이다. 한걸음 내디디려 해도 발아래가 땅인지 허공인지 알 수 없는 것처럼 불확실한 상황에서 힘들게 내린 의사결정이 회사에 이익을 가져다줄지 커다란 손실로 돌아올지는 가늠하기 어렵다. 게다가 랜턴이 거의 동시에 꺼져버린 게 한 많은 귀신의 조화 때문이라며 공포감에 사로잡혔던 것처럼(나중에 알게 됐는데, 우리가 지급받은 건전지는 오래전에 제조돼서 방전되기 일보 직전의 것이었다), 기업을 둘러싼 환경의 여러 동인들이 필시 사전에 계획된 각본과 논리에 따라 움직이는 것이라고 간주하기 때문인지 필요 이상의 위기감과 절박함으로 우왕좌왕한다.

그래서 기업들은 불확실성에 도전하거나 회피하려는 나름의 전략들을 취하는데, 4가지 유형으로 구분된다. 불확실성을 대처하는 데에 이 4가지 유형의 사람들을 조직 내에서 모두 발견할 수 있을 것이다. 자신과 경영진이 어떤 유형의 사람인지 판단해 보기 바란다.

이상주의자

첫 번째는 '이상주의자'들이다. 그들은 손과 발을 조심스레 더듬어가며 디딜 곳을 찾듯이 불확실성의 덤불 속에서 정보의 파편을 세심히 수집하여 미래를 예측하고자 한다. 그들을 이상주의자라고 칭하는 이유는 더 많은 정보를 세밀한 수준까지 찾아내고 동인들 사이의 인과관계를 면밀하게 분석하면 미래를 정확하게 예측할 수 있다고 믿기 때문이다. 그들은 수치로 작동하는 이상적인 예측 모델을 구축하기 위해 애를 쓴다. 예측 결과가 실제와 다를 경우 그들은 충분히 환경을 이해하지 못한 탓이라고 말하면서 더 열심히 분석하고 더 나은 도구를 사용한다면 예측의 성공률을 극대화할 수 있다고 자신한다.

장담하건대 조직 내 70%가 넘는 경영진과 관리자들이 이런 이상주의자의 범주에 속한다. 그들은 예측과 숫자를 선호하는 특징을 보인다. 그들에게 미래를 전망하는 보고서를 내놓으면 이런 식으로 되묻는다.

"데이터를 바탕으로 정확히 예측한 건가? 확실한 자료를 가지고 수치로 표현하도록 해. 과거엔 5%였는데 왜 7%라고 전망한 건가?"

그들은 매번 예측의 중요성을 강조한다. 만일 예측 결과가 틀리면 정보를 덜 수집했거나 덜 분석했기 때문이라며 직원들의 노력 부족을 탓한다. 아니면 자기네 회사에 뛰어난 예측 능력을 보유한 인재가 없기 때문이라고 푸념한다. 돈을 많이 들일수록 고급 정보를 획득할 수 있다고 믿기에 컨설턴트나 경제 예측 전문가를 고용하기도 한다.

결론적으로 이상주의자는 예측으로 불확실성을 정복할 수 있다고 믿는다. 그들은 불확실한 미래를 확실한 하나의 숫자로 요약해낼 수 있다고 본다. 그래서 향후 5년간의 시장성장률이 5%임을 예측으로 밝혀냈다면 일단 다른 경우(8% 성장 혹은 마이너스 2% 성장 등)의 확률은 매우 낮다고 간주하여 오직 5% 성장을 기초로 전략을 수립하고 실행하려 한다.

그러나 이상주의자의 무기인 예측 기법들은 불확실성을 결코 깨뜨리지 못한다. 왜냐하면 1장에서 언급했듯이 환경을 형성하는 동인들 간의 복잡한 상호작용으로 나타나는 미래를 예측하는 일은 신의 영역에 속하기 때문이다. 결국 이상주의자의 확신에 찬 예측은 전략의 실패와 전략적 사고의 마비라는 커다란 대가로 돌아오곤 한다. 이상주의자가 조직에서 가장 큰 비율을 차지하기 때문에 그들의 무기인 예측의 허상과 오류를 알아둘 필요가 있다. 이는 뒤에서 자세히 논한다.

현실주의자

　미래의 불확실성을 바라보는 두 번째 유형의 사람들은 '현실주의자'이다. 그들은 근무 수칙을 어기면서까지 괴성으로 도움을 요청해야 했던 나처럼, 그때그때의 환경 변화에 민첩하고 지혜롭게 행동한다면 불확실한 미래를 잘 헤쳐나갈 수 있으리라 기대하는 사람들이다. 그들은 이상주의자와 달리 불확실성 탓에 미래를 옳게 예측하는 일은 절대 불가능하다고 믿는다. 누군가가 5년 후의 시장점유율이 떨어질 거라 전망하면 거짓말하지 말라며 콧방귀까지 뀐다.

　이상주의자는 불확실성을 확실히 정복할 수 있다고 믿는 반면, 현실주의자는 불확실성을 철저하게 무시한다. 누군가가 예측의 필요성을 제기하면 쓸데없는 작업에 경영자원을 소비하지 말라며 현재에 충실하라고 조언한다. 미래란 예측 가능한 대상이 아니므로 아예 감안조차 할 필요가 없다고 못 박는다. 예측 능력을 키우는 대신 매일 벌어지는 상황에 따라 순발력 있게 대응하고 변화하는 능력을 갖추는 게 훨씬 중요하다고 강조한다. 비전이나 전략과 같은 그 어떤 계획도 그들에겐 근사하게 표구한 액자나 페이퍼 워크paper work에 불과하다. 그들이 현실주의자라고 불리는 이유는 미래보다는 현재를, 사전 대비보다는 즉시적인 행동을 중요시하기 때문이다.

현실주의자는 스스로가 이상주의자보다 더 큰 이상주의에 사로잡혀 있음을 깨닫지 못한다. 그들의 말처럼 환경 변화에 즉각 대응하기만 하면 굳이 미래의 불확실성을 예측하거나 대비할 필요가 없을지 모른다. 하지만 문제는 여러 사람들로 이루어진 조직이 일사불란하게 아메바처럼 즉시 변화하고 즉시 대응하는 체계를 갖추기가 사실상 불가능하다는 데 있다. 과연 그럴 수 있는 기업이 얼마나 될까? 복잡한 업무 프로세스, 커뮤니케이션의 비효율, 특정 계층의 권한 독점, 고객과 계약관계 등은 즉각적인 환경 대응과 변화를 좌절시킨다. 한때 날개 돋친 듯 팔려 나가던 SUV의 판매율이 경유 가격 폭등으로 급감했다고 해서 노조의 동의 없이 생산 라인 몇 개를 즉각 꺼버릴 수 있을까? 이익이 없는 제품은 납품하지 않거나 가격을 인상하겠다고 고객사에 당당히 주장할 수 있을까? 이렇듯 즉시 대응은 대개의 경우 공상으로 그친다.

현실주의자의 논리는 대부분 과거의 성공 경험에 기초한다. 그들은 보통 업력業歷이 오래되거나 성공을 구가해온 대기업에서 자주 목격되는데 "지금까지 여러 고비를 많이 겪었지만 살아남지 않았느냐, 그것은 환경 변화에 잘 대응했다는 증거이질 않느냐, 앞으로도 이런 식으로 경영하면 잘 대처할 수 있지 않겠느냐."며 목소리를 높인다. 하지만 조직의 규모가 커질수록 특단의 조치가 취해지지 않는 한 내외부의 변화에 무감각해지기 쉽다는 사실을 그들은 간과한다. 대마불사大馬不死라는 사자성어는 대기업이 변화에 순발력 있게 대응을 잘해서 죽지 않는다는 말이 아니다. 이 말은 외부 충격을 흡수할 만큼 규모가 커서 감각이 무디다는 의미로 이해되어야 한다. 코끼리의 발을 개미가 깨문다고 해서 아픔이 전해지지 않듯이 환경의 변화가 가져오는 외부 충격들은 큰 조직일수록 무시된다. 크기 때문에 변화를 잘 흡수해온 것뿐이지 잘 대응한 게 아니다. 그래서 아메바 같은 변화무쌍한 기업을 추구한다며 불확실성에 대비할 필요가 없다는 그들의 말은 어쩌면 자기기만일지도 모른다.

아생없주의자

마지막으로 세 번째 유형의 사람들은 '아생없주의자'이다. 즉 '아무 생각 없이' 행동하는 사람들이다. 이들은 골짜기 아래로 고꾸라질 것을 무릅쓰고 무조건 전진하는 것처럼 매우 저돌적인 경영이 미래의 리스크를 타파할 거라 믿거나, 꼼짝없이 앉아서 새벽을 기다리는 것처럼 지극히 보수적인 경영이 불확실성으로 입게 될 피해를 최소화할 거라 믿는다. 당신은 이 부분을 읽고 웃음을 터뜨릴지 모르겠지만, 기업의 미래를 어둡게 만드는 그들이 현실주의자만큼이나 많은 비율을 차지한다는 사실을 깨닫는다면 금세 우울해질 것이다(그들을 누군지 떠올려 보면 알 수 있다).

그들은 현실주의자와 마찬가지로 미래의 불확실성이나 예측에 관심을 두지 않는다. 그들은 어떻게 하면 불확실성을 회피하여 리스크를 줄일 수 있는지에 온 신경을 집중한다. 변화 대응보다는 자신의 신념과 고집에 모든 것을 건다는 점이 현실주의자와 다르다. 두 개의 극단적인 경영방식, 즉 공격적 경영과 몸을 사리는 보수적 경영 모두를 야생없주의자의 행동이라고 보는 이유는 그들의 머리 속을 들여다보면 '이렇게 뭐라도 하면 잘 되겠지.'라는 기대감이나 '가만히 있는 게 가장 상책이다.'라는 꽉 막힌 신념과 고집에 이르기 때문이다.

시나리오주의자

미래는, 그리고 미래의 불확실성은 이상주의자의 주장처럼 정복될 수도, 현실주의자의 자신감처럼 무시될 대상도, 아무 생각 없는 야생없주의자처럼 대책 없이 회피할 대상도 아니다. 불확실성은 어디에나 있었고 앞으로도 영원히 생겨날 것이다. 적어도 이 점만은 확실하다. 차차 설명하겠지만, 이 책의 주제인 시나리오 플래닝은 불확실성을 왜곡하거나 무시하거나 회피하지 않는다. 불확실성을 있는 그대로 인정하면서 미래에 대비하자는 제4의 관점이 바로 시나리오 플래닝이다. 이러한 관점은 앞에서 언급한 3가지 유형에 비하면 우리의 본성과 경험에 착 달라붙지 않는다. 인간은 대개 예측 지향적이고 현실적이며 아무 생각 없이 고집을 부리기도 하는 동물이기 때문이다. 사실, 시나리오 플래닝은 불편하다. 그래서 조직 내에서 시나리오 관점으로 불확실성을 바라보는 사람은 찾아보기가 쉽지 않다(극소수 존재한다).

그러나 그런 불편을 미래에 기회를 얻고 위협에 미리 대비할 수 있는 가치와 맞바꿀 수 있다면 시나리오 플래닝을 조직 전체의 미래관觀으로 정착시킬 충분한 이유가 되지 않을까? 남들과 동일한 관점으로는 경쟁에서 이길 수 없지 않는가? 시나리오라는 새로운 관점을 수용하려면 우선 시나리오 플래닝의 가장 큰 천적인 이상주의자의 예측 기법이 어떤 폐해를 불러일으키는지 뼈저리게 깨달아야 한다. 만일 이 책을 읽고도 전통적인 '예측 경영'을 폐기하지 못한다면 시나리오 플래닝은 요원한 꿈이 되고 말 것이다.

예측은 항상 틀린다

예측forecasting은 미래를 대비하는 데 사용되는 기법들 중 가장 유명하고 막강하며 오랜 전통을 자랑한다. '미리 헤아려 짐작하다'는 뜻을 가진 예측은 별도의 정의가 필요하지 않을 정도로 인간의 삶에 깊게 뿌리내린 제2의 본성이다. 내가 갈 도로에 교통 체증이 발생할지, 어제 산 주식이 앞으로 오를지, 나의 제안을 그가 수용할지 등 우리는 하루에도 수십 번의 예측을 자동적으로 수행한다.

기업도 이와 다르지 않다. 고객과 경쟁자가 어떤 양상으로 우리를 괴롭힐지, 정권 교체로 정부의 산업정책이 이번엔 냉탕일지 혹은 온탕일지, 환율과 유가는 얼마나 등락할지, 그로 인해 우리의 매출과 이익은 얼마나 영향받을지 등을 끊임없이 따져

보고 추측한다. 이러한 인간의 본성적 요구에 부합하고자 그동안 수많은 예측 기법들이 등장했다. 특히 인터넷에서 '주가 예측'이라는 키워드를 치면 '엘리어트 파동이론'을 비롯한 갖가지 기법을 설명하는 사이트를 무수히 발견할 수 있다.

이토록 다양한 기법들은 예측치를 추출하는 독특한 논리와 방법을 자랑하지만 대개 과거에서 현재까지 진행된 패턴을 파악하여 미래에 투영하는 방식을 취한다는 공통점을 가진다. 간단히 말해, 과거의 흐름이 미래에도 동일하게 반복되리라 가정하거나 과거의 데이터를 미래에 벌어질 사건의 인풋으로 여긴다. 이렇듯 모든 예측 기법은 미래의 불확실성에 과거의 확실성을 더하면 확실한 '하나의 미래'를 손에 쥘 수 있다는 믿음을 기초로 한다.

회귀분석이라는 마수

기업에서 흔히 사용되는 예측 기법 중 가장 대표적인 것은 아마 회귀분석법Regression일 것이다. 연말에 내년도 사업계획이나 예산을 수립할 때 담당자들은 회귀분석의 논리를 부지불식간에 적용한다. 올해까지 매출액이 연평균 5% 정도 성장해왔으니 내년에도 그렇게 증가하거나 최악의 경우 3%는 성장하리라 추정한다. 혹은 과거의 패턴을 하나의 방정식으로 압축한 다음 그 방정식이 미래에도 유효할 거라 전제한다. 매출액이나 영업이익을 종속변수 Y로 놓은 다음, 어떤 독립변수들(x_n)이 어느 정도의 영향을 미쳤는지 분석하고 Y= f(X_1, X_2, X_3 … X_n)과 같은 방정식을 만들어서 미래의 매출액이나 영업이익을 예측하는 데 사용한다. 회귀분석은 반박의 여지가 없을 만큼 수학적으로 완벽한 논리를 갖췄기 때문에 기업경영의 여러 분야에서 미래 예측의 막강한 도구로 활용된다.

그러나 회귀분석으로 대표되는 모든 예측 기법에는 치명적인 오류가 숨어 있다. 바로 과거의 환경구조와 미래의 환경구조가 동일하다고 전제한다는 점이다. 이러한 오류를 깨닫는 사람들은 의외로 별로 없다. 원시의 사회처럼 플레이어들 사이의 상호작용이 매우 단순하고 변화의 폭도 지극히 작다면 오늘까지의 패턴이 내일 역시 그대로 이어질 거라 가정해도 별로 틀리지 않을 것이다.

하지만 1장에서 설명한 바와 같이 플레이어, 지식, 커뮤니케이션으로 인한 상호작용의 증가로 우리는 날이 갈수록 증폭되는 불확실성을 경험한다. 불확실성으로 인해 기업을 둘러싼 환경구조가 매 순간 변하는 오늘날의 사회에서 과연 예측의 효용이 얼마나 될까? 입으로는 미래가 과거와 분명히 다르다고 말하면서 실제로는 회귀분석과 같은 예측 기법을 기초로 사업계획을 수립하는 것은 얼마나 모순된 일인가? 회귀분석을 뜻하는 영어 단어 regression이 '후회한다'라는 뜻의 regret에서 나온 말이듯 과거의 확실성으로 미래의 불확실성을 다루려 한다면 예측을 기반으로 수립된 야심찬 전략은 머지않아 후회의 탄식으로 되돌아오지 않을까?

　캄보디아 앙코르와트로 여행을 갔을 때의 일이다. 아직 땅거미가 걷히지 않은 새벽 시간, 사원 위로 떠오를 일출 광경을 보기 위해 많은 관광객들이 앙코르와트에 운집했다. 5시 30분 정도 되자 붉은 해가 희미한 빛을 뿌리며 조금씩 얼굴을 드러내기 시작했다. 고대 사원이 억겁의 세월 속에서 깨어나는 듯한 신비스러운 풍경에 이제나저제나 기다리던 관광객들은 환호하며 일제히 카메라 셔터를 눌러댔다. 여기저기서 플래시가 팡팡 터졌다. 그 모습에 나는 실소를 금할 수 없었다. 광량光量이 적다고 플래시를 터뜨려봤자 앞사람의 뒤통수만 찍히고 해 뜨는 광경은 까맣게 나올 것이 뻔했기 때문이다.

　예측도 이와 다를 바 없다. 예측은 몇 개월 후 혹은 1년 후의 가까운 미래에는 어느 정도 유효하지만 그 이상의 미래에는 속수무책이다. 더군다나 요즘에는 변화의 속도가 빨라져서 예측의 유효기간이 점점 짧아진다. 또한 전문가라고 해서 보통사람보다 예측을 잘하는 것도 아니다. "640KB의 메모리면 모든 사람에게 충분하다."고 당당하게 예측한 빌 게이츠William H. Gates도 예외는 아니었다.

예측이 전략 실패의 원인

　첫째, 예측은 특성상 미래의 여러 가능성을 오로지 하나의 single-pointed 수치로 압축시키고 그에 따라 전략을 수립하도록 종용한다. 이때문에 그것과 다른 상황이 펼쳐졌을 때의 기회와 위협을 미리 대비하지 못하게 만든다. 즉 전략의 실패를 가져온다.

어느날 모 고객으로부터 이런 의뢰를 받은 적이 있다. 여러 변수들의 추정치를 대입하면 내년도의 예상 판매량이 튀어나오는 근사한 방정식을 만들어달라는 부탁이었다. 금년도 판매량, 고객 클레임 증가율, 유통망 커버리지 Coverage 등의 변수로 $Y = f(X_1, X_2, X_3 \cdots X_n)$의 방정식을 얻어내면 그것에 맞추어 생산량을 조절하고 최적의 재고 수준을 유지하는 등의 이점이 있지 않겠냐는 취지의 의뢰였다. 한마디로 지극히 회귀분석적인 요청이었다(이상주의자의 마인드).

나는 그에게 "그 방정식이 내년도 판매량이 20퍼센트 증가한다는 값을 내놓으면 그에 따라 생산량을 조절할 계획인가?"라고 물었다. 그는 당연히 그렇다고 답했다. 나는 다시 "그런데 미처 고려하지 못한 n+1번째 X가 튀어나와 판매량이 올해에 비해 50퍼센트까지 증가하는 상황이 벌어진다면 판매량 20퍼센트 증가에 맞추어 수립된 생산계획이 틀어지는 것 아닌가?"라고 물었다. 그랬더니 그는 "물건이 있는데 못 파는 게 문제지 없어서 못 파는 게 문제될 것 있나?"라며 퉁명스럽게 코웃음을 쳤다.

그는 판매량 30% 포인트 추가 증가라는 기회를 잡지 못하는 것이 더 큰 손실임을 인지하지 못했다. 50을 팔 수 있음에도 불구하고 20밖에 못 팔면 나머지 30은 기회손실이 된다. 문제는 그 30이 경쟁사의 몫으로 고스란히 돌아간다는 데에 있다. 그 30의 기회를 잡느냐 놓치느냐에 따라 시장지배력이 강화되거나 반대로 1위에서 2위로 주저앉게 될지도 모른다. 아마 그는 임시방편으로 그때그때 재빨리 증산하면 된다고 판단(현실주의자의 마인드)했을지 모르지만, 20에 맞춰진 생산계획을 갑작스레 50까지 늘리려면 여러 모로 무리수를 둘 수밖에 없다. 원료 확보, 품질 유지, 인력 활용 등에서 크고 작은 곤란을 겪을 뿐만 아니라 장밋빛 시황에 취해 공장을 과잉 증설하는 것과 같은 판단 착오에 빠지기 쉽기 때문이다. 결국 나는 그에게 "그런 방정식을 손에 넣을 수 있다면 컨설팅하지 않고 차라리 점집을 차리겠다."고 농담하며 의뢰를 완곡히 거절했다.

예측으로 인해 오판한 기업의 사례를 모두 적으려면 수십 권의 책으로도 부족하다. 전 세계에 보급된 PC(개인용 컴퓨터)가 7만 대 정도에 불과했던 1980년대 초, 주로 메인프레임과 같은 대형 컴퓨터 제작을 전문으로 하던 IBM이 PC시장의 잠재력과 성장 가능성을 브레인스토밍으로 알아보려 했다. 그들은 1990년에 전 세계 PC 보급 대수는 잘해야 27만 대 정도라고 예측했는데, 실제로 미국만 해도 1993년에 1억 7천만 대가 보급됐고 한국에서는 170만 대의 PC가 보급되었다.

그들이 이처럼 잘못된 예측치를 내놓은 이유는 1970년대 애플 컴퓨터의 '애플 II'를 중심으로 등장한 PC가 1980년에 이르기까지 완만한 성장률을 기록한 것에 있었다. IBM은 그때의 성장률이 앞으로도 계속되리라 간주했던 것이다. 브레인스토밍을 수행했다지만 결국 과거의 데이터를 기초로 미래를 예측한 것에 지나지 않았다. 결국 1980년대 당시 전 세계 PC 매출액의 60배가 넘는 총매출을 자랑하던 IBM은 PC 설계 분야에서 독보적인 위치를 점했음에도 PC시장에서 철수하는 최대의 실수를 저지르고 말았다. 그 덕에 수많은 IBM 호환 PC들과 마이크로소프트의 MS-DOS가 폭증하는 PC시장의 이익 대부분을 대신 차지했다. 반면 IBM은 루이스 거스너Louis V. Gerstner를 CEO로 영입하기 직전인 1992년, 미국 역사상 최대의 재정손실인 49억 7천만 달러의 적자를 기록하며 침몰할 뻔한 위기를 겪어야 했다. 이에 관해 리처드 오글Richard Ogle은 이렇게 꼬집는다.

"IBM이 PC 시대의 도래를 전망하지 못한 것은 통찰력과 상상력 측면에서 거대한 실패이다."

결국 예측이 그들의 눈을 가리고 귀를 막아 거대한 기회를 놓치도록 만들었다.

전략적 사고의 차단

연말마다 CEO의 신년 경영방침이 발표되면 경영기획 부서는 내년도 사업계획을 수립하느라 매우 분주하게 돌아간다. 이때 그들은 '작년까지 이렇게 되어왔으니 앞으로도 이럴 것이다'라는 회귀분석적 사고와 '반드시 이 목표를 무슨 일이 있어도 달성해야 한다'는 행정편의적 사고를 가동시킨다. 미래 계획이 예측을 기반으로 이루어지기 때문이다. 수학 모델로 나온 예측 결과에 누가 감히 이의를 제기할 수 있겠는가? 여기에 전략을 수립하는 과정에서 미래의 모습을 다각도로 그려보고 대책을 강구하는 전략적 사고는 전혀 끼어들 틈이 없다.

예측이 전략적 사고를 막는 이유는 이전의 사건이 인간의 판단력을 지배하며 족쇄를 채우기 때문이다. 행동경제학자 대니얼 카너먼Daniel Kahneman과 에이모스 트버스키Amos Tversky는 UN 가맹국 중 아프리카 국가의 비율이 얼마나 될지 묻는 실험을 실시했다. 그들은 실험 참가자들에게 1부터 100까지의 숫자가 적힌 룰렛 게임을 먼저 한 후에 정답을 말하도록 했다. 그 결과, 참가자가 룰렛 게임에서 10을 찍으면 평균적으로 아프리카 국가의 비율을 25%로, 65를 찍으면 45%로 답한다는 사실을 발견했다. 이 실험은 아프리카 국가 비율과 전혀 관련이 없는 룰렛 게임의 결과가 답변에 영향을 미친다는 사실을 보여준다. 심리학에선 이런 현상을 '닻효과anchoring effect'라고 부른다. 요컨대 룰렛 게임의 결과가 닻이 되어서 답변이 멀리 달아나지 못하도록 작용한 결과다.

예측도 이와 동일한 오류를 범하도록 만든다. 과거의 추세가 강력하고 무거운 닻이 되어 그 범위 내에서만 미래를 추측하고 사고하도록 만들기 때문이다. 예를 들어, 예측 모델이 내년 매출액을 금년보다 10% 성장할 거라 전망한다고 하자. 전사全社 목표와 부문별 목표를 정하는 자리에서 누군가가 내년도 시장이 몇 가지 이유로 고전을 면치 못하여 오히려 마이너스 2% 성장을 기록하리라는 의견을 제기할지 모른다. 그러면 다른 사람들은 근거를 자세히 들어보라며 즉각 반박에 나선다(성과 축소처럼 민감한 사안도 없다). 그의 의견이 신빙성이 있다면 10% 성장이 마이너스 2% 성장으로 수정될까? 아마 그러기 쉽지 않을 것이다. 예측 모델이 10%를 가리키는데 어찌 그것을 무시하고 마이너스 2%로 고친단 말인가? 그의 의견이 상당히 타당하더라도 그렇게 할 수는 없다면서 10% 성장을 7% 정도로 끌어내리는 것에 만족한다. 더 이상 이견이 없으면 내년에 잘해보자며 구호를 외치고 회의를 마무리하는 게 전형적인 광경이다.

이러한 예측의 폐해를 조금이나마 줄이고자 어떤 회사는 시나리오 방식으로 사업계획을 수립하자고 제안한다. 이를테면 이런 식이다. 최선의 시나리오일 때 10% 성장, 가장 가능성이 높은 시나리오면 7% 성장, 최악의 시나리오일 때 4% 성장을 목표로 잡는다.

단언하건대 이런 형태는 결코 시나리오 플래닝이 아니다. 숫자만 가지고 서너 가지의 경우를 만들어내는 걸 시나리오로 오인하는 사람들이 많은데(아마 그런 이미지를 가지고 이 책을 집어 든 독자도 많을 것이다), 이 사례는 그저 정도의 차이만 적용하여 하나의 숫자를 세 개로 쪼개놓은 것에 불과하다. 어떤 환경 요인들이 어떤 방향으로 변화하여 10% 성장을 4% 성장으로 끌어내리는지에 관한 근거와 스토리가 전혀 없기 때문이다. 이런 과정에서 전략적 사고는 전혀 작동되지 못한다.

대표적인 사례가 석유 시추 장비를 제조하던 미국 회사들이다. 1, 2차 석유파동을 거치면서 미국 정부는 석유의 전략적 가치를 깨닫고 세금 인하, 투자비 보전 등 석유 시추산업에 대대적인 혜택을 제공했다. 그 결과, 석유 시추 장비업체들은 1981년까지 높은 성장세를 기록했다. 하지만 레이건 정부가 모든 혜택을 일시에 철회하자, 1982년부터 매출이 급전직하로 곤두박질쳤고 1991년이 되어서도 1970년대 수준을 넘지 못했다. 정부의 석유 정책 방향이 180도 바뀔지도 모른다는 불확실성을 인지하지 못했기 때문이다.

물론 그들이 시나리오를 수립하지 않은 것은 아니었다. 문제는 그들이 세운 3개의 시나리오가 약간의 차이만 있을 뿐 1979년부터 1981년까지의 고도 성장률을 기초로 했다는 점이다. 그들은 성장이 정체되거나 오히려 퇴보할 수 있다는 가능성은 전혀 고려하지 않았다. 전략적 사고가 결여된 예측으로 미래를 잘못 전망하는 바람에 헛된 기대를 품었던 것이다.

무의미한 사업계획서

연말이 되면 예측 결과에 따라 내년도 매출이나 이익과 같은 몇 개의 수치를 전사 관점으로 정한 다음, 그것을 각 사업부나 부서에 할당하여 사업계획을 수립한다. 이 과정에서 미래에 발생할 여러 가지 불확실성은 확실성의 가면을 쓴 몇 개의 숫자로 압축되어 이후의 상황을 전혀 반영하지 않는다. 내년 성장을 10%라고 예측하면 오직 그런 미래만 상정되어 세부 전략이 그 아래에 붙는다. 다른 가능성을 철저히 배제한 채 "이것이 우리의 사업계획이다."라고 선언하고 조직 전체가 반드시 따라야 할 기본전략으로 채택한다.

당연한 말이지만, 사업계획이 효용을 가지려면 그 안에 포함된 예측치들이 100%는 아니더라도 80~90%의 근사한 정도로 미래를 '잘 맞혀야' 한다. 그게 아니라면 불확실성에 따라 여러 가능성을 파악하고 각 상황(시나리오)에 따라 어떻게 대처할지 구체적인 지침과 방안을 사업계획에 명시해야 한다. 그래야 몇 달간 애써서 사업계획을 수립할 의미가 있지 않을까? 하지만 예측을 기초로 수립된 대개의 사업계획들은 양치기 소년의 거짓말로 가득한 서류 뭉치에 불과하다. 애석하게도 예측은 항상 틀리기 때문이다.

그래서 매년 초 사업계획을 공표하는 의식을 치른 후에 그 두꺼운 보고서는 보통 서랍 속으로 곧장 사라지고 만다. 보고서 작성용과 행사 진행용에 불과한 사업계획은 불확실성이 현실로 나타날 때 조직의 전략적 행동에 아무런 방향과 지침을 제시하지 못하기 때문이다. 예컨대 납품업체가 줄줄이 도산하는 사태가 벌어지거나 언론에 우리 회사 제품이 건강에 큰 해를 끼친다는 보도가 나올 때, 사업계획을 제일 먼저 참조하고 거기에서 대응법을 찾는 사람이 과연 얼마나 될까?

그러니 위기에 처할 때마다 할 수 있는 것은 즉흥적인 의사결정과 임기응변적인 짜깁기 전략뿐이다. 용케 위기를 극복하더라도 "사업계획이나 전략 따위가 무슨 소용이냐? 미래 시나리오도 필요 없다. 이렇게 그때그때 잘 대응하면 되는걸."이라는 현실주의자의 논리와 한술 더 떠 "잘되겠지, 설마 망하겠어?" 하는 아생없주의자의 대책 없는 사고방식이 확고히 자리 잡기에 더 큰 문제다. 이런 사이클이 매년 반복되면 기업 발전의 장기적 엔진인 비전과 전략의 가치는 인정받지 못한다. "사업계획과 전략? 그거 그냥 보고서용이잖아."라는 비아냥이 조직 내에 팽배할 뿐이다. 예측의 오류가 결국 조직의 '전략적 뇌'까지 마비시키고 만다.

진정한 통제력

다시 강조하건대, 예측은 전략의 실패를 가져오고 전략적 사고를 마비시키며 전략의 가치를 크게 절하시키는 폐단을 낳는다. 이 모든 문제는 예측으로 나온 하나의 숫자에 미래의 다양한 가능성을 우겨 넣으려고 애쓰는 데에서 기인한다.

그런데도 왜 사람들은 여전히 예측을 고집할까? 그 이유는 예측으로 미래의 불확실성을 통제할 수 있다는 믿음 때문이다. 예측은 불확실성을 띤 물체를 확실한 실체로 둔갑시킨다. 그래서 미래를 잘 안다는(적어도 잘 알 수 있다는) 착각을 불러일으킨다.

미국의 서브프라임 모기지 사태로 촉발된 금융위기, 동일본 대지진과 같은 거대한 자연재해, 코로나 바이러스가 전 세계를 하루아침에 마비시킨 팬데믹 등 불확실한 상황에 처할수록 정교한 데이터를 사용하여 미래를 예측하려는 유혹에 빠지기 쉽다. 허상일 뿐인 통제력을 가지려고 이 순간에도 숱한 기관과 기업들이 갖가지 예측을 쏟아낸다. 이는 확실성을 추구하는 인간의 본성 때문이다. 그러나 예측 시스템이 제아무리 정교하더라도 '예측은 항상 틀린다'는 진리를 피할 수는 없다. 우리는 예측의 허울과 훌훌 벗어던지고 미래를 통제할 진정한 힘을 가져야 한다. 이제 그럴 때가 되었다.

미래를 바라보는 시나리오 관점

인간의 눈은 빛과 형태를 민감하게 인식할 수 있는 매우 정교한 신체기관이지만, 눈의 모든 영역이 그렇지는 않다. 눈의 가운데 부분은 물체의 색과 세부 형태를 잘 인식하는 시력을 지녔지만 가까운 거리에 있는 물체에만 국한될 뿐이다. 반면에 눈의 가장자리는 물체의 색과 형태를 제대로 감별하지 못하지만 먼 곳에 있는 희미하고 분산된 빛을 민감하게 느낄 수 있다. 운전할 때 앞을 주시하면서도 양옆에서 끼어드는 사물의 움직임을 감지할 수 있는 것은 우리의 눈이 영역별로 특화됐기 때문이다.

요즘처럼 디지털 사진 기술이 없었던 과거에 천문학자들은 오로지 눈과 광학망원경으로 천체를 관측하고 기록해야 했다.

그들은 주로 멀리 떨어진 성운과 혜성을 관측했는데, 그것들이 내는 빛은 매우 희미했다. 따라서 잘 보려고 눈 가운데로 초점을 모으면 시야에서 사라져버리는 문제가 있었다. 앞에서 말한 눈의 특성 때문이다. 시행착오 끝에 그들은 보고자 하는 대상이 아닌 다른 곳에 초점을 맞추는 '간접관측법'을 쓰면 눈의 가장자리 부분으로 멀리 있는 별의 색깔과 형태를 감지할 수 있음을 깨달았다. 희미할수록 초점을 맞추려고 애쓰지 말아야 비로소 보인다는 사실을 발견한 것이다.

이처럼 기업이 불확실성을 바라볼 때도 간접관측법과 같은 방법을 써야 비로소 미래를 이해할 수 있다. 불확실성으로 가득한 미래를 수치와 자료로 정확히 예측하려고 애쓸수록 미래는 우리의 시야에서 사라져버린다. 예측이 눈의 가운데 부분처럼 1~2년의 가까운 미래는 잘 맞힐지 모른다. 그러나 예측은 기업 흥망의 열쇠를 쥐고 있는 중장기 미래를 올바르게 바라보지 못하도록 만든다. 앞서 논의했듯이, 빠른 속도로 변하는 환경에서 과거와 미래가 구조적으로 동일할 수 없기 때문이다.

불확실하고 불안하게 느껴지는 미래를 잘 감지하려면 과거의 천문학자들이 일부러 물체를 똑바로 보지 않는 간접관측법을 사용했듯이 무리하게 집중하며 예측하기보다는 미래의 다양한 가능성을 멀리 포괄적으로 탐색하는 것이 현명하다. 이런 관측법이 '시나리오 관점'이다.

시나리오 vs 예측

보통 '영화를 만들기 위한 각본'이라는 의미로 쓰이는 시나리오는 미래학未來學에서는 조금 다른 의미로 사용된다. 여기에서 말하는 시나리오란 '미래에서 발생할 수 있는 모든 가능성과 상황 그 자체'를 뜻한다. 미래를 시나리오 관점으로 바라봐야 한다는 의미는 앞서 언급했던 모 고객의 요구를 완곡히 거절하면서 덧붙인 나의 말 속에 담겨 있다.

"방정식으로 미래를 예측하면 오직 하나의 가능성만 염두에 두고 전략을 수립하게 됩니다. 게다가 예측은 항상 틀리고 그것에 기반한 전략도 대부분 실패하고 맙니다. 미래를 예측하려고 하지 말고 시나리오 관점으로 미래를 봐야 합니다. 미래에 어떤 일이 벌어질지를 여러 경우로 구상한 다음, 각각에 맞게 대응전략을 미리 구상해놓는 것이 보다 생산적이지 않을까요?"

시나리오 관점은 예측을 중시하는 이상주의자의 관점과 확연히 다르다. 예측은 열심히 분석하고 좋은 도구를 손에 넣으면 미래를 알 수 있다고 전제하는 반면, 시나리오는 아무도 미래를 예측하거나 예언하지 못한다는 한계에서 출발한다. 예측은 불확실성을 정복할 수 있다고 자신하지만, 시나리오는 그 누구도 미래의 불확실성을 확실성의 형태로 변모시키지 못한다는 인간의 약점을 인정한다. 예측은 숫자로 표현되는 예측치 자체에 집중

하지만, 시나리오는 미래의 스토리를 기술하는 데 초점을 맞춘다. 예측은 오직 하나의 미래만을 규명하는 반면, 시나리오는 미래의 서로 다른 스토리들을 찾는다. 미래를 '아는' 것에 만족하는 것이 예측이라면 미래를 '대비'하는 데 방점을 두는 것이 시나리오다. 예측은 1~2년의 가까운 미래에 집중하지만, 시나리오는 보다 먼 미래의 근본적인 변화의 흐름을 찾으려 한다. 시나리오는 미래에 발생할 일에 정확한 정보를 제공하지 않지만, 미래를 더 잘 이해하도록 만든다. 그래서 기업이 옳은 판단 하에 전략을 수립하도록 유도한다.

이러한 시나리오 관점을 견지하면서 미래의 시나리오를 찾아가는 과정을 시나리오 플래닝이라고 한다. 불확실성을 기초로 의미 있는 시나리오들을 도출하고 시나리오별로 대응 방안을 마련함으로써 미래에 대비하려는 전략 기법인 시나리오 플래닝은 요즘처럼 불확실성이 가중되는 시점에 적합하다.

시나리오의 효과

훌륭한 경영자라면 불확실성을 타개하기 위해 환경의 예측 불가능성을 구성원들에게 인지시키고, 그것을 잘 다루지 못했을 때 온전히 리스크로 다가올 수 있음을 효과적으로 전달함으로써 조직의 변화 대열에 구성원들을 적극적으로 참여시켜야 한다. 그러나 말처럼 쉬운 일은 아니다. '상황이 어려워졌으니 허리끈 졸라매고 열심히 뛰어보자' 하는 식의 캠페인은 그동안 너무나 많이 써먹은 탓에 더 이상 구성원들을 감화시키지 못한다. 더군다나 조직의 가치보다 개인의 가치를 중요시하는 시대의 흐름 때문에 강압적인 지시는 먹히지 않는다.

시나리오는 이런 상황에서 빛을 발한다. 시나리오 플래닝은 먹구름 속에 감춰진 미래를 펼쳐 보이고 미래의 이야기를 생생하게 들려준다. 그래서 구성원들로 하여금 변화의 필요성을 자각하도록 유도하고 조직의 역량을 결집시켜 변화에 대응하게 만든다. 조직과 구성원들의 변화 동기는 실제와 같은 이야기로부터 발화하는 것이지 내년의 시장성장률이 마이너스 5%라는 숫자에서 생겨나지 않는다.

시나리오의 효과는 실험으로 이미 증명됐다. 학교 내에 B형 간염이 유행하자 대학 당국은 모든 학생을 대상으로 검진을 실시한 적이 있다. 심리학 연구자들은 이때 하나의 실험을 진행했다. 그들은 검진을 받고 나온 학생들에게 B형 간염의 증상이 어떤지 설명해주었는데, 1그룹의 학생들에게는 간이 충혈되고 신경체계가 왜곡된다는 식으로 모호하게 이야기해주었다. 반면, 2그룹의 학생들에게는 근육통, 무기력, 악성 두통 등 쉽게 증상을 상상할 수 있는 말로 간염의 증상을 이야기해주었다. 3주가 지난 후에 연구자들은 실험에 참가했던 학생들에게 자신이 간염에 걸렸을 확률이 어느 정도 되는지 질문해보았다. 그러자 머릿속에 증상이 쉽게 연상되는 설명을 들었던 2그룹의 학생들이 간염에 걸렸을 확률을 높게 추정하는 경향을 보였다.

이 실험은 간접적이나마 불확실성과 위기를 이미지화하여 머릿속에 그리도록 할 때, 행동의 변화를 촉발시킬 수 있음을 일깨운다. 구성원들의 변화를 유도하려면 예측치와 그래프를 제시하는 것만으로는 부족하다. 변화를 발화시키는 힘은 9.11테러와 같은 위기가 닥칠지도 모른다는 충격적이면서도 생생한 이야기로부터 나온다. 불확실한 미래에 대응하려면 그리고 조직 전체에 일사불란한 대응을 주문하고 싶다면 시나리오로 미래의 위험과 기회가 확실하게 머릿속에 그려지도록 만들어 변화가 아래에서 위로 번지도록 유도해야 한다.

로열더치셸의 성공

로열더치셸Royal Dutch Shell의 성공 역시 시나리오가 변화의 불을 댕겼기 때문이다. 이 회사는 시나리오 플래닝을 최초로 전략 수립에 사용하여 성공을 거뒀으며 여기서 활동한 사람들(피터 슈워츠, 키스 반 데르 헤이든 등)이 시나리오 플래닝을 방법론으로 정립시킨 것으로 유명하다.

과거엔 정유회사가 중동의 산유국보다 교섭력이 더 강했기에 정유회사가 석유 가격을 좌지우지할 수 있었다. 하지만 셸은 OPEC(석유수출국기구)의 설립을 기점으로 정유회사가 장악한 교섭력이 산유국으로 넘어가 석유 시장의 판도가 달라질지도 모른다는 시나리오를 수립해 대응했다. 그 덕에 셸은 1차 석유파동의 위기를 이겨내고 단숨에 업계의 중위권에서 2위로 뛰어오르는 대대적 성공을 거뒀다. 다른 회사가 지속적인 석유 소비의 증가를 예측하여 중동 지역을 중심으로 유전 개발 투자를 무조건 늘려갈 때, 로열더치셸은 숨 고르기를 하며 미래의 불확실성에 대비할 힘을 비축할 수 있었다.

그런데 많은 사람들이 로열더치셸의 성공 원인이 1차 석유파동을 잘 예측한 것에 있다고 짐작하며 시나리오 플래닝을 꽤 괜찮은 예측 기법 중 하나로 오해하곤 한다. 그러나 엄밀하게 말해서 로열더치셸의 성공은 예측이 아니라 가능한 시나리오를 모두 검토하여 최적의 전략을 선택했기 때문이다. 그리고 성공의 근본적인 이유는 시나리오로 미래의 모습을 생생히 느끼도록 함으로써 경영진을 포함한 모든 구성원들의 변화 동기를 자연스럽게 이끌어낸 것에 있었다. 단순히 향후 석유 소비가 급감할 것이라는 예측 결과를 주장했다면 한창 소비가 증가하는데 무슨 소리냐며 비난받았거나 변화에 소극적으로 대처했을 것이 분명하다.

시나리오 플래닝의 활용

기업은 이윤을 창출하기 위해 생겨난 2차 집단이지만 본질적으로 생존 가능성이라는 기본 조건 하에 사업을 영위한다. 그리고 생존은 항상 미래를 전제하는 법이다. 따라서 기업이 생존 가능성을 유지하거나 높이기 위해 수행하는 모든 조치에 시나리오 플래닝이 개입할 수 있다. 간단히 말해 기업의 미래를 다루는 모든 행위에 시나리오 플래닝 기법을 적용할 수 있다.

첫째, 다양한 시나리오를 점검함으로써 최적의 전략을 논의하거나 리스크를 최소화할 방법에 시사점을 얻을 수 있다. 둘째, 신규사업 발굴에 적용할 수 있다. 시나리오는 미래의 성장동력이 될 만한 사업을 미리 예행연습할 수 있도록 기회를 제공하기에 신규사업의 성공가능성을 높이고 실패 확률을 줄여준다. 셋째, 미래의 환경에서 기업 혹은 개인이 갖춰야 할 역량이 무엇인지 파악할 수 있다. 미래는 현재와는 분명히 다른 역량을 요구할 것임을 시나리오가 이야기해 주기 때문이다.

넷째, 이미 실행 중인 전략이 적합한지 테스트할 수 있다. 시나리오 플래닝 이전에 수립된 전략들 중 몇몇은 특정 시나리오 하에서 최악의 전략일지도 모른다. 시나리오 플래닝은 그런 전략을 솎아내는 역할을 한다. 다섯째, 위급한 상황에 대처할 방법을 찾을 수 있다. 시나리오에는 우리가 원치 않는, 그러나 그럴 만한 가능성이 충분히 있는 최악의 시나리오가 존재하기 마련이다. 최악의 시나리오가 도래하지 않도록 미리 조치를 취하거나 그런 위급한 상황에 처할 때 리스크를 최소화할 방법을 시나리오 플래닝으로 준비할 수 있다.

불확실성을 인정하라

미래가 불확실할수록 불확실함을 인정하라. 예측이 아니라 시나리오로 미래를 관측하라. 숫자가 아니라 미래의 모습을 이야기하라. 시나리오로 변화를 발화시켜라. 그것이 불안하게 반짝이는 희미한 미래를 보다 잘 관측하고 대비할 수 있는 방법이며, 당신이 시나리오 플래닝의 방법론을 습득하기 전에 가져야 할 마인드 세트mindset이다. "미래를 꿈꾸는 자만이 거기서 오는 미약한 신호를 감지할 수 있다."라고 철학자 프리더 라욱스만 Frieder Lauxmann은 말한다. 시나리오 플래닝을 수행하는 데에 비싼 정보시스템은 필요 없다. 종이와 펜, 상상력과 전략적 사고능력, 그리고 미래를 탐구하려는 욕망만 있으면 충분하다.

미래를 예측하는 사람은 그가 진실을 말할지라도
거짓말을 하는 것이다.

고대 아랍 속담

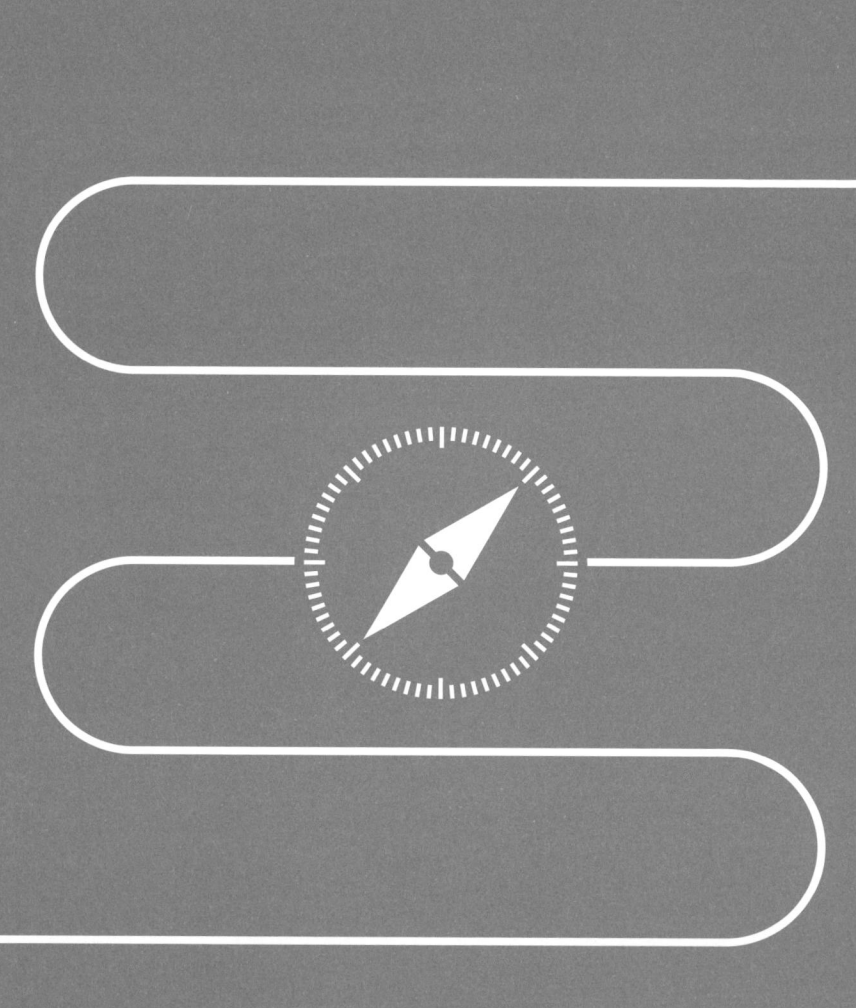

미래를 바라보는 2가지 관점

퓨처 포워드 vs 퓨처 백워드

저 멀리 강 너머에는 오랫동안 그리던 애인이 찬바람을 맞으며 서 있다. 한시라도 빨리 그 애인과 뜨거운 포옹을 나누며 고통스러웠던 지난 시간을 보상받고 싶다. 나에게는 두 가지 선택이 있다. 그리움을 이기지 못하고 내가 애인에게 배를 저어 가는 방법과 애인이 내게로 건너오도록 하는 방법이다. 이처럼 우리가 미래를 만나는 방식에도 두 가지가 있다. 현재에서 시작하여 미래로 향하는 방법이 있고 미래에서 거꾸로 현재까지 거슬러 오는 방법이 있다.

시나리오 플래닝에서는 이를 각각 퓨처 포워드Future Forward와 퓨처 백워드Future Backward라고 부른다. 퓨처 포워드는 현재에 파악할 수 있는 불확실성을 재료로 미래의 시나리오들을 펼쳐보는 것이다. 반면, 퓨처 백워드는 미래에 특정 사건이 발생한다고 가정한 다음, 그 사건을 발생시킬 가능성이 높은 상황을 역으로 거스르며 따져보는 방법을 말한다. 퓨처 백워드는 마치 비디오테이프를 되감아 보면서 '지나왔을 것으로 추정되는' 스토리를 다시 구성해보는 것이다. 그래서 '재구성법'이라고도 불린다.

시나리오를 만드는 두 가지 방식 중에 무엇을 선택할지는 '누가 강을 건널지를 결정하는 일'과 비슷하다. 애인이 나에게 오도록 할까, 아니면 내가 그리로 건너갈까? 시나리오를 수립하려고 할 때 대부분의 기업들은 미래에 특정 사건이 발생할 것인지 따지기보다는 현재부터 미래의 특정 시점까지 존재하는 불확실성들이 미래를 어떤 모습으로 다양하게 펼쳐놓을지 보고 싶어 한다. 그런 니즈에는 퓨처 포워드 방식이 적합하다.

하지만 퓨처 포워드는 퓨처 백워드보다 상대적으로 어렵고 복잡하다. 현 상황에서 불확실성과 더불어 영향력을 가진 재료들을 찾아내어 가능성과 의미가 있는 미래를 그려내야 하기 때문이다. 미래는 자존심이 강한 애인과 같아서 먼저 강을 건너오는 법이 없으며 앞으로도 그럴 것이다. 사실, 퓨처 포워드 방식이 진정한 시나리오 플래닝인데, 이후부터 별다른 언급없이 시나리오 플래닝이라는 말이 나오면 퓨처 포워드 방식이라고 알기 바란다.

퓨처 포워드: 파스칼의 고민

먼저, 간단한 사례로 퓨처 포워드 방식의 시나리오 플래닝을 이해해보자. 프랑스 수학자 블레즈 파스칼 Blaise Pascal은 수학과 과학에 천부적인 능력을 보였지만 사생활은 문란하고 방탕했다. 그의 천재적인 능력이 방탕한 생활방식 때문에 제대로 발현되지 못한다고 판단한 친구들은 파스칼에게 교회에 다니라고 여러 차례 권했다. 이것은 교회 중심의 사회였던 17세기 유럽에서 건넬 수 있는 흔한 충고였다. 친구들은 파스칼이 교회에 다니면 마음을 가라앉히고 성실하게 생활하며 연구에 매진할 수 있을 거라 기대했다.

그러나 파스칼이 누구인가? 논리적인 판단을 중요시하는 수학자 아니던가? 그는 친구들의 조언을 듣고 고민하기 시작했다. '신을 믿어야 하나, 말아야 하나?' 그는 수학의 천재답게 나중에 '파스칼의 추론' 혹은 '파스칼의 내기 Pascal's wager'라고 명명된 방법을 써서 고민을 해결했는데 알고 보니 그 방법은 시나리오 플래닝이었다.

만약 파스칼을 설득하는 친구의 입장이라면 파스칼을 교회에 보내기 위해 어떤 방법을 쓰겠는가? 나는 이 질문을 워크숍에서 자주 던지곤 하는데, 정말로 다양한 대답이 나온다. 우스꽝스럽지만 가장 자주 등장하는 해법은 "교회에 가면 그곳에서도 이성을 만날 수 있다고 말하며 파스칼의 욕구를 자극하겠다."는 것이다. 또한 "파스칼이 천재니까 교회에 가서 신이 과연 존재하는지를 증명해 보라고 하겠다."라는 방법도 종종 나온다. 아무리 천재라 해도 신의 존재를 증명하는 일이 가능할까 싶지만.

가장 그럴듯하고 논리적이며 성의있는 대답은 "교회를 다닐 때의 장점과 단점, 교회를 다니지 않을 때의 장점과 단점을 각각 설명하면서 파스칼을 설득하겠다."이다. 알다시피 이런 분석법을 '비용편익 분석Cost & Benefit Analysis'이라고 부른다. 비용을 제하고도 이익이 가장 높은 대안을 선택한다는 의사결정법이어서 꽤나 논리적으로 보이지만 사실은 그렇지 않다. 왜냐하면 파스칼을 둘러싼 불확실성을 전혀 고려하지 않기 때문이다. 불확실성을 감안하지 않은 채 신을 믿을 때와 그렇지 않을 때의 비용편익을 분석하는 것은 별로 의미가 없다.

누군가가 파스칼과 같은 고민에 빠져 있으면 답을 주기 전에 그가 무엇을 불확실하게 느끼는지 먼저 파악하는 것이 중요하다. 만약 CEO가 "A사업을 할지 말지, 결정하기가 어렵네."라고 고민할 때 즉각 "A사업을 하면 이 정도의 비용과 이익이 발생합니다. 이익이 더 크니 A사업을 추진하는 것이 좋습니다."라고 대응하는 직원은 중수에 지나지 않는다. CEO의 머리를 혼란스럽게 만드는 불확실한 요소를 포착한 후에 비용과 이익을 분석하는 직원을 고수라고 불러야 한다. 해결책 구상이나 의사결정은 그 다음에 해도 늦지 않다.

당신은 "파스칼이 가진 불확실성은 무엇이었을까?"라고 질문을 던져야 한다. 그러면 '신이 존재하는가' 아니면 '신은 존재하지 않는가'가 그의 불확실성임을 바로 간파할 수 있을 것이다. 그에게는 신의 존재 여부가 믿음을 선택하느냐 마느냐를 둘러싼 불확실성이었다. 나중에 자세히 설명하겠지만, 불확실성이 바로 시나리오로 이어진다.

파스칼은 '신의 존재 유무'라는 하나의 불확실성에 따라 2개의 시나리오를 설정했다. 첫 번째는 '신이 존재하는 시나리오'고, 두 번째는 '신이 존재하지 않는 시나리오'였다. 그는 각 시나리오 하에서 어떤 전략을 선택하는 것이 유리한지 따져보기로 했다. 그는 다음과 같은 표를 그림으로써 시나리오별로 각 전략의 비용편익을 분석했다(이렇게 비용편익 분석을 시나리오별로 해야 의미가 있음을 기억하기 바란다).

	[시나리오 1] 신이 존재한다	[시나리오 2] 신은 없다
[전략 1] 신을 믿는다		
[전략 2] 신을 믿지 않는다		

파스칼이 실제로 어떤 사고의 흐름으로 판단을 내렸는지는 모르겠으나, 당시가 교회 중심의 사회였다는 점을 염두에 두고 그의 사고를 추측해보면 아마도 이런 식이었을 것이다.

먼저, 신이 존재하는 시나리오에서 신을 믿는다면 나에게 주어지는 가치는 얼마일까? 그 가치는 천국에서 느끼는 기쁨과 행복이니까 무한대(∞)이겠지? 반대로, 신을 믿지 않는다면 어떻게 될까? 신을 부정한 죄로 지옥에서 모진 형벌을 끊임없이 받아야 하니까 그 가치는 마이너스 무한대(-∞)일거야.

두 번째 시나리오인 '신은 없다'에는 어떻게 판단했을까?

이 시나리오에서 내가 신을 믿는다면 난 무슨 가치를 얻게 될까? 존재하지도 않는 신을 믿느라 교회에 다니는 고생을 했으니까 그 가치는 마이너스일까? 아니면 교회에 다니면서 마음의 안식과 평안을 얻었으니 플러스일까? 친구들이 교회에 다니는 게 도움이 된다고 하나같이 말하니까 가치를 100 정도라고 가정해보자. 반대로 신을 믿지 않으면 어떻게 될까? 난 아무것도 얻거나 잃을 게 없겠지. 현재와 별반 다를 것도 없을 테고. 그러니까 그때의 가치는 0이야.

그가 평가를 끝내고 완성된 표는 아래와 같았을 것이다.

	[시나리오 1] 신이 존재한다	[시나리오 2] 신은 없다
[전략 1] 신을 믿는다	∞	100
[전략 2] 신을 믿지 않는다	-∞	0

두 개의 전략 중 무엇이 최고의 전략일까? 당연히 '신을 믿는' 전략이 최적이자 최고의 전략이다. 이런 판단 때문이었을까? 파스칼은 엄격한 금욕 종교인 쟝세니즘Jansenism에 귀의했고 자신의 종교적 입장을 정리해 《팡세Pensee》라는 책을 저술했다(노파심에 언급한다면, 나는 기독교인이 아니니 이 글을 종교적이라고 오해하지 않길 바란다). 파스칼은 시나리오에 따라 일생 최대의 결정을 내렸고, 우리에게 간단하면서도 강력한 시나리오 플래닝 사례를 남겨 주었다.

파스칼의 추론은 앞으로 이 책에서 배울 퓨처 포워드 방식의 시나리오 플래닝을 압축적으로 제시한다. 고민스러운 상황, 즉 불확실성으로 인해 결정을 쉽사리 내리지 못하는 상황이 되면 연필 한 자루 쥐고서 백지에 파스칼이 그렸던 표로 시나리오별로 편익과 비용을 차분히 따져 보라. 좀더 나은 결정을 하는 데 큰 도움이 될 것이다.

퓨처 백워드: 9.11 테러의 재구성

2001년 9월 11일, 민간 여객기 2대로 미국의 심장부인 뉴욕의 세계무역센터World Trade Center를 강타한 전대미문의 테러 사건이 발생했다. 세계는 즉각 상당한 충격에 휩싸였다. 당장이라도 제3차 세계대전이 발발할지도 모른다는 공포 분위기가 조성되었고, 달러화 가치와 주가가 붕괴되는 등 세계가 일시적으로 공황 상태에 빠졌다. 지금까지 미국 본토가 공격받은 적은 한 번도 없었고 그런 일은 절대로 일어나지 않을 거라 믿어왔기에 미국인들이 느낀 충격은 상상을 초월했다.

하지만 9.11테러는 충분히 예견됐고 막을 수 있었던 사건이었다. 수많은 기록들은 9.11테러가 일찍부터 경고됐음을 증명한다. 1987년에 미래학자 브라이언 젠킨스Brian M. Jenkins는 테러리스트들이 미국 본토를 공중 자살의 방식으로 공격할 거라 주장했다. 또한 1994년에 마빈 세트론Marvin Setron이라는 학자는 공중 자살 공격의 최고의 표적은 바로 세계무역센터라고 정확하게 지적했다. 1998년 CIA(미국 중앙정보국)에서 제출한 보고서에는 아랍 테러리스트들이 세계무역센터 건물에 비행기를 충돌시킬 계획을 세웠다는 내용이 들어 있었다. 그럼에도 불구하고 미국 정부는 테러를 막지 못했다.

더욱 어처구니없는 것은 9.11테러가 일어나기 7개월 전인 2001년 2월에 이미 부시 대통령에게 뉴욕 심장부를 타깃으로 대대적인 테러 공습이 있을 거란 내용의 보고서가 제출되었다는 사실이다. 이 보고서를 쓴 피터 슈워츠Peter Schwartz는 그때 백악관에서 목격했던 광경을 〈조선일보〉와의 인터뷰에서 이렇게 회상했다.

"내가 보는 앞에서 부시 대통령은 보고서를 제대로 읽지도 않은 채 체니 부통령에게 이렇게 말하더군요. '딕, 머리 아픈데 당신이 알아서 처리해주지?' 부통령은 어땠냐고요? 그도 시나리오를 가볍게 무시했습니다."

이렇게 수차례의 예견과 경고에도 불구하고 결국 그 같은 참상이 발생한 데에 미국 정부는 지탄받아 마땅하다(사실 피터 슈워츠에게도 문제가 있다. 두툼한 보고서를 주는 바람에 상대방을 질리게 만들었으니 말이다. 여기서 알아야 할 교훈은 중대한 사안일수록 보고서를 얇게 만들어야 한다는 것이다).

그렇다면 미래학자들은 어떻게 9.11테러를 예견할 수 있었을까? 여러 징후를 나타내는 데이터를 면밀히 분석한 결과겠지만, 여기서는 간략하게 그들이 어떤 절차로 시나리오 플래닝을 진행했는지 함께 밟아보자.

앞서 언급했듯이, 퓨처 백워드에서는 항상 미래에 발생할 특정 사건을 먼저 설정한다. 발생 확률은 작지만 일단 일어나면 걷잡을 수 없는 충격과 리스크를 몰고 오는 사건을 특별하게 '와일드카드Wild Card'라고 부른다. 9.11테러를 퓨처 백워드 방식에 대입하면 '테러리스트들이 공중에서 미국 본토를 공격한다'는 사건이 와일드카드가 된다.

와일드카드가 결정되고 나면 시간을 거슬러 올라오며 그것이 발생하기 바로 직전의 상황은 어떠할지 유추하는 과정을 거친다. 와일드카드를 중심으로 발생할 수 있는 모든 가능성, 즉 선택지를 트리 형식으로 그려내는 작업을 수행한다. 9.11테러를 예견한 미래학자들과 보조를 맞추기 위해 지금의 시점이 테러가 일어나기 전의 시점(이를테면 피터 슈워츠가 부시 대통령에게 보고서를 제출한 시점)이라고 간주하자.

우선 테러리스트들이 어떤 방법으로 공중 습격을 감행할지 예상해본다면 전투기로 공격하는 방법과 민간 여객기로 공격하는 방법을 도출할 수 있다. 그들이 만약 전투기로 공격해 온다면 그 이전에 어디에선가 전투기를 구입하거나 탈취해야 한다. 반면 여객기로 공격을 시도한다면 여객기에 폭탄을 적재한 뒤 목표물에 투하하거나 표적에 직접 충돌하는 방법을 쓸 것이다.

이 '여객기 공격법'을 쓰려면 여객기 납치는 반드시 선행돼야 하는데, 문제는 납치한 여객기를 어떻게 공격 목표까지 이동시키냐는 것이다. 여기엔 두 가지 가능성, 즉 조종사를 위협하는 방법과 조종 실력을 갖춘 테러리스트가 직접 표적으로 여객기를 들이받는 방법이 있다. 그리고 조종 실력을 갖추는 방법에는 미국 내의 민간 조종 훈련 과정을 이수하거나 자신들의 이슬람 본거지에서 훈련을 거치는 것이 있다.

이렇게 시간을 현재로 끌어당기면서 테러리스트들의 선택 가능한 대안들을 추적하면 아래와 같은 트리가 만들어진다.

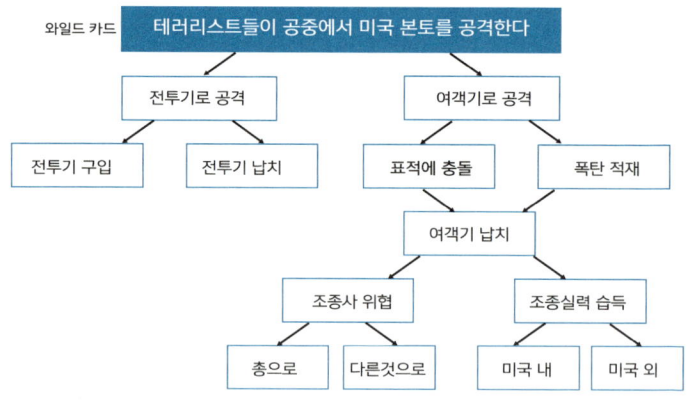

9.11 테러의 시나리오 트리

이제 시나리오 트리를 보며 각 대안들이 얼마나 발생할 가능성이 있는지 근거를 가지고 따져 보자. 우선 테러리스트들이 전투기로 공격할 가능성은 상당히 희박할 것이다. 전투기의 매매는 상당히 공개적이고 투명하게 이루어진다. 설령 암암리에 거래가 이루어져도 첩보위성들이 지구 전체를 샅샅이 감시하기 때문에 즉시 발각되어 버린다. 전투기의 탈취도 첩첩의 감시망을 뚫어야 하기 때문에 어려운 일이다. 만약 어찌어찌 해서 전투기를 확보했다고 해도 즉시 미국의 정보 당국에게 노출되면 어떤 식으로든 사전에 보복당하므로 그럴 가능성은 더욱 낮다. 그러므로 이 트리에서 왼쪽의 큰 가지인 '전투기로 공격한다'는 대안 전체는 삭제된다.

이제 '여객기로 공격'하는 대안만 논의하자. 여기서 폭탄을 비행기에 적재하는 방법은 발생할 확률이 아주 희박하다. 공항 검색대를 통과하면 십중팔구 발각되기 마련이고, 검색을 거치지 않고 격납고에 침입하여 비행기에 폭탄을 옮겨 싣는 일 또한 성공 확률이 매우 낮다. 따라서 테러리스트들은 여객기 자체를 표적에 충돌시켜 공격하는 방법을 취할 거라 예상된다. 그들이 그동안 저지른 테러에서 죽음을 전혀 두려워하지 않았기 때문에 그럴만한 개연성은 충분하다.

그렇다면 그들은 어떻게 비행기를 목표물에 정확히 충돌시킬 수 있을까? 조종사를 위협하는 것이 쉬운 방법처럼 보이지만 테러의 성공 확률을 높이려면 테러리스트들이 직접 조종하여 충돌하는 게 더 확실하다. 조종사가 어차피 죽을 목숨이라고 체념한다면 목표물에 충돌하기 직전에 조종간을 틀어버릴 가능성도 배제할 수 없기 때문이다. 테러리스트들이 테러의 모든 과정을 완벽하게 성공으로 마무리 지으려면 시간과 비용이 들겠지만 스스로 조종 실력을 갖추는 것이 제일이다.

자신들의 근거지에서 비행기 조종법을 배우고 미국에 밀입국하는 경우와 미국 내에서 일반인 속에 섞여 살면서 민간 조종 훈련기관에서 조종법을 배우는 경우 중에 어떤 것이 더 용이할까? 아마도 후자가 더 가능성이 높을 것이다. 등잔 밑이 더 어둡듯, CIA 요원들의 감시를 24시간 받는 아지트보다는 미국에서의 활동이 더 자유롭고 안전할 수 있기 때문이다.

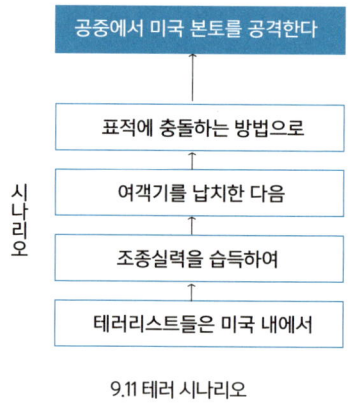

9.11 테러 시나리오

지금까지의 논의를 정리하면, 위와 같은 그림을 얻게 된다. 이를 바탕으로 9.11테러를 야기하게 될 일련의 이야기, 즉 시나리오를 작성할 수 있다. 이런 방법으로 진행하는 것이 퓨처 백워드 방식의 시나리오 플래닝이다. 이 예에서는 시나리오가 1개 밖에 나오지 않았다. 공교롭게도 시나리오 트리의 각 단계에서 1개씩의 대안만이 채택됐기 때문이다. 각 단계에서 채택되는 대안이 2개 이상이면 시나리오의 개수는 그만큼 늘어난다.

퓨처 백워드 방식으로 도출한 시나리오에 대응하려면 어떻게 전략을 수립해야 할까? 이 시나리오에서 시초가 되는 부분('미국내에서 훈련')을 감시하거나 발생하지 않도록 제어하는 전략을 취하면 다음 단계('조종 실력을 습득')로 진행되기 어려울 것이다. 예를 들어 현재 민간 조종 훈련기관에 어떤 인종의 사람들이 등록하는지 주시하고, 출입국관리소에 기록된 입국자 중에서 요주의 국가의 국적과 특이한 이력을 가진 사람이 존재하는지 파악하여 그에 상응하는 조치를 취해야 한다. 또한 그 전략이 실패할 것을 대비하여 위의 단계('여객기 납치')에 적용할 대응전략을 동시에 준비하여 실행해야 한다.

이렇게 와일드 카드에 이르지 못하도록 겹겹이 튼튼한 '전략망'을 쳐놓음으로써, 와일드카드의 발생 확률을 극소화하고, 설령 발생하더라도 피해를 신속하게 복구토록 하는 것이 퓨처 백워드에서 대응전략 수립 방법이다.

모든 대비 전략이 실패해서 여객기가 납치되었다면 어떻게 해야 좋을까? 테러리스트들이 자유롭게 조종석으로 들어오지 못하도록 조종석에 방호벽을 설치하면 적어도 비행기가 건물에 충돌하는 일은 막을 수 있었을 것이다. 실제로 오래 전부터 조종석에 방호벽을 설치하자는 건의가 있었지만, 예산이 부족하다는 이유로 매번 기각되고 말았다. 9.11 테러와 같이 끔찍한 사건이 발발하리라고 어렴풋이 알고 있었으면서도 '그런 일이 설마 일어나겠어?'라며 실행하지 않았던 것이다. 그리스의 시인 소포클레스Sophocles는 "신은 행동하지 않는 자에게는 절대로 손을 내밀지 않는다"고 말했다. 미래의 가능성을 탐색하는 자들에게 시나리오는 엄청난 기회의 문을 열어주지만 행동하지 않는 자들에게까지 자비를 베풀지는 않는다.

짐작했을지 모르겠지만, 퓨처 백워드 방식은 하나의 맹점을 가지고 있다. 이 방식을 사용할 때 우리가 손에 쥐는 시나리오는 특정한 미래 사건을 발생시키는 여러 경로와 과정들이다. 퓨처 백워드 방식을 쓰면 '테러리스트들이 공중에서 미국 본토를 공격한다'와 관련된 미래 시나리오만 볼 수 있을 뿐이지, 그것 외의 미래 이야기를 서술하는 것은 불가능하다.

그러나 퓨처 백워드 방식은 위급한 상황을 사전에 대비하고 사후 대응 계획을 수립하기 위한 컨틴전시 플래닝Contingency Planning의 방법으로는 자주 활용된다. 예컨대 '우리 회사 창고에 큰 화재가 발생한다면 그걸 대비하기 위해 어떻게 해야 할까? 우리가 만들어낸 제품이 고객에게 커다란 손해를 입히지 않으려면 지금 우리는 무엇을 해야 하는가?' 등에 답을 구하는 데 사용된다. 화재 발생과 같은 위급한 상황을 거꾸로 되짚어서 구성한 '여러 현재들'이 실제의 현재와 상당히 많은 부분 일치할 경우, 취해야 할 조치가 무엇인지 퓨처 백워드 방식을 쓰면 비교적 쉽게 파악할 수 있다.

지금까지의 설명은 간단하게 서빙한 시나리오 플래닝의 애피타이져였다. 다음 장부터 시나리오 플래닝(퓨처 포워드) 방법론을 본격적으로 살펴보자.

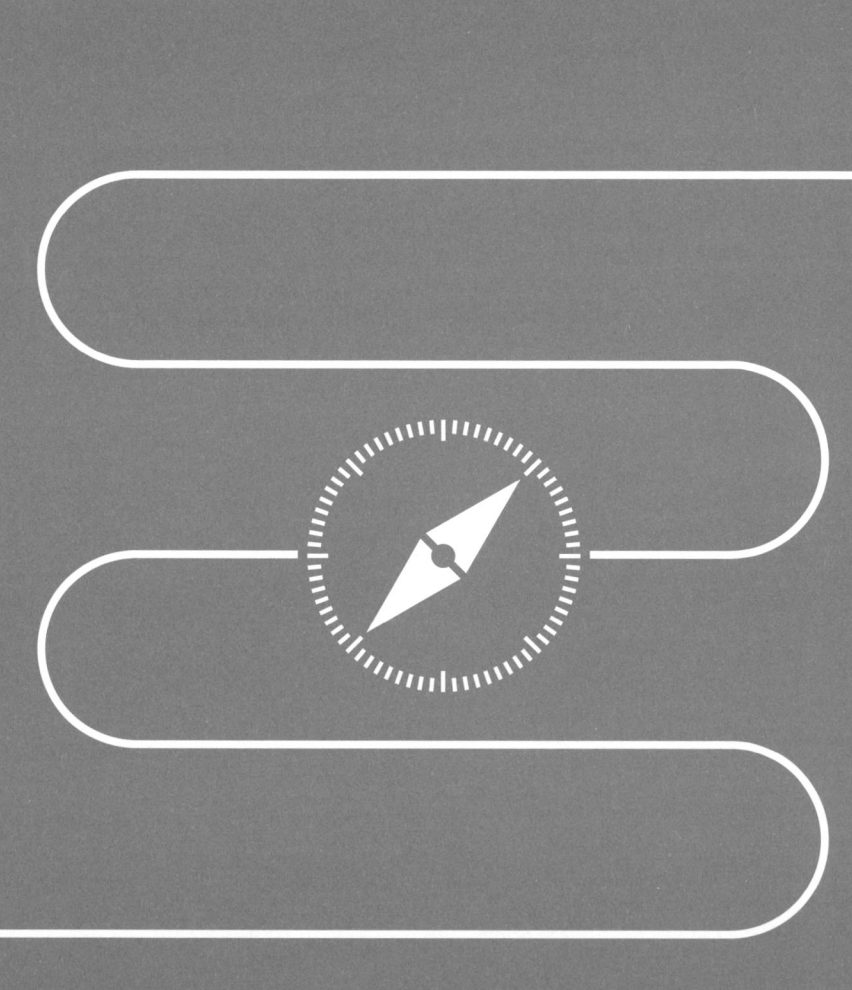

Phase 0

시나리오 플래닝 계획

시나리오 플래닝의 7단계

시나리오 플래닝 수행 절차는 전문가마다 제안하는 바가 조금씩 다른데, 다음 페이지의 그림은 내가 그동안 수행한 프로젝트와 워크숍의 경험으로 가장 적합하다고 판단한 절차다. 이 그림에서 보듯 시나리오 플래닝은 크게 7단계(Phase)로 진행된다.

앞으로 어떤 사람이 자신에게 Phase 번호만 말해도 그것이 시나리오 플래닝의 무슨 단계인지 알 수 있도록 필히 7단계 절차를 기억해두기 바란다. 그렇다고 지금 당장 달달 외우라는 소리는 아니다. 인내를 가지고 이 책에서 제시한 방법론을 끝까지 숙독한다면 자연스럽게 Phase 1부터 Phase 7까지의 이름 정도는 충분히 암기할 수 있다.

Phase 1	핵심이슈 선정
Phase 2	의사결정요소 도출
Phase 3	변화동인 규명
Phase 4	시나리오 도출
Phase 5	시나리오 라이팅
Phase 6	대응전략 수립
Phase 7	모니터링

시나리오 플래닝의 7단계

    그런데 Phase 1부터 Phase 7까지 시나리오 플래닝 방법론을 숙지하는 것과 조직의 주요 문제(핵심이슈)를 풀고자 방법론을 적용해 프로젝트를 실행하는 것은 분명히 차원이 다른 문제다. 프로젝트를 직접 수행할 때는 방법론을 올바로 실행에 옮길 적임자를 선정하고 그 방법론에서 제시한 여러 절차들을 정해진 기한 내에 완료할 책임이 생기기 때문이다. 이 장에서는 당신이 자체적으로 시나리오 플래닝 프로젝트를 수행할 때 참고할 수 있도록 구성원을 선발하는 방법과 프로젝트 일정을 짜는 방법을 상세히 알아보기로 한다.

    모든 일이 그렇겠지만 계획 수립 때부터 첫 단추를 잘 끼워야 프로젝트의 성공을 보장할 수 있다. 이 점을 유념하는 차원에서

'시나리오 플래닝 프로젝트 계획' 단계를 Phase 0으로 부르기로 한다. 먼저 프로젝트를 수행할 사람을 어떻게 선발해야 하는지 알아보자.

시나리오팀의 구성

전형적인 시나리오팀의 조직은 시나리오 플래닝 프로젝트 전반을 관장하고 결과물에 최종 의사결정을 내릴 '최고의사결정자', 방법론을 교육하고 프로젝트의 과정을 안내해줄 '퍼실리테이터facilitator', 프로젝트팀을 이끌고 최고의사결정자에게 보고할 책임을 가지는 '시나리오팀장', 그리고 워크숍 참여, 자료 조사, 보고서 작성 등 실무를 담당할 '시나리오팀원'으로 구성된다.

모든 프로젝트가 그렇듯 어떤 역량을 지닌 인력이 프로젝트에 참여하는지가 성공을 좌우하는 첫 번째 요소다. 내 경험으로 볼 때, 프로젝트를 100% 실패하게 만드는 가장 확실한 방법은 '사람을 대충 뽑는 것'이다. 속성상 태스크포스팀TFT은 정해진 시간 내에 압축적으로 업무를 수행하여 목표로 하는 결과물을 도출할 책임을 지닌다. 따라서 구성원의 역량과 신뢰를 바탕으로 한 팀워크가 매우 중요하다. 그럼에도 불구하고 태스크포스팀을 구성할 때마다 많은 기업들은 프로젝트에서 요구하는 역량을 고려하지 않은 채 행정편의적으로 인력을 선발하는 오류를 범하곤 한다. 이를테면 이런 식이다.

프로젝트를 주관하는 팀(보통 경영기획팀이나 전략기획팀)에서 각 부서에 협조문을 띄워 '사람 좀 보내달라'고 청한다. 이를 받아본 현업부서장은 프로젝트에서 요구하는 역량에 별로 신경을 쓰지 않는다. 보통 그들은 태스크포스트팀으로 파견해도 업무의 누수를 발생시키지 않을 사람을 추천하는 경향이 있다. 대개 그런 직원은 우수인력이라기보다 할일이 별로 없거나 역량이 상대적으로 떨어지는 사람일 가능성이 크다. 부서장의 입장에서 일 잘하는 직원을 다른 곳으로 보내는 것은 당연히 내키지 않는 일이다. 그 사람이 없어서 부서 평가가 저조하게 나온다 해도 프로젝트 주관부서가 보상을 해주지 않기 때문이다. 시나리오팀이 이런 식으로 대충 꾸려진다면 분명 프로젝트를 훌륭히 치르기 어렵다. 이제껏 접해보지 않았던 시나리오 플래닝을 아무렇게나 구성된 팀에 맡겨 성공을 바란다는 것은 어불성설이다.

이런 잘못을 범하지 않으려면 현업부서장의 자발적인 협조만을 전적으로 기대해서는 안 된다. 프로젝트 주관부서가 적합한 인력을 직접 뽑는 수고를 감수해야 한다. 시나리오팀을 구성하기 전에 우선 역할별로 일정한 기준(역량, 직무, 경력, 직급 등)을 마련하고 그에 부합하는 인력을 선발한 다음, CEO와 그에 준하는 의사결정자가 인사 발령을 내리는 방식을 취하는 것이 가장 좋다. 강제적인 방법이라고 우려할지 모르지만, 조직의 미래를 탐색하는 중차대한 과제인 시나리오 플래닝의 성공에 불가피한 과정임을 이해하기 바란다.

시나리오팀의 규모

각 구성원이 어떤 역할을 수행하고 어떤 요건을 만족해야 하는지는 뒤에서 살피기로 하고, 시나리오팀을 어느 정도의 규모로 구성하는 게 좋은지 알아보자. 우선 최고의사결정자, 팀장, 퍼실리테이터는 각각 1명씩 선정한다. 어떤 프로젝트에서는 한 사람이 팀장과 퍼실리테이터 역할을 동시에 수행하기도 하는데, 시나리오 플래닝 방법론을 잘 숙지했고 프로젝트 경험도 많아서 퍼실리테이터 역할까지 충분히 소화할 수 있는 경우에 한한다(시나리오 플래닝이 아직 생소한 기법이라서 이런 경우는 흔치 않다). 물론 이때 그 사람은 두 가지 역할에서 요구하는 조건을 모두 만족해야 한다.

팀원의 수는 프로젝트의 경중(핵심이슈가 얼마나 중대한가?)에 따라 다르다. 보통 수준의 난이도를 갖는 시나리오 플래닝 프로젝트에서 팀원의 수는 몇 명이 적당할까? 팀원이 너무 적으면 자료수집, 토론, 산출물 작성 등에 필요한 인력이 부족해 당연히 결과물의 품질이 떨어진다. 물론 팀원이 너무 많아도 문제다. 소위 '묻어 가려는' 무임승차자들이 팀 분위기에 찬물을 끼얹는 경우가 항상 발생하기 때문이다.

내가 진행했던 모 회사의 프로젝트에서는 18명이나 되는 직원이 한꺼번에 태스크포스팀에 참여한 적이 있다. 프로젝트를 시작하기 전에 주관부서에서 이미 팀원으로 뽑아놓았기 때문에 어느 누구도 제외할 수 없었다. 사람 수가 많으면 그만큼 아이디어가 풍부해질 것 같지만, 이는 구성원 모두가 열렬히 프로젝트에 참여할 경우에 한한다. 내가 보기에 18명의 팀원 중 열의를 가지고 참여한 사람은 5명뿐이었다. 그 외 10명은 수동적으로 임했고 나머지 3명은 프로젝트의 절차를 따르지 않은 채 적극적으로 게으름을 피웠다.

그간의 경험으로 볼 때, 퍼실리테이터와 팀장이 효과적으로 통솔할 수 있는 시나리오팀원의 규모는 8명 내외가 적당하다. 핵심이슈가 제아무리 대형 이슈이고 심각한 것이라 해도 10명을 넘지 않는 게 좋다. 만일 10명 이상으로 구성할 수밖에 없는 상황이라면 팀을 2개의 소팀으로 나누어 자료 조사와 보고서 작성의 역할을 분담시키고, 워크숍을 진행할 때는 소팀별로 토론 결과를 내도록 해 취합하는 방식을 쓰기 바란다.

이제 시나리오팀의 구성원들이 시나리오 플래닝 프로젝트 기간 동안 어떤 역할을 수행하는지, 그리고 그들을 어떤 기준으로 선발해야 하는지 등을 알아보자.

최고의사결정자

시나리오 플래닝은 궁극적으로 핵심이슈의 해결을 목적으로 한다. 즉 미래의 여러 시나리오에 가장 적합한 전략 대안을 찾아내는 일이 시나리오 플래닝의 목표이자 프로젝트의 최종 산출물이다. 최고의사결정자는 그론 최종 결과를 승인하여 조직 전체로 확산시키는 책임을 가진 자를 말한다. 따라서 그는 팀에서 도출한 시나리오의 적정성과 전략 대안의 적합성을 검토하여 최종적으로 승인할 권한을 지녀야 하고, 조직 내 모든 구성원이 전략 대안을 실행하도록 통솔할 수 있는 사람이어야 한다. 조직 내에서 그런 권한을 지닌 사람은 보통 CEO나 CSO(Chief Strategy Officer, 최고전략담당자)와 같은 주요 임원이므로 그들 중 한 사람을 프로젝트 시작에 앞서 최고의사결정자로 위촉해야 한다.

"최고의사결정자가 꼭 있어야 합니까?" 프로젝트 주관부서에서 종종 던지는 질문이다. '임원 중 누구를 선임하여 책임지도록 만들 것인가'라는 요구사항에 부담을 느끼기 때문이다. 하지만 최고의사결정자 없이 시나리오팀만으로 프로젝트를 진행한다면 애써 만들어놓은 결과물이 실행되기는커녕 인쇄되자마자 책상 속으로 직행해버리는 사태가 벌어질 수도 있음을 유념해야 한다.

내가 시나리오 플래닝 방법론을 미처 완성하지 못했던 초기 시절, 모 회사의 경영기획팀이 최고의사결정자 없이 팀원 몇 명을 차출하여 시나리오 태스크포스트팀을 구성한 적이 있었다. 형식적으로 경영기획 팀장이 최고의사결정자이자 시나리오팀장의 역할을 동시에 수행했다. 그런데 핵심이슈로 선정된 주제가 회사의 미래에 매우 중요했음에도 불구하고 전사 전략의 실행으로 이어지기는커녕 CEO에게 전달조차 되지 못하고 말았다. 알고 보니, 시나리오 플래닝이 국내에서 생소한 기법이고 아직 그 효과가 검증되지 않았다는 이유로 CEO에게 프로젝트 수행 보고를 일부러 하지 않았던 것이다. 그 회사는 지금 어려움에 빠져 있다. 만일 시나리오 플래닝의 결과물을 CEO의 지휘 아래 조직 전체에 확산했더라면 어땠을까 상상해본다. 아마 지금처럼 시장점유율이 하락하고 영업이익이 적자로 돌아서는 상황까지 가지는 않았을 것 같다. 다시 강조하지만, 프로젝트의 결과를 지지하고 확산시킬 최고의사결정자를 반드시 선임해야 한다.

퍼실리테이터

이 책을 끝까지 읽어보면 알아차리겠지만, 시나리오 플래닝의 의미와 구체적인 방법론을 습득하더라도 누군가가 옆에서 이끌어주지 않는다면 프로젝트가 원활하게 진행되기 어렵다. 왜냐하면 시나리오 플래닝의 각 단계phase를 구성하는 세부 절차들은 숫자만 집어넣으면 답이 튀어나오는 '벤딩 머신'이 아니라, 거의 대부분 브레인스토밍과 토론으로 이루어지는 '지적 난장亂場'이기 때문이다. 지식을 아는 것과 그것을 가르치는 것이 서로 다르듯, 방법론을 아는 것과 그것을 프로젝트에 '녹아들게' 만드는 것은 분명 다르다. 따라서 누군가가 이 책에 나온 방법론이 프로젝트에서 올바르게 사용되도록 가이드하고 팀원들이 새로운 아이디어를 내도록 독려할 필요가 있다. 그 역할이 바로 퍼실리테이터다.

시나리오 플래닝은 대부분의 기업이 생소하게 느끼는 기법이기에 그것이 왜 불확실한 미래를 대응하는 데 효과적인 방법인지, 그것으로 어떤 이득을 얻을 수 있는지, 그러려면 무엇을 어떻게 해야 하는지 등을 최고의사결정자를 비롯한 구성원들에게 올바로 전달할 사람이 필요하다. 여러 가지 가능성과 불확실성을 지닌 시나리오로 미래를 인식해야 한다는 시나리오 플래닝의 철학을 이미 수많은 예측 기법들과 SWOT분석 같은 정적(靜的, static) 도구에 길들여진 구성원에게 이해시키는 일은 매우 어렵기 때문이다.

또한 프로젝트에 참여하는 사람들의 시각 차이, 지식과 경험의 수준 차이, 개인적인 이해득실 등으로 미래를 제각기 다르게 해석할 가능성이 크다. 이때문에 팀원들 사이에 의견 대립이 심화되고 팀워크가 깨져서 프로젝트가 한 발짝도 진전되지 못할 가능성이 역시나 크다.

객관적인 입장에서 갈등 상황을 중재하고 제3자의 시각을 제공할 사람이 필요한데, 퍼실리테이터는 바로 이러한 역할을 수행하는 사람이다. 퍼실리테이터는 시나리오 플래닝 프로젝트에서 없어서는 안 될 중요한 구성원으로, 방법론을 팀원들에게 전수하고, 단계별 결과물을 효과적으로 산출하도록 워크숍을 진행하며, 프로젝트의 결과물을 1차적으로 검증하는 등의 임무를 담당한다.

이토록 중요한 역할을 수행할 퍼실리테이터는 내부 직원이어야 할까, 외부인이어야 할까? 어떤 이는 시나리오 플래닝이 회사의 기밀을 다루고 중장기적인 대응전략을 수립하기 때문에 보안상 외부인(이를테면 컨설턴트)을 퍼실리테이터로 고용해서는 안 된다고 말한다. 또 다른 이들은 프로젝트 결과물의 객관성, 공정성, 권위를 확보하려면 외부의 시나리오 플래닝 전문가가 퍼실리테이터가 되어야 한다고 주장한다. 나의 대답은 내부인이든 외부인이든 상관없다는 것이다. 시나리오 플래닝의 의미와 중요성, 방법론의 세부 사항, 토론 진행법 등을 숙지하고 퍼실리테이팅의 경험을 충분히 갖춘 자라면 누구나 퍼실리테이터가 될 수 있다.

단, 대다수의 기업들에게 시나리오 플래닝이 아직 생소한 기법이기에 초기에는 외부의 전문가 도움을 받아 학습하는 것이 좋다. 또한 내부인이 퍼실리테이터의 역할을 수행하면 팀원들 사이에서 의견이 대립될 때 그가 원래 속한 단위조직의 이해관계로부터 자유롭지 못하다는 단점이 있다. 따라서 시나리오 플래닝이 다루는 핵심이슈가 매우 민감한 사안이라면 공정한 판단을 위해 외부인을 퍼실리테이터로 선임하는 것이 좋다.

퍼실리테이터를 누구로 선정하든지 간에 반드시 프로젝트가 시작되기 전에 최고의사결정자에 의해 선임되어야 한다. 그래야 프로젝트에 적용될 방법론을 회사의 상황에 맞게 조정할 수 있고, 시나리오팀원들과 협의하면서 프로젝트 일정을 상세히 수립할 수 있다.

모 회사는 내부적으로 시나리오 플래닝 일정을 결정한 후에 나를 퍼실리테이터로 초청한 적이 있다. 기간이 넉넉했으면 좋으련만 최소 4개월이 걸리는 작업을 1개월 안에 끝내겠다는 야심 찬 계획을 CEO에게 이미 보고한 상태였다. 담당 팀장은 연말에 개최될 회사 내 행사(사업계획 보고회) 때까지 시간을 맞추려면 무슨 일이 있어도 1개월 안에 완료해야 한다고 고집했다. 일정에 쫓기다 보니 충분한 검토를 거치지 못한 상태에서 시나리오가 도출되었고 짜깁기에 가까운 대응전략이 수립되었다. 팀원들도 결과물에 의구심을 가질 수밖에 없었다. 다행히 최고의사결정자가 결과물에 만족하고 후속 조치를 이어갔지만, 이 경험은 반드시 프로젝트 시작 전에 퍼실리테이터를 선임하고 그와 함께 일정, 방법론, 팀 구성 등을 충분히 논의하는 것이 프로젝트 결과물의 품질을 높이는 길임을 절실히 깨닫는 기회가 되었다.

시나리오팀원

시나리오팀원은 반드시 퍼실리테이터가 선임되고 난 이후에 프로젝트 주관부서와 퍼실리테이터가 협의하여 선발한다. 아직 핵심이슈가 확정되지 않은 상태이지만 주관부서가 시나리오 플래닝을 실시하기로 한 배경과 니즈(이를 '프로젝트 니즈'라고 하자)가 존재할 것이다. 퍼실리테이터와 주관부서는 프로젝트 니즈를 기반으로 '대강의 핵심이슈'를 설정하여 팀원 선발의 아우트라인을 설정한다. 그런 다음, 어떤 직무를 수행하고, 어떤 역량과 스킬을 갖췄으며, 어떤 직급의 사람을 팀원으로 선발해야 하는지 구체적인 기준을 잡는다.

프로젝트 니즈에 따라 다르겠지만, 가능한 한 여러 직무 파트에서 사람들을 골고루 참여시키는 것이 일반적인 원칙이다. 기능 단위로 본다면 소위 M-P-R-S, 즉 생산Manufacturing, 기획Planning, 연구Research, 지원Supporting을 담당하는 부서의 직원들을 팀원으로 고루 선발하는 것이 좋다. 왜냐하면 내·외부 환경에 관한 다양한 시각을 확보할 수 있고 프로젝트 완료 후 대응전략을 실행할 때 전사적으로 일사불란하게 행동할 수 있다는 장점이 있기 때문이다. 특정 부서의 직원으로만 팀을 구성하면 프로젝트의 결과물(시나리오, 전략 대안 등)이 모든 부서에 파급되기도 어렵거니와 부서 이기주의와 무관심 때문에 대응전략의 실행이 힘을 받지 못할 수밖에 없다. 초기부터 자신들이 배제됐다고 인식하면 아무리 시급한 사안이라도 수동적으로 반응하는 게 인지상정이다. 이것은 비단 시나리오 플래닝 프로젝트뿐만 아니라 모든 프로젝트를 수행할 때 반드시 명심해야 할 사항이다.

팀원의 역량과 스킬은 프로젝트 결과물의 품질을 결정하는 매우 중요한 요소다. 앞에서 언급했듯이, 별로 할 일 없는 사람들이 팀원으로 뽑히지 않도록 사전에 요구역량 목록을 만들어 놓고 후보자들을 평가하는 과정을 필히 거쳐야 한다.

내 경험에 의하면, 가장 중요한 역량은 '문제 해결을 위한 적극적 자세'다. 뒤에서 시나리오 플래닝의 세부 방법론을 살펴보겠지만, 대부분의 과정이 정해진 도구나 모델이 아니라 팀원들 간의 토론과 협의로 이루어진다. 워크숍이나 회의에서 팀원 각자의 의견 개진이 미흡하다면 프로젝트가 물에 물 탄 듯 맥 빠진 상태로 진행될 수밖에 없다.

문제는 수동적이고 부정적인 마인드를 가진 사람이 단 한 사람이라도 팀원으로 존재하면 팀 전체가 그런 방향으로 흘러가 버리기 십상이라는 데에 있다. 분명히 정해진 절차를 준수해야 하는데도 불구하고 대충 쉽게 끝낼 방법만을 궁리한다든지, 토론을 생략하고 각자 몇 분간 나눠서 고민한 다음에 합치자는 분위기로 몰고 간다든지(실제로 이런 사람이 가장 많다), 문서 작성하라고 준 PC로 인터넷 검색이나 다른 일 처를 한다면 문제를 해결하려는 팀 전체의 전의戰意를 상실하게 만든다.

일단 팀원으로 선발되면 프로젝트가 종료될 때까지 가능한 한 교체하지 않는 것이 원칙이다. 하지만 팀 분위기를 해치는(개인적인 능력이 출중하든 그렇지 않든) 사람이 존재한다면 시나리오팀장과 퍼실리테이터가 합의하여 원래의 소속부서로 돌려보내는 과감한 조치가 필요하다. 모든 팀 프로젝트가 다 그렇겠지만, 팀워크가 한 번 깨지면 프로젝트는 회복하기 힘든 수준으로 망가진다는 것을 퍼실리테이터와 시나리오팀장은 명심해야 한다.

시나리오팀원으로는 어떤 직급의 직원들이 적절할까? 이 질문에 나는 항상 "직급은 상관없다"라고 대답한다. 프로젝트의 성공과 원활한 진행을 목표로 한다면 그리고 역량만 충족된다면 임원이든 평사원이든 관계없다. 단, 지나치게 하나의 직급에 몰리지 않도록 주의할 필요는 있다. 일반적으로 임원급은 전략적인 시각에서 환경과 조직 전체를 조망하고, 높은 직급자는 회사의 내부 프로세스에 밝으며, 낮은 직급자는 높은 문제의식을 지녔기에 참신한 아이디어를 곧잘 제시하는 장점을 가지고 있다. 따라서 이들이 골고루 섞여 시너지를 발휘하도록 하는 것이 효과적이다.

대개 임원을 제외하고 실무자를 위주로 태스크포스팀을 구성하는데, 나는 가능하면 임원 한두 명을 시나리오팀원으로 배치할 것을 권한다. 앞에서 언급했듯이 프로젝트 실행 과정에서 시너지를 얻을 수 있고, 의사결정 권한이 있는 임원을 팀원으로 참여시킴으로써 프로젝트 결과물 실행에 추진력을 얻을 수 있기 때문이다. 만일 시나리오팀이 실무자로만 이루어진다면 프로젝트 결과물을 실행할 때 공식적이든 비공식적이든 사업부나 부문 담당 임원들의 재가와 협조를 구하는 절차를 따로 거쳐야 한다. 그 때문에 시간이 지체되거나, 심할 경우 정치적인 대립관계로 비화되어 결국 프로젝트가 유야무야 되기도 한다. 이렇게 되면 환경 변화에 조기 대응하겠다는 시나리오 플래닝 본연의 목적은 퇴색되고 만다.

시나리오 플래닝의 전문가 이안 윌슨Ian Wilson은 얼라이드 아이리시 뱅크Allied Irish Bank에서 수행했던 프로젝트가 자신이 경험한 가장 생산적인 프로젝트였다고 말한다. 이 회사의 CEO는 자신의 휘하에 있는 임원들로만 시나리오팀을 구성하여 그들이 직접 시나리오를 수립해 보고하도록 했다. 임원들은 프로젝트를 진행하면서 환경과 미래 시나리오를 고찰할 기회를 충분히 가졌기 때문에 프로젝트 종료 후 전략을 지체 없이 실행에 옮길 수 있었다. 이 은행처럼 팀원 전원을 임원으로 구성하지는 못하더라도, 적어도 핵심이 되는 임원 1~2명 정도를 팀에 합류시키는 방법을 고려하기 바란다.

시나리오팀장

시나리오팀장은 공식적으로 팀을 이끄는 리더이자 프로젝트 매니저(PM)다. 기본적으로 시나리오팀원에게 요구되는 역량과 더불어 프로젝트 관리 능력을 보유한 자라면 직급이나 수행 직무에 관계없이 팀장이 될 수 있다. 아마도 당신은 시나리오 플래닝이 일종의 전략 기법 중 하나이므로 전략 수립을 주요업무로 다루는 부서(경영기획팀 혹은 전략기획팀)의 장이 팀장을 맡아야 한다고 주장할지 모르겠다. 하지만 나는 가능하면 전략기획부서가 아닌 부서에서 팀장이 선임되어야 한다고 조언한다. 전략기획부서는 전통적으로 행해왔던 전략 수립의 과정을 매우 잘 알기 때문에 어쩌면 시나리오 플래닝의 방법론을 누구보다 빨리 이해하고 수용할지도 모른다. 하지만 경험상 그들이 지닌 가장 큰 맹점은 정적static인 관점으로 전략을 바라본다는 데 있다.

SWOT분석으로 대표되는 전통적인 전략 수립 프로세스는 과거와 현재에 초점을 맞추고 환경의 변화 흐름을 현재를 기준으로 뚝 잘라서 보는 정적 분석에 천착하는 경향이 있다. 반면 시

시나리오 플래닝은 미래에 시점이 맞춰져 있으며 환경의 흐름을 동적으로 분석한다. 그렇기에 지금까지와는 다른 방식의 사고가 필요하며 그 과정은 이전의 방법보다 고도의 정신 노동을 요구한다. 미래를 상상하는(공상과는 다르다!) 일은 과거와 현재를 분석하는 일보다 어렵기 때문이다.

전략기획부서 구성원은 그동안 해왔던 전략 수립의 과정에 너무도 익숙한 나머지, 상대적으로 어렵고 낯선 시나리오 플래닝 프로세스보다 이전의 방법(SWOT분석과 같은)으로 돌아가거나 이전의 방법에 시나리오 플래닝의 개념을 약간 보태는 경향을 보인다. 고백하자면, 나도 처음 시나리오 플래닝 프로젝트를 시작할 때는 시나리오의 개념을 잘못 이해하여 SWOT분석과 같은 전통적인 방법(시나리오 관점에서 유용성이 매우 적은 방법)으로 시나리오를 수립하려는 오류를 범했었다.

팀장을 선임할 때 그 사람이 속한 부서의 업무 영역에 얽매이지 않도록 유의하기 바란다. 팀원을 먼저 선발한 다음에 그들 중 누가 적임자인지 심도 있게 평가해서 시나리오팀장을 선임한다. 퍼실리테이터와 프로젝트 주관부서가 팀장 후보자들을 인터뷰해서 결정하는 것도 하나의 방법이다. 그렇다면 과연 누구를 팀장으로 뽑아야 할까? 당연한 말이지만 시나리오 플래닝의 의미와 방법을 제대로 이해하고 그것이 전략 수립을 위한 새로운 사고방식이라는 확신을 가진 자라야 한다. 그리고 편협함 없이 다양한 시각을 격려하고 수용하며, 과거와 현재의 부정적인 측면보다는 미래의 밝은 측면에 관심을 두는 미래지향적인 사람이어야 한다.

반드시 풀타임으로!

시나리오팀장과 팀원이 모두 결정되면 최고의사결정자(혹은 CEO)의 권한으로 그들을 '시나리오팀'이라는 태스크포스팀으로 인사 발령을 낸다. 이때 팀장과 팀원은 반드시 풀타임full time으로 발령해야 한다는 사실을 염두해두기 바란다. 많은 회사들이 4~5개월 동안 현업부서에서 인력을 차출하여 시나리오팀을 구성하는 것에 부담을 크게 느낀다. 시나리오 플래닝 때문에 일상적인 업무가 마비되어선 안 된다는 담당 임원이나 일선 부서장들의 강력한 반대 때문에 7~10명의 직원을 차출하는 데 제동이 걸리기도 한다. 그래서 현업의 부담을 줄여주고자 팀원들을 파트타임part time으로 발령하면 어떻겠냐는 의견을 물어오곤 한다. 또는 모 회사처럼 팀원들 중 2분의 1은 풀타임으로 나머지 2분의 1은 파트타임으로 발령을 내는 편법을 쓰기도 한다.

그럴 때마다 나는 팀원 모두를 반드시 풀타임으로 차출해야 한다는 점을 분명히 해둔다(간단한 주제일 경우에만 파트타임을 허용한다). 풀타임이 아니고서는 뒤에서 설명할 시나리오 플래닝을 수행할 물리적인 인력manpower을 확보할 수 없고, 시나리오와 대응전략의 '품질'을 높이는 데 필수적인 집중조사와 토론이 불가능하기 때문이다.

팀원들을 파트타임으로 참여시킬 경우 보통 일주일에 이틀 정도를 시나리오 플래닝 프로젝트에 기여토록 하는데, 그들은 현업의 일에 자주 '치어서' 프로젝트에 집중하지 못하고 겉도는 양상을 보이곤 한다. 예컨대 그들을 데리고 공기 좋은 교외의 연수원에서 워크숍을 진행하면 '어서 빨리 워크숍을 끝내고 쉬었으면' 하는 표정이 역력하다. 시시때때로 걸려오는 현업 부서장과 직원들의 전화에 응대하느라 워크숍에 몰입하지 못할뿐더러 대충 하자는 발언을 서슴지 않아서 활기를 띠어야 할 토론 분위기에 찬물을 끼얹기도 한다.

한번은 워크숍에서 몇 시간 동안 자리를 비운 팀원이 어디로 사라졌나 알아보니 말도 없이 자기네 부서장을 만나러 회사로 돌아가 버린 웃지 못할 일도 있었다. 문제의 팀원은 다급한 상부의 지시 사항을 처리하려면 어쩔 수 없었다는 이유를 둘러댔는데, 나는 그를 보며 파트타임으로 시나리오팀을 운영할 때의 한계를 절실히 느꼈다.

시나리오 플래닝은 불확실한 미래에서 회사가 어떻게 살아남을 수 있는지 결정하는 매우 중요한 작업이다. 인력 차출의 어려움이 있더라도 모든 팀원(팀장 포함)을 필히 풀타임으로 참여시켜야 한다는 점을 기억해두자.

프로젝트 일정 수립

프로젝트의 참여 인력(최고의사결정자, 퍼실리테이터, 시나리오팀장과 팀원)이 모두 선임된 이후 팀워크를 다지는 의미에서 상견례 시간을 갖는다. 상견례는 단순하게 서로의 얼굴을 익히는 자리가 아니라, 앞으로 수행할 프로젝트의 개요와 각자가 맡을 역할 등 사전 정보를 공유하며 프로젝트 일정 Work Plan을 논의하는 자리가 되어야 한다.

이미 여러 프로젝트를 수행한 퍼실리테이터(대개 외부 컨설턴트)의 의견을 기초로 하되 의사결정 시한의 긴급함, 인력 차출(시나리오 팀원 구성)의 어려움, 프로젝트 예산의 한계, 팀원 개개인의 역량 등 내부 사정을 고려하여 프로젝트 일정을 수립한다.

프로젝트 전체 기간 산정

시나리오 플래닝 프로젝트를 무리 없이 수행하려면 얼마의 기간이 적절할까? 소규모 사업부 혹은 단위 조직에만 국한된 간단한 사안이거나 직원들에게 시나리오 플래닝 기법을 훈련시키기 위한 목적이라면 1개월의 시간으로 충분히 프로젝트를 끝마칠 수 있다. 그러나 신규사업 진출을 목적으로 한다든지, 어떤 기업을 인수하거나 합병할 계획이라든지, 회사의 존망을 결정하는 매우 중요한 사안이라면 6개월의 기간도 빠듯하다. 이제 막 시나리오 플래닝을 접하는 기업이라면 프로젝트 초기에 팀원들이 방법론을 제대로 익히고 연습하는 데에 예상보다 시간이 오래 걸리므로 프로젝트 기간을 보다 넉넉하게 잡아야 한다.

내 경험상 중간 정도의 난이도를 갖는 프로젝트는 4개월 내외의 기간이면 적절하다. 이때 4개월의 프로젝트 기간은 시나리오 플래닝에 관한 사전 교육이나 학습 시간을 포함하지 않은 순수하게 프로젝트 수행에만 소요되는 시간이라는 점을 유의하기 바란다. 시나리오 플래닝에 어느 정도 훈련이 된 상태에서 팀원들을 실전 프로젝트에 투입시키고 싶다면 1개월의 선행학습 기간을 두어서 총 5개월로 일정을 짜는 것이 현명한 조치다(내가 강력히 권장하는 바이다).

　선행학습의 중요성을 간과한 채 프로젝트 비용을 줄이고 경영진 보고 일정에 맞추려는 목적으로 프로젝트 기간을 단축시키는 데 급급한 기업들이 종종 있다. 선행학습 없이 실전 프로젝트에 바로 투입된 팀원들은 방법론을 배우자마자 동시에 결과물도 내야 하는 처지에 놓이기 때문에 '내가 과연 제대로 하고 있나? 내가 산출한 결과를 과연 신뢰할 수 있을까?' 하는 자기 의심과 자괴감에 빠지기 쉽다.

　자신의 역량을 높일 좋은 기회라 판단되어 팀원으로 자원했다가 학습은커녕 프로젝트를 일회성으로 소모된다는 결론을 내리고 초기의 열의를 잃은 채 부정적인 입장으로 돌아섰던 팀원을 본 적이 있다(안타깝게도 그 프로젝트는 1개월 반만에 끝마쳐야 해서 어쩔 수 없이 몰아칠 수밖에 없었다). 가능한 한, 프로젝트 전체 기간에 최소 1개월의 선행학습 기간을 산입하기를 권고한다.

　선행학습 기간 중 처음 1주간은 퍼실리테이터의 추천을 받아 시나리오 플래닝을 주제로 한 도서, 관련 논문, 미래 예측서 등을 팀원들에게 제공하여 스스로 학습하게끔 한다. 그 후 3주는 액션러닝action learning의 시간으로, 퍼실리테이터의 주관하에 간단한 연습 과제(실전 프로젝트에서 다룰 과제가 아니라 비교적 간단한 회사 내 이슈를 선정한다)를 가지고 실제의 프로젝트를 수행하듯이 시나리오 플래닝 방법론의 단계별 절차를 진행한다.

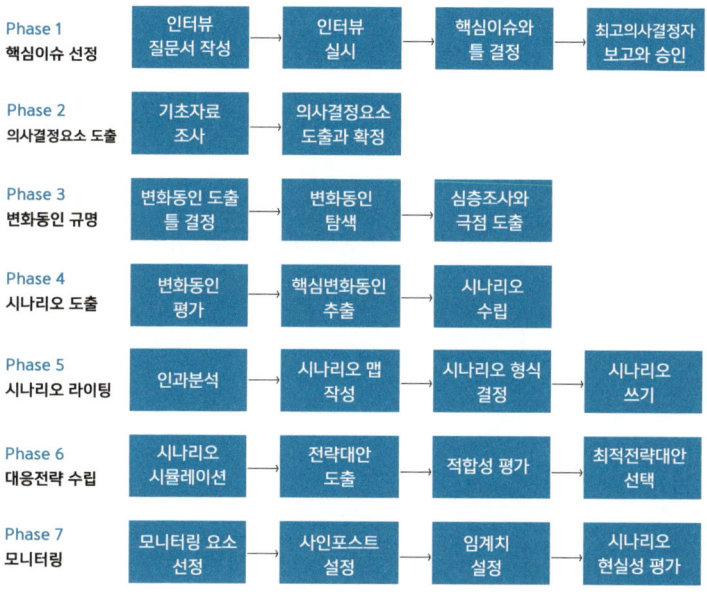

시나리오 플래닝 세부 절차

세부 일정 수립

시나리오 플래닝 방법론의 7단계를 세분화하면 위의 그림과 같다. 가능하면 세부 절차까지 암기해둘 것을 권한다. 각 세부 절차에는 '인터뷰 질문서 작성'처럼 하루 혹은 이틀 내에 완료되는 것도 있고, '심층조사와 극점 도출'처럼 1개월에 가까운 시간을 요하는 것도 있다. 하지만 중요도가 소요 기간에 비례하는 것은 아니다. 모든 세부 절차가 동일한 중요성을 가진다.

오른쪽 페이지에 4개월(16주)을 기준으로 짜인 전형적인 시나리오 플래닝 프로젝트의 일정표를 제시했으니 참고하기 바란다. 모든 프로젝트가 반드시 이 일정을 고수해야 하는 것은 아니다. 핵심이슈의 난이도, 확보 가능한 인력, 시나리오팀원들의 역량, 기타 프로젝트 수행에 필요한 자원 여부에 따라 세부 절차별 소요 기간을 미세하게 조정할 수 있다.

시나리오팀장은 퍼실리테이터와 협의하여 세부적인 프로젝트 일정(일 단위로 자세히 세우는 것이 좋다)을 확정하고 최고의사결정자의 승인을 얻는다.

워크숍 운영 계획 수립

일반적인 시나리오 플래닝 프로젝트에서는 총 4차에 걸쳐 워크숍을 실시한다. 각각 2박 3일씩의 일정으로 열리는 워크숍은 브레인스토밍과 토론으로 결과물을 집중적으로 내기 위한 과정인데, 프로젝트에서 가장 신경 써야 할 절차다. 워크숍에서 퍼실리테이터와 팀원들이 수행해야 할 세부적인 작업 방법들은 이후 각 장에서 상세히 설명할 것이다.

Activity		소요기간
Phase 1 핵심이슈 선정	인터뷰 질문서 작성	1주
	인터뷰 실시(경영진/포커스 그룹)	
	핵심이슈와 틀 결정	1주
	최고의사결정자 보고/승인	
Phase 2 의사결정요소 도출	기초자료 조사	4주
	의사결정요소 도출/확정	1차 워크숍(2박3일)
Phase 3 변화동인 규명	변화동인 도출의 틀 결정	
	변화동인 탐색	
	심층조사와 극점 도출	4주
Phase 4 시나리오 도출	변화동인 평가	2차 워크숍(2박3일)
	핵심변화동인 추출	
	시나리오 수립	
Phase 5 시나리오 라이팅	인과분석	1.5주
	시나리오 맵 작성	
	시나리오 형식 결정	1.5주
	시나리오 쓰기	
Phase 6 대응전략 수립	시나리오 시뮬레이션	3차 워크숍(2박3일)
	전략대안 도출	
	적합도 평가	
	최적 전략대안 선택	
Phase 7 모니터링	모니터링 요소 선정	4차 워크숍(2박3일)
	사인포스트 설정	
	임계치 설정	
	시나리오 현실성 평가	프로젝트 종료 후
보고서 정리와 최종보고		1주

시나리오 플래닝 프로젝트 일정표

워크숍을 효과적으로 운영하는 데 시나리오팀장이 명심할 사항 중 가장 중요한 것은 모든 워크숍을 반드시 회사 밖off-site의 장소에서 실시해야 한다는 것이다. 팀원들을 워크숍에 몰입시키려면 회사 업무와 각자의 상사나 동료 직원으로부터 격리시켜 방해를 받지 않도록 해야 한다. 모 회사는 외부 장소를 섭외하기 어렵다는 이유로 어쩔 수 없이 사내의 넓은 회의실을 이용하기로 했다. 나는 우려를 표했지만 사정상 급히 추진된 워크숍이었기에 참석자들의 이탈을 잘 단속하겠다는 담당자의 말에 반신반의하면서 워크숍을 진행했다.

그러나 불안한 예감은 적중했다. 담당자는 최소 15명이 참석할 거라고 장담했지만 워크숍 시작 시간을 30분이나 넘겼는데도 고작 4명만이 출석했다. 담당자가 여기저기 전화를 걸어대고 직접 부서를 찾아 가서 참석을 종용했지만 "상사가 일을 시켜서 안 된다", "내일까지 사업계획서를 작성해야 한다" 등 핑계를 대거나 아예 아무런 메시지도 없이 자리를 비우는 바람에 아무도 데려오지 못했다. 상황이 그렇게 되니 워크숍을 진행할 마음이 싹 사라져버렸는데, 워크숍은 반드시 회사 외부에서 해야 한다는 원칙을 새삼 깨닫게 한 웃지 못할 사건이었다(결국 부랴부랴 외부 장소를 물색하여 일주일 후에 겨우 워크숍을 진행했다).

외부 장소라 해도 회사에서 지척인 곳이라면 곤란하다. 회사에서 수시로 걸려오는 '콜'을 이유로, 혹은 워크숍이 힘들다는(미래를 상상하는 일이 왜 힘들지 않겠는가?) 이유로 중간에 하나 둘씩 회사로 빠져나가는 경우가 비일비재하기 때문이다. 가능한 한 회사에서 멀리 떨어지고 주변에 눈을 유혹할 만한 시설이 없는 곳이 워크숍 장소로 최적이다. 시나리오팀장은 이 점을 고려하여 프로젝트 초기에 미리 워크숍 장소를 섭외해두어야 한다.

나는 프로젝트 계획을 얼마나 정교하게 수립하는가에 따라 얻게 될 시나리오의 질이 달라진다는 것을 여러 차례 경험했다. '좋은 계획이 좋은 결과를 낳는다'는 금언을 명심하길 바란다.

자, 이제 핵심이슈 선정을 시작으로 시나리오 플래닝 프로젝트에 뛰어들어 보자.

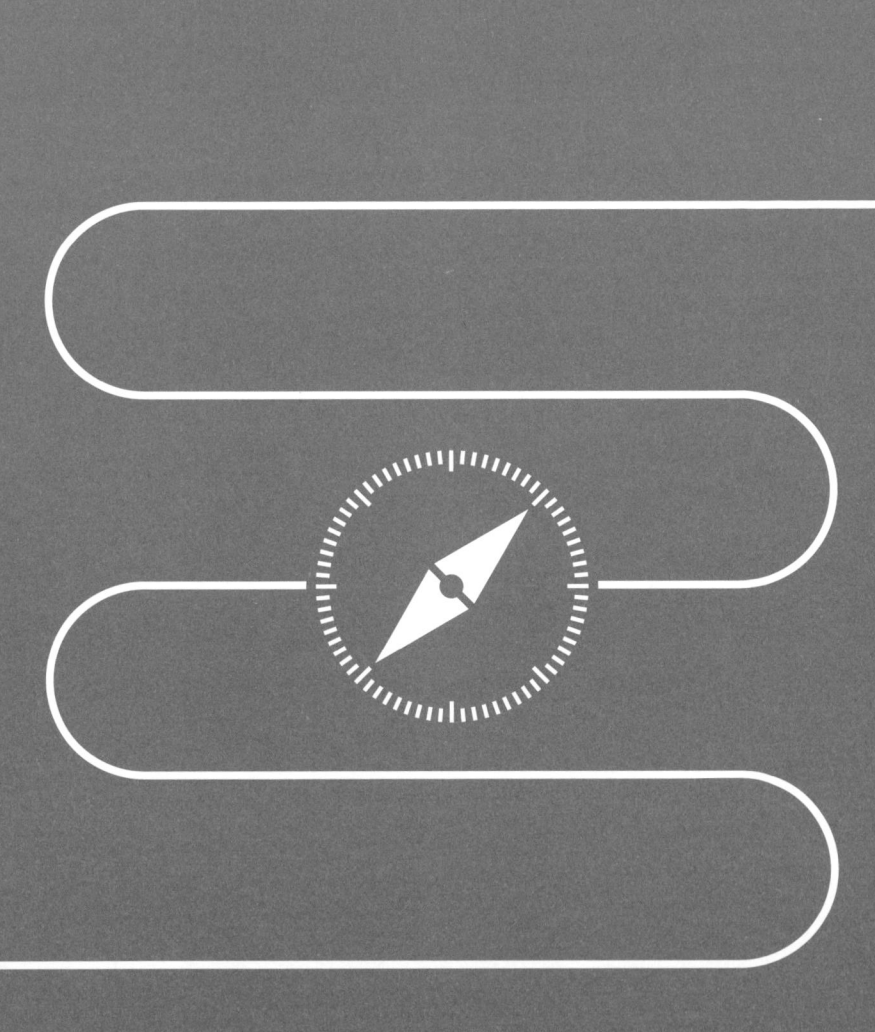

Phase 1

핵심이슈 선정

핵심이슈란 무엇인가?

직업이 컨설턴트다 보니 CEO나 관리자들을 만나서 여러 가지 이야기를 들어볼 기회가 많다. 그때마다 '걱정거리 없는 집이 없듯 걱정거리 없는 회사가 없구나.'라고 느낀다. 소위 잘나간다는 기업에도 문제가 산적해 있는 모습을 목격하기도 한다. 매출이 늘어나 시장을 석권하는 기업은 기술력이 뒷받침되지 못해 걱정이고, 탄탄한 기술로 인정받는 중소기업은 새로운 성장동력을 찾지 못해 고민 중이다. 어떤 회사는 인력이 남아돌아서, 어떤 회사는 사람 구하기가 하늘의 별 따기만큼이나 어려워서 고생이다. 아마 당신의 회사에도 하루빨리 해결해야 할 고민거리들이 경영자의 책상 위에 올려져 있을 것이다. 그런 고민들이 핵심이슈Core Issue의 후보들이다.

핵심이슈는 여러 고민거리 중 전략적으로 가장 중요하고 시급한 이슈이며, 시나리오 플래닝으로 달성하고자 하는 과제를 말한다. 시나리오 플래닝으로 무엇을 알아낼 것인가, 어떤 문제를 해결하고자 하는가, 무엇을 의사결정 내려야 하는가 등의 질문이 바로 핵심이슈다. 예컨대 우리의 사업 포트폴리오를 어떤 방향으로 가져가는 것이 좋을까, 신규 설비를 구축해야 할까, 이머징 마켓emerging market으로 진출해야 할까 등 전략적 의사결정을 내리려는 질문들이 핵심이슈에 속한다.

그런데 시나리오 플래닝에 관심을 보이면서도 핵심이슈를 사전에 정하지 않은 상태에서 막연하게 미래의 시나리오를 보고 싶어 하는 기업들이 상당히 많다. 환경이 급박하게 변화하고 회사 성과가 지지부진하면 무엇을 할지 질문을 던지기보다는 "환경이 불확실하니까 어떻게 될 것인지 미래를 미리 알고 싶다."고 그들은 말한다. 불확실성이라는 안대를 벗겨내기에 급급한 나머지 핵심이슈 없이 시나리오 플래닝을 진행하려고 한다. 또 어떤 회사는 "미래가 어떻게 될지 들여다본 다음에 핵심이슈를 정하면 되지 않냐?"고 되묻는다. 그러나 시나리오 플래닝의 성공과 실패를 좌우하는 가장 결정적인 요소는 바로 '처음부터 핵심이슈를 얼마나 잘 선정했는가'다.

핵심이슈 선정의 필요성

핵심이슈의 선정이 절대적으로 필요한 첫 번째 이유는 시나리오가 그리고자 하는 미래의 폭을 설정하고 동시에 사고의 폭을 확장시켜야 하기 때문이다. 핵심이슈 없이 시나리오를 도출하는 것은 건초 더미에서 바늘을 찾는 것만큼이나 어려운 일이다. 미래의 모습들에는 분명히 우리 회사와 관련 있는 부분이 존재하지만 별 상관없는 부분이 훨씬 더 많다.

당신의 회사가 자전거를 만드는 업체라고 가정해보자. 경제성장률 전망, 유가의 변동, 자동차 구매 취향의 변화, 지구온난화와 같은 환경의 재앙 등은 직접적으로 혹은 장기적으로 자전거의 판매 성과를 좌우하는 미래의 이야기들이다. 반면, 미국과 아랍세계 간의 긴장관계, 대학의 학생 선발권 완전 자율화, 권력의 보수화 등의 미래 이야기는 관련성이 없거나, 있다손 치더라도 간접적이고 지엽적이다. 우리가 보다 의미 있는 시나리오에 집중하려면 광범위하게 펼쳐진 '미래의 폭'을 적절하게 조절해야 한다. 핵심이슈를 선정하는 Phase 1은 시나리오의 재료가 될 미래의 폭과 깊이를 결정하는 단계이므로 1순위의 중요성을 갖는다.

혹자는 이렇게 반론을 제기할지 모르겠다. "자전거업체라면 이미 경제 환경, 경쟁사 동향, 고객의 취향 등 성과를 좌우하는 요인들을 아마 알기 때문에 굳이 핵심이슈를 선정할 필요가 있을까? 곧바로 그 요인들을 중심으로 미래의 시나리오를 탐색하면 안 될 이유라도 있는가?"

하지만 이는 전통적으로 수행해왔던 환경분석과 그에 따른 예측 관행에서 비롯된 반론이다. 이런 관점에 경도되면 시나리오 플래닝을 한다 해도 거시환경분석, 산업환경분석, SWOT분석 등 전통적인 전략 보고서의 내용과 비슷할 가능성이 크다.

기본적으로 시나리오 플래닝은 미래가 어떻게 펼쳐질지 예측할 수 없다는 가정에서 출발한다. 또한 어떤 미래가 우리와 관련이 있을지도 미리 알 수 없다고 간주한다. 따라서 사전에 정해놓은 환경요인 외에 전혀 엉뚱한 요인이 튀어나와 미래 성과를 좌우할 수도 있다는 가능성을 배제하지 말아야 한다. 예컨대 강남에 위치한 고급 한식집이라면 앞으로 경쟁 음식점들이 주변에 얼마나 들어설지, 손님들의 입맛은 어떻게 변할지 등에 관련된 미래에만 관심을 두기 쉽다. 물론 그런 미래는 분명 중요하지만, '주 4일 근무제' 도입으로 '길어진 주말'이라는 시간을 두고 음식점들이 여행사나 레저업체 등과 경쟁을 벌일 것이라는 미래에까지 사고의 폭이 미치지 못한다. 보지 못했던 것을 알아내려면 기존의 방법과 사고의 범위를 깨뜨리는 '자기부정'이 선행되어야 한다.

간단히 말해, 핵심이슈는 전통적인 분석의 범위보다 더 넓게 사고의 폭을 확장시키는 효과를 얻기 위해 필요하다. 동시에 무한대의 크기를 가진 미래의 영역에서 문제 해결과 연관된 부분을 찾아내 탐색의 폭을 조절하기 위해 필요하다. 핵심이슈를 선정함으로써 의사결정에 관련이 있을지도 모를(하지만 과거엔 별로 고려하지 않았던) 미래로 사고의 폭을 확장해야 한다. 무수히 많은 미래의 시나리오 중 우리와 직간접적으로 연관된 것을 찾아내려면 바로 핵심이슈가 기준이 되어야 한다. 만일 핵심이슈가 없거나 모호하면 만날 비슷비슷한 내용의 전략으로 보고서를 채우거나, 의사결정과 전혀 관련이 없는 미래 영역을 탐색하느라 역량을 낭비할 가능성이 크다.

핵심이슈가 선정되어야 하는 두 번째 이유는 핵심이슈가 시나리오를 수립하고 난 이후에 취할 전략적 행동의 방향을 규정하기 때문이다. 예컨대 "A사업에 우리가 진출해도 될 것인가?"라는 전략적 질문이 핵심이슈로 선정됐고 그에 따라 A사업에 관련된 몇 개의 미래 시나리오들이 도출됐다고 가정하자. 그렇다면 아마도 이런 의문이 들 것이다.

"시나리오 파악은 완료됐는데 이제 뭘 어떻게 하지?"

당연한 말이지만, 시나리오를 도출했다고 끝나는 것이 아니다. 각각의 시나리오에 적합한 전략 대안을 수립하는 단계로 넘어가지 않으면 시나리오 플래닝은 아무런 성과 없는 지적 유희에 불과하다. 이때 핵심이슈가 전략적 행동, 즉 전략 대안의 범위를 규정한다. "A사업에 진출해도 될 것인가?"라는 질문은 "A사업에 진출하려면 어떻게 해야 하는가?"라는 질문으로 이어지기 때문이다. 핵심이슈는 시나리오별로 취할 수 있는 수많은 전략 중에서 A사업을 새로이 론칭하기 위한 전략(예를 들어 자력으로 진출하는 대안, 타사와 협력하는 대안 등)에만 집중케 한다(대응전략 수립에 관한 자세한 절차와 방법은 Phase 6에서 살펴볼 것이다). 물론 마케팅, 인사, 연구개발

등의 전략도 A사업과 관련된 시나리오를 대비하는 데 필수적이다. 하지만 비전, 전사 전략, 기능부문별 전략들을 모두 한꺼번에 수립하거나 갱신하려면 막대한 시간과 비용이 소요된다는 점을 간과해서는 안 된다. 간혹 미래 적응력을 갖춘 조직으로 변모하고 비전부터 시작해 말단 기능의 전략까지 한꺼번에 쇄신할 목적으로 시나리오 플래닝을 실시하기도 한다. 하지만 그럴 경우 초점이 흐릿한 시나리오들이 도출될 가능성이 높고 전략 대안들도 초점을 잃게 된다는 점을 유의해야 한다.

시나리오 플래닝의 성공요인들 중에서 가장 핵심이 되는 단어는 '초점'이다. 핵심이슈의 선정은 시나리오가 도출될 미래의 폭을 어디까지 설정할 것인지, 시나리오를 대응하기 위한 전략 대안의 범위를 어디까지 둘 것인지 등 초점을 정확히 맞추려는 시나리오 플래닝 프로젝트의 첫 단추다. 핵심이슈를 제대로 선정하지 않으면 애써 채웠던 단추를 다시 풀어야 할지도 모른다.

핵심이슈의 예

그렇다면 어떤 것들이 핵심이슈가 될 수 있을까? 이 질문에 간단히 답을 한다면, 전략적 의사결정을 내리기 전에 기업 차원에서 '궁금해하는 것들'이 모두 핵심이슈가 될 수 있다. 다음의 전략적 질문들이 핵심이슈의 대표적인 예다. 이 예를 보면 핵심이슈는 육하원칙 What, When, Where, Who, Why, How 에 해당하는 질문과 '할지 말지 Go / No Go'를 결정하려는 질문임을 알 수 있다.

- 장기적으로 사업의 포트폴리오를 어떻게 가져가야 할까?
- 장기적인 마케팅전략을 어떻게 수립해야 하는가?
- 대규모 투자가 필요한 A사업에 언제 진출해야 하는가?
- 어느 국가에 전략 상품을 론칭할 것인가?
- 'C기업'을 우리가 왜 인수해야 하는가?
- 시장성이 미검증된 'D기술' 개발에 투자해야 하는가?
- 정치적으로 불안한 'E국가'에 진입해도 되는가?
- 생산 능력 제고를 위해 신규 라인을 구축해야 하는가?
- F사업을 하기 위해 우리는 무슨 역량을 길러야 하는가?

핵심이슈를 선정할 때 주의할 점

핵심이슈를 선정하는 데 다음 두 가지를 주의하기 바란다.

첫째, 가능한 한 초점이 명확한 주제를 담아야 한다. 앞서 설명했듯 의미 있고 구체적인 시나리오가 도출되려면 "앞으로 미래가 어떻게 될까?"와 같은 광범위한 질문은 상당히 부적절하다. 핵심이슈는 기업이 '누가 언제 어디서 무엇을 어떻게 왜 할지'를 탐색하는 사안과 '할지 말지'를 결정하는 사안처럼 구체적인 전략적 행동으로 이어지는 질문이어야 한다.

둘째, 핵심이슈는 반드시 장기적인 사안에 관한 질문이어야 한다. 시나리오 플래닝은 주가의 등락 그래프처럼 급격히 오르락내리락하는 변화를 점쳐보는 도구가 아니다. "우리가 단가를

100원 내리면 우리의 매출과 이익은 어떻게 되는가?"와 같은 정량적 시뮬레이션을 하기 위한 도구도 아니다. 우리를 미래로 이끄는 거대한 흐름과 불확실성을 파악하고 미리 대응하기 위해 장기적 시각을 확보하는 것이 시나리오 플래닝의 본래 목적이다. 핵심이슈의 질문은 지금부터 향후 5년(혹은 그 이상) 사이에 펼쳐질 미래를 상정하여 설정되어야 한다는 점을 염두에 두라.

앞에서 제시한 예를 보면 핵심이슈 선정 작업이 그다지 어려운 일 같지 않아 보인다. 그러나 핵심이슈는 기업의 미래를 위해 가장 중요하고 절실한 사안일뿐더러 시나리오가 도출될 미래의 폭을 결정하기 때문에 쉽사리 선정하기 어렵다. 또한 핵심이슈는 반드시 경영진을 비롯한 구성원의 합의를 바탕으로 선정되어야 한다. 그렇지 않으면 설령 시나리오가 도출된다고 해도 지지를 받기 어려울뿐더러 전략적 대응도 지지부진해지고 만다. 그렇기에 최고의사결정자나 시나리오팀이 단독으로 핵심이슈를 선정하면 곤란하다. 반드시 경영진을 비롯한 핵심 멤버의 컨센서스consensus를 확보하는 과정을 거치기 바란다.

이제 핵심이슈 선정 절차를 구체적으로 살펴보자.

1) 인터뷰 질문서 작성

어떤 프로젝트이든 항상 염두에 두어야 할 사항은 질문을 제대로 던져야 원하는 답을 제대로 얻을 수 있다는 것이다. 인터뷰도 마찬가지다. 핵심이슈를 잘 추출하려면 질문서를 꾸미는 데 공을 들여야 한다. 물론 너무 상세한 인터뷰 질문은 상대방에게 압박을 가해 자유로운 의견 개진을 어렵게 한다는 것을 고려해야 한다. 다음과 같은 5개의 개방형 질문open question이면 핵심이슈를 충분히 찾을 수 있다.

- (트렌드 질문) 외부 환경의 미래는 향후 5년 동안 어떤 방향으로 흘러갈 것이라고 예상하십니까? 왜 그렇게 보십니까?
- (불확실성 질문) 외부 환경의 미래 중에서 가장 불확실하다고 판단하는 것은 무엇입니까? 왜 그렇게 보십니까?
- 장기적인 관점에서 우리 회사가 불확실성을 타개하고 트렌드를 최대로 활용하려면 어떤 준비를 해야 할까요?
- (가장 중요한 질문) 그런 준비를 갖추기 위해 의사결정해야 할 사안 중에 가장 중요한 것은 무엇입니까? 또는 현재 의사결정해야 할 사안 중 가장 고민이 되고 규모가 큰 것은 무엇입니까?
- 그 사안이 미래의 불확실성과 밀접하게 연관되어 있습니까? 왜 그렇게 판단하십니까?

이 질문서는 경영진 인터뷰와 포커스 그룹 인터뷰에 모두 쓰인다. 시나리오팀장은 인터뷰 질문서가 완성되면 대상자별로 1시간씩 인터뷰가 진행되도록 일정을 수립한다. 또한 질문이 어렵다고 느낄 수 있기 때문에 인터뷰 대상자들에게 2~3일 전에 질문서를 발송하여 답변을 준비할 여유를 주는 게 좋다.

2) 인터뷰 실시

인터뷰어interviewer는 상대방이 편안한 분위기에서 발언하도록 유도해야 한다. 그리고 상황에 따라 추가 질문을 던지면서 요점을 이끌어내야 한다. 또한 인터뷰이interviewee들이 질문에 어물쩍 넘어가려고 하거나 질문의 의도와 맞지 않는 답변을 하지 않도록 적절하게 통제해야 한다. 그렇다고 답을 얻겠다는 욕심으로 인터뷰이에게 거듭해서 질문하거나 몰아세우는 자세는 지양해야 한다. 인터뷰어는 목록에 새로이 추가할 질문 사항이 발견되면 인터뷰 질문서를 수정하여 다음의 인터뷰에 반영한다.

보통 프로젝트 초기에 경영진과 직원들에게 시나리오 플래닝의 시작을 알리고 대강의 방법과 절차를 설명하는 행사(프로젝트 설명회 등)를 개최하지만, 인터뷰이들 중에는 프로젝트 시작을 사전에 공지받지 못한 사람이 있을 수 있다. 그에게 인터뷰를 시작하기 전에 어떤 배경으로 프로젝트가 시작되었고 향후 어떤 절차로 프로젝트를 진행할지 간단히 설명하는 게 좋다.

경영진 인터뷰

시나리오 플래닝의 성공요인 중 가장 절대적인 것이 CEO의 적극적인 참여와 지지이므로 경영진 인터뷰 대상자 리스트에 CEO를 반드시 포함시켜야 하며 가장 먼저 인터뷰가 이루어져야 한다. CEO는 회사 전체를 조망하는 위치에 있고 조직의 미래에 보다 넓은 시각을 가지고 있기에 그가 '소망하거나 걱정하는 것'을 제일 먼저 파악하는 것이 매우 중요하다. 어떤 경우에는 굳이 경영진 인터뷰와 포커스 그룹 인터뷰를 하지 않고서도 CEO 인터뷰만으로 핵심이슈를 결정할 수 있는데, 그만큼 CEO가 의사결정의 핵심에 위치한 실력자이기 때문이다. 따라서 CEO의 장기 출타 등의 이유가 아니라면 반드시 첫 번째로 인터뷰할 것을 권한다.

사안이 아무리 긴박할지라도 경영진의 컨센서스와 지지를 받지 못하면 시나리오 플래닝은 그저 '어느 한 부서에서 자기네끼리 하는 일'로 치부될 수 있다. 따라서 경영진 인터뷰는 가능한 한 모든 임원들을 대상으로 진행하는 것이 바람직하다.

포커스 그룹 인터뷰

포커스 그룹 인터뷰는 경영진 인터뷰와 동시에 진행한다. 자기 주장이 강한 경영진의 의견은 시나리오팀원들의 머릿속에 핵심이슈에 관한 선입견을 형성할 수 있다. 따라서 포커스 그룹 인터뷰는 다른 시기에 하는 것보다 경영진 인터뷰와 동시에 진행하는 것이 좋다.

포커스 그룹에는 다양한 직급에서 다양한 직무를 수행하는 직원들을 포함시켜야 한다. 마케팅, 영업, 연구개발, 구매, 서비스, 경영관리 등 모든 부문에서 핵심적인 위치에 있고 경험과 지식이 뛰어난 자를 뽑아 포커스 그룹에 포함시킨다. 그들은 핵심이슈 선정을 위한 인터뷰뿐만 아니라, 훗날 시나리오가 도출된 이후에 결과물을 검증하고 피드백하는 역할을 담당해야 하므로 선발에 주의를 기울인다.

3) 핵심이슈와 틀 결정

경영진 인터뷰와 포커스 그룹 인터뷰의 목적은 핵심이슈가 될 만한 후보를 확보하는 데에 있다. 인터뷰가 마무리되는 즉시 후보들 중에서 가장 중요하고 시급한 사안이 무엇인지를 선택해야 한다. 시나리오팀장과 퍼실리테이터가 단독으로 결정하기보다 팀원들과 함께 핵심이슈를 최종 선정하기 위한 짧은 워크숍을 진행하는 것이 좋다.

핵심이슈 결정

이 짧은 워크숍을 굳이 외부 off-site에서 진행할 필요는 없다. 그저 회사 내의 회의실에서 2~3시간을 할애해 실시하면 된다.

시나리오팀원들은 인터뷰 기록을 보며 각 인터뷰이가 중요시하는 핵심이슈를 질문형 문장으로 정리한 다음, 전략적 중요도, 사안의 시급성, 결과의 파급효과, 의사결정의 난이도 등의 기준으로 각 핵심이슈 후보를 평가한다. 평가는 반드시 토론으로 결정되어야 하며 기계적인 '투표'로 결정되어서는 안 된다.

핵심이슈 틀 결정

핵심이슈의 틀은 시간 범위, 지리 범위, 사업 범위, 기능 범위

등으로 세분되는데, 이는 시나리오가 주제로 삼아야 할 미래의 범위를 더욱 상세하게 설정하기 위한 것이라고 보면 된다.

시간 범위Time Frame는 시나리오로 그려질 이야기가 현재로부터 얼마나 먼 미래여야 하는지를 정하기 위한 것이다. 시간 범위는 일반적으로 지금으로부터 향후 5년에서 10년 정도로 설정한다. 시나리오 플래닝은 1~2년 후를 위한 단기적인 예측 도구가 아니라 미래로 흐르는 거대한 트렌드와 불확실성을 파악하고 대응하기 위한 과정이기 때문이다. 그러나 회사가 속한 산업의 특성과 핵심이슈의 내용에 따라 그보다 짧거나 길게 설정할 수 있다. 변화의 속도가 매우 빠른 정보통신이나 IT업체들에게 5년 후는 굉장히 먼 미래로 느껴진다. 그런 산업이라면 3년 정도의 시간 범위가 적당하다. 반면 핵심이슈가 우리나라 산업구조의 변화나 국민의 식생활 변화 등과 같이 장기 사안을 다루는 것이라면 적어도 지금으로부터 20년 정도는 멀리 내다봐야 할 것이다.

지리 범위Geography Scope도 중요한 틀이다. 예를 들어 '김치 냉장고의 생산 설비를 확충해야 하는가'가 핵심이슈로 선정됐다면 김치냉장고의 목표시장Target Market에 따라 시나리오가 다르게 전개될 가능성이 있다. 김치냉장고가 순전히 내수용 상품이라면 미국 고객들의 취향 변화에 관한 시나리오는 고려할 대상이 아니다.

그러나 소위 'K-푸드'의 열풍에 힘입어 미국으로 상품을 수출

할 계획을 세운다면 시나리오가 그려야 할 이야기의 주제와 소재는 판이하게 달라진다. 따라서 경영진과 포커스 그룹 인터뷰로 핵심이슈와 관련된 전략의 전개 지역이 어디가 될지를 잘 파악해둬야 한다.

사업 범위Business Scope는 핵심이슈와 관련된 사업 분야가 무엇인지 결정하는 요소다. 다시 말해, 핵심이슈의 질문에 '답'을 하고 전략을 실행할 사업 분야가 어디인지 정하기 위한 것이다. 여러 종의 가전제품을 생산하는 업체라면 '김치냉장고의 생산 설비를 확충해야 하는가?'라는 핵심이슈는 오직 김치냉장고 사업에게만 해당될 것이다. 반면, '사업의 포트폴리오를 어떻게 변화시켜야 하는가?'라는 핵심이슈는 모든 사업과 관련된다. 당신의 회사가 '사업부제'로 운영된다면 사업부 단위로 사업 범위를 규정하면 된다. 사업부제가 아니더라도 관리회계적으로 혹은 평가 시스템 상 별개로 인식하는 사업 단위가 있다면 그것을 기준으로 사업 범위를 정하면 된다. 당신의 회사에서 제품이나 서비스를 나누는 기준을 대입해보면 핵심이슈가 커버하는 사업 범위를 쉽게 규정할 수 있을 것이다.

기능 범위Function Scope는 사업 범위와 유사한데, 핵심이슈의 해결에 참여해야 하는 부서 단위가 어디인지를 결정하는 요소다. '시장으로부터 검증받지 못한 A기술을 개발해야 하는가?'라면 이것과 직접 관련된 부서는 연구개발, 경영기획, 마케팅, 생산 부서다. 그 외의 부서들도 간접적으로 관련이 있겠지만 '책임부서'는 아니므로 기능 범위에서 제외하는 것이 좋다. 일단 핵심이슈와 직접적인 관련성이 있는 기능(부서)들을 선별해놓은 다음, 간접적으로 관련된 기능을 선택하는 방법이 효율적이다.

4) 최고의사결정자 보고와 승인

시나리오팀장은 아래의 핵심이슈 선정 결과를 작성하고 최고의사결정자에게 보고해 승인을 얻는다. 한번 승인을 받은 핵심이슈는 특별한 사유가 없는 한 시나리오 플래닝 프로젝트가 끝날 때까지 변경하지 말아야 한다.

핵심이슈	사업전략에 부합되도록 어떤 기술전략을 수립해야 하는가?
시간 범위	향후 10 ~ 20년간 지속될 사업 수행을 위해 향후 10년 이후에 적용할 기술전략을 수립함
지리 범위	전 세계
사업범위	포함되는 사업 : LCD와 관련 제품군 (반드시 제외될 사업 : A제품군 관련 사업)
기능 범위	마케팅, 영업, R&D, 구매 등 Primary Activity 모두 Supportive Activity중 경영기획, 사업기획 포함

핵심이슈 기술표 예

다음 장에서는 핵심이슈의 바로 바깥쪽을 둘러싸고 있는 외부 환경요소인 의사결정요소를 비로소 논의하게 된다.

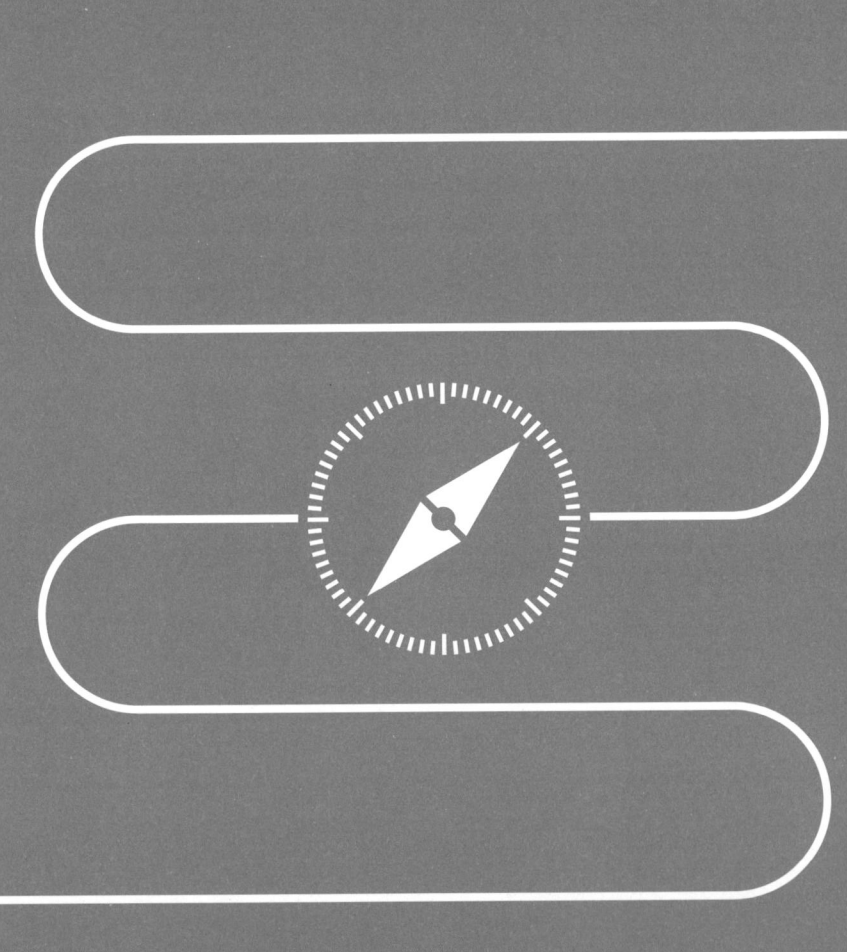

Phase 2

의사결정요소 도출

의사결정요소란 무엇인가?

Phase 1에서는 사고의 시각을 회사 내부에 고정시키면서 시나리오 플래닝의 주제가 될 핵심이슈를 선정하는 과정을 진행했다. 지금부터는 시각을 외부로 돌리고 동시에 사고를 좀 더 확장시킬 것이다. 첫 번째 과정이 의사결정요소의 도출 단계다.

의사결정요소Decision Factor란 핵심이슈에 둘러싼 의사결정에 1차적으로 영향을 미치는 외부 환경요소들을 말한다. 이해를 위해 앞에서 언급했던 비유를 다시 들어보자. 강 너머에는 애인이, 그리고 이쪽에는 내가 있다. 우리가 만나려면 둘 중 하나가 강을 건너는 수고를 감수해야 한다. 그래서 나는 핵심이슈를 이렇게 선정한다.

"내가 애인을 지금 만나러 가야 할까, 아니면 여기서 기다릴까?"

내가 강을 건너겠다고 마음먹으려면 어떤 조건이 만족되어야 할까? 여러 가지가 있겠지만 그중 가장 중요도가 높은 것은 일단 배를 구할 수 있어야 한다는 것이다. 배가 없다면 내가 애인을 기다리는 수밖에 없다. 또한, 용케 배를 구했다고 해도 비바람이 몰아치는 날씨라면 배를 띄우기 힘들다. 날씨가 도와준다고 해도 관청에서 갑자기 도강渡江을 엄격히 금지한다는 법을 시행한다면 이야기는 또 달라진다. 이렇듯 의사결정요소란 내가 강을 건너리라 마음먹는 데에 1차적으로 영향을 미치는 외부 환경의 변수다.

기업의 예를 들어보자. 핵심이슈가 "LCD 패널(LCD TV나 모니터의 핵심부품) 생산 라인을 새로이 구축해야 하는가?"라면 의사결정을 위해 무엇을 제일 먼저 알아야 할까? 바로 이 질문의 답이 의사결정요소다. 이 경우, LCD 어플리케이션(TV, 모니터, 노트북 등을 말함) 시장의 크기와 성장률, 원부자재 가격 추이, OLED와 같은 대체 디스플레이의 잠재력, 중앙정부와 지방정부의 지원과 규제 여부, 경쟁사의 신규 라인 증설 여부, 유가와 환율 등 전반적인 경제 상황 등이 의사결정요소가 된다.

핵심이슈인 'LCD 패널 생산 라인의 증축 여부'를 Y로 놓고 의사결정요소들을 X_n이라고 하자. 이렇게 $Y=f(X_1, X_2, X_3 \cdots)$ 형식의 함수라고 간주하면 핵심이슈와 의사결정요소 간의 관계를 이해하기 쉬울 것이다.

여기서 주의할 것은 의사결정요소는 내부의 것이 아니라 반드시 기업이 통제할 수 없는 외부적인 요소여야 한다는 점이다. 이 말은 내가 강을 건너야 하는지를 결정할 때 나의 노 젓는 실력이나 건강 상태는 고려 대상이 아니라는 의미다. 물론 그것들은 내가 배를 탈 것인지 말 것인지 결정하는 중요한 요소이긴 하다. 하지만 시나리오는 내(우리 회사)가 아무것도 하지 않는다는 전제하에 만들어져야 하므로 일단 내부요소는 배제하는 것이 원칙이다.

LCD 생산 라인의 증설 여부를 결정하는 문제에서도 마찬가지다. 자금의 확보 능력과 기타 자원의 동원 능력 등 내부 역량은 중요한 요소임에 틀림없다. 그러나 기업 내부에서 어떻게든 통제할 수 있는 변수이기 때문에 의사결정요소로 선택하지 않는다. 내부 변수들은 시나리오 수립 과정 때(Phase 5)까지는 감안하지 않으며, 시나리오별로 대응전략을 수립할 단계(Phase 6)에 가서야 고려한다는 사실을 기억해두기 바란다.

핵심이슈에 영향을 미치는 외부 환경변수인 의사결정요소를 브레인스토밍하다 보면 종종 그 숫자가 굉장히 많아지기도 한다. 꼬리에 꼬리를 물고 사고를 전개하면 핵심이슈와 거리가 먼 것들까지 모두 의사결정요소에 포함해야 할까? 아니다. 의사결정요소가 많아지면 핵심이슈를 둘러싼 의사결정 과정이 복잡해지고 여러 요소를 한꺼번에 고려하느라 초점 없이 의사결정을 내릴 수밖에 없다. LCD 패널 생산 라인의 증설 여부를 결정하는 데에 '고객의 라이프스타일 변화'는 어느 정도 LCD 패널의 판매에 영향을 미치지만 1차적인 요소라고 보기 어렵다. 의사결정요소는 핵심이슈의 바로 바깥쪽 궤도를 돌고 있는 첫 번째 '껍질'로서 가장 직접적인 영향을 미치는 외부 환경 요소다. 고객의 라이프스타일 변화와 같은 외부 환경변수는 핵심이슈에 곧바로 영향을 미치는 것이 아니라 의사결정요소를 변동시킨다. 그런 것들은 '변화동인'이라고 불리는데, Phase 3에서 본격적으로 탐색할 것이다.

의사결정요소 도출 사례

좀 오래된 사례이긴 하나, 이해를 위해 들어본다(고객과의 비밀 유지 서약으로 인해 최근의 사례를 들기 어려움을 이해하기 바란다). 2001년 7월에 국내 제조사가 쥐고 있던 담배 제조 독점권이 해제되면서 필립 모리스, 브리티시 아메리칸 토바코, 재팬 타바코와 같은 외국계 담배회사가 국내에 들어와 공장을 설립할 수 있는 법적 근거가 마련되었다. 그전까지 외국계 담배 회사의 지사는 자사 담배를 국내에서 판매하는 역할에 그쳤다. 한국 시장으로 진출을 모색하고 있던 그들은 아마도 제조독점이 해제되는 시점에 "한국에 제조 설비를 구축해야 하는가?"라는 전략적 질문(즉, 핵심이슈)을 놓고 머리를 싸매지 않았을까? 만약 당신이 외국계 담배 회사의 중역이라면 제조 설비 구축 여부를 결정할 의사결정요소로 무엇을 택해야 할까? 다시 말해, 가장 1차적으로 고려할 요소는 무엇일까?

　아마도 목록의 첫머리 올랐을 요소는 '정부의 담배산업 규제정책'일 것이다. 제조독점권이 해제됐다 해도 정부가 담배시장에 개입하여 규제를 가할 여지는 여전히 컸기 때문이다. 농민들을 보호하기 위해 담배 개비 안에 들어 있는 살담배(이를 '각초'라고 함)를 국내산만을 쓰게 할 것인지, 100% 수입산 살담배로만 제조하도록 허용할 것인지, 아니면 그 둘을 일정 비율로 혼합해서 쓸 수 있도록 할 것인지 등이 정부의 정책 하나로 모두 결정되기 때문에 원료를 원활하게 수급해야 하는 외국계 담배 회사의 입장에서는 간과할 수 없는 문제였다. 또한 제조 설비의 규모를 정부가 통제할 가능성도 있었는데, 기존 국내 사업자인 A사를 보호하기 위해 초기에는 소규모 제조 설비만을 허용하거나, 반대로 크게 지을 계획이 아니라면 들어올 발상을 아예 못하도록 제조 설비의 최소 규모를 높게 설정할지도 모를 일이었다. 따라서 정부의 담배산업 규제정책의 방향은 매우 중요한 의사결정요소로 대두되었을 것이다.

　또한 '국내 담배시장의 규모와 성장률'도 반드시 고려할 요소였을 것이다. 2001년 당시, 국내에서는 배금자 변호사를 중심으로 담배의 폐해에 관한 집단소송이 사회적인 이슈로 떠올랐으며, 수십 년 동안 담배를 피워오다 폐암에 걸린 코미디언 이주일이 공익광고에 출연해 "담배, 끊어야 합니다"라고 호소하면서 한때 대대적인 금연 열풍이 불기도 했다. 이러한 인식 변화와 사회 이슈로 인해 향후 담배시장의 성장이 정체되고 하락의 길로 접어드는 것이 아니냐는 전망이 당시에 심각하게 제기되기도 했다. 실제 그 영향으로 A사의 2001년 매출액은 2000년보다 실제로 소폭 하락하기도 했다. 그러므로 국내에 제조 설비를 구축하는 데 '시장의 규모와 성장률'은 가장 1차적으로 고려할 요소 중 하나였을 것이다.

이 밖에 90%가 넘는 시장점유율을 보이며 국내시장을 장악한 로컬사 A의 공격적인 마케팅 전략, 타 외국계 담배 회사의 진입 여부, 인력의 충원 가능성, 공장 부지와 같은 기반 시설의 확보 가능성 등이 국내시장에 제조 설비를 구축해야 하는지를 결정할 중요한 변수로 등장했을 것이다. 종합하면, 당시 외국계 담배 회사가 직면했을 의사결정요소는 다음과 같다.

- 국내 담배시장의 규모와 성장률
- 정부의 담배산업 관련 규제정책
- 정부의 수입관세 관련 정책
- 경쟁사의 경쟁전략과 진입 여부
- 기반 시설의 확보 가능성
- 인적자원의 확보 가능성

고객의 웰빙 요구, 금연 인식 확산, 잎담배 재배 농민들의 요구 등과 같은 외부요소는 의사결정에 영향을 미치지만 그렇다고 핵심이슈의 1차적인 요소는 아니다. 그러므로 의사결정요소에서 제외시켜야 한다는 것을 기억하자. 앞에서 잠깐 언급했듯이, 그것들은 뒤에 나올 변화동인에 해당한다.

예를 하나 더 들어보자. 유럽 전역에 천연가스를 공급하는 노르웨이의 국영 에너지 기업인 스타토일(Statoil, 2018년에 에퀴노어 Equinor로 개명했다)은 1987년에 시나리오 플래닝 프로젝트를 진행한 바 있다. 1987년은 전 세계 주식시장을 한순간에 붕괴 직전까지 몰고 갔던 그 유명한 '블랙먼데이 Black Monday'가 있던 해였다. 스타토일 경영진들의 눈에 비친 회사의 미래는 매우 불확실한 것들이 뒤섞인 복잡한 그림 같았다. 3차 오일쇼크가 언제 터질지 가늠할 수 없었고 노르웨이의 시장에서 정유 회사들이 계속해서 높은 교섭력을 유지할지도 확신하기 어려웠다.

이런 상황에서 시나리오 플래닝은 미래의 불확실성 대비에 적절한 전략 수립 도구로 채택되었다. 그들은 스타토일 내 '탐사 사업부 Exploration & Production Division의 장기적인 사업 발전을 위해 가장 필요하고 가장 강력한 기술 포트폴리오를 어떻게 가져가야 하는가'를 핵심이슈로 선정하면서 시나리오 플래닝 프로젝트를 시작했다.

그런 다음, 그들은 여러 개의 질문을 스스로에게 던지며 핵심이슈의 가장 가까운 궤도를 도는 의사결정요소를 탐색했다. 다음은 스타토일의 관리자들이 최종적으로 도출한 의사결정요소들이다.

- 경쟁자들은 어떤 전략을 수립해놓았는가? → '경쟁사의 움직임'
- 우리가 원하는 기술을 확보할 수 있을까? → '기술 확보 가능성'
- 그런 기술을 보유한 인력을 시장에서 찾을 수 있을까?
  → '전문인력 확보 가능성'
- 연구개발을 위해 국가로부터 자금 지원을 받을 수 있을까?
  → 'R&D 자금 지원 가능성'
- 정부의 규제정책은 연구개발전략에 얼마나 영향을 미칠까?
  → '정부의 규제 정책 방향'
- 광범위한 연구 네트워크(연구기관들)를 활용할 수 있을까?
  → '연구기관들과의 관계'

다시 강조하지만, 의사결정요소는 핵심이슈를 둘러싼 의사결정을 하는 데에 가장 1차적으로 영향을 미치는 변수들을 의미한다. 따라서 위의 여섯 가지 의사결정요소가 변하는 방향에 따라 스타토일 탐사사업부의 장기적인 기술전략의 지향점과 내용들은 달라지게 된다.

그런데 몇몇 기업들이 의사결정요소 도출을 끝으로 외부 환경 탐색을 끝내고 곧바로 시나리오 작성(Phase 5 & Phase 6)과 대응전략 수립(Phase 6)에 돌입하는 경우가 종종 있다. 그들은 각 의사결정요소가 환경의 불확실성을 나타내고 있으므로(스타토일의 예를 보라) 그것들을 적절히 조합하면 시나리오가 된다고 주장한다.

하지만 의사결정요소는 핵심이슈와 가장 가까운 1차적인 환경변수일 뿐이다. 의사결정요소 중 '정부의 규제정책 방향' 하나만 놓고 보더라도 그것 스스로가 변동을 일으키는 것이 아니라, 소비자의 요구, 세금 정책의 방향, 인접국과의 관계, 기후의 변화 등 복잡한 요인들이 변동에 관여한다. 이것들 모두가 정부의 규제정책을 여러 방향으로 변화시킬 잠재력이 있음을 간과해서는 안 된다. 핵심이슈에 영향을 미치는 좀 더 근본적인 변수들은 의사결정요소의 바깥쪽 궤도를 돌고 있다. 그것이 바로 Phase 3에서 다루게 될 '변화동인'이다. 다음 장에서 설명해도 될 것을 굳이 먼저 언급하는 이유는 의사결정요소만을 가지고 시나리오를 도출하는 오류를 범하지 말아야 함을 강조하기 위해서다.

의사결정요소는 기초자료 조사를 거쳐 퍼실리테이터와 시나리오팀원들이 워크숍 방식의 토론으로 최종적으로 확정한다. 이 워크숍은 사무실을 벗어난 곳 off-site에서 개최되는 첫 번째 모임으로서, Phase 2(의사결정요소 도출)와 다음 장에서 설명할 Phase 3(변화동인 규명)을 동시에 수행한다. 먼저 기초자료 조사에 관해 알아보자.

1) 기초자료 조사

워크숍에 들어가기 전에 기초자료 조사가 먼저 이루어져야 한다는 사실을 기억해두기 바란다. 워크숍에서 의사결정요소와 변화동인을 함께 규명해야 하는데(Phase 2와 Phase 3), 기초자료 조사가 선행되지 않으면 워크숍에서 다채로운 의견이 개진되기 어렵고 결과물도 '정수기 주위에서 잡담하는' 상식의 수준을 넘지 못한다.

또한 시나리오팀원들 중에는 직무상 외부 환경을 잘 인지하는 사람이 있는 반면, 기술이나 운영 측면에만 전문지식을 보유한 사람이 존재하기 마련이다. 따라서 외부 환경과 관련해 동일한 수준의 지식을 갖추려면 기초자료 조사는 시간과 노력을 많이 기울여야 하는 필수적인 과정이다. 시나리오 플래닝 프로젝트 전체가 4개월의 일정(선행학습 기간은 제외)으로 진행된다면 기초자료 조사에 3주에서 4주 정도의 시간을 할애할 것을 권장한다.

미래를 향한 통찰력 기르기

팀원들이 미래 통찰 능력을 기르려면 프로젝트를 이끄는 퍼실리테이터의 가이드가 무엇보다 중요하다. 퍼실리테이터는 팀원들에게 미래 트렌드를 제시하는 책들을 가능한 한 많이 읽도록 권해야 한다. 연말마다 서점가에 봇물을 이루며 출시되는 각종 예측서를 권해도 무방하다. 그러나 연말에 반짝하고 출간되는 몇몇 예측서들은 내용이 깊지 않을뿐더러 시나리오가 요구하는 장기적인 관점이 결여되어 있다. 그저 1~2년 후의 단기 전망에 치우쳐 있기 때문에 가능한 한 공인된 기관이나 저명한 미래학자가 저술한 예측서를 선택하는 게 좋다.

하지만 나는 그런 종류의 예측서보다 사회과학이나 자연과학의 책을 더 권장하는 편이다. 이런 책들은 예측서처럼 미래 트렌드를 직접적으로 서술하지 않고 다소 읽기가 어렵긴 하지만 심도 있는 지식을 제공하고 미래를 이끄는 근본적인 힘들이 무엇인지 깨닫도록 만든다. 또한 우리가 상식적으로 '그러리라'고 여기는 것들의 정체를 밝혀주기 때문에 편견과 선입견이라는 색안경을 제거해준다.

그 밖에 시대의 흐름을 독특한 시각으로 전달하는 잡지를 꾸준히 구독하도록 유도하는 것도 좋은 방법이다. 아래의 목록은 과거 로열더치셸의 시나리오 책임자였으며 시나리오 플래닝의 대가로 인정받는 피터 슈워츠Peter Schwartz가 추천하는 잡지들이다. 모두를 통독하기는 어렵겠지만 적어도 해당 산업과 관련된 전문잡지 한두 개 정도는 최근 2년 정도의 과월호부터 최신 발간호까지 팀원 모두가 섭렵할 것을 권한다

- 디스커버(Discover)
- 이코노미스트(Economist)
- 와이어드(Wired)
- 포린 어페어스(Foreign Affairs)
- 퓨처 서베이(Future Survey)
- 그란타(Granta)
- 맨체스터 가디언 위클리(Manchester Guardian Weekly)
- 몬도 2000(Mondo 2000)

- 뉴 사이언티스트(New Scientist)
- 옴니(Omni)
- 릴리스 2.0(Release 2.0)
- 사이언티픽 아메리칸(Scientific American)
- 사이언스(Science)
- 테크놀로지 리뷰(Technology Review)
- 유튼 리터(Utne Reader)
- 워싱턴 스펙테이터(Washington Spectator)
- 홀 어스 리뷰(Whole Earth Review)

기초자료 조사 기간 동안, 수시로 퍼실리테이터와 팀원들이 한자리에 모여서 각자가 읽은 책의 내용을 발표하고 토론을 벌인다. 자료에서 제시된 정보나 지식, 이슈나 트렌드 등이 사업에 미칠 영향을 중심으로 토론을 진행한다. 토론 중에 의견이 충돌하겠지만 그러한 대립은 미래가 그만큼 불확실하다는 반증이기도 하다. 미래를 탐색하는 일이 매우 중차대한 것임을 느끼는 계기가 되고 미래에 관한 다양한 시각을 공유하는 기회가 되기 때문에 이런 토론을 적극 권장해야 한다.

또한 저명한 미래학자를 초청하여 강연을 듣는 것도 미래를 향한 통찰력을 얻는 데 도움이 된다. 이 방법은 '독서 토론'보다 손쉽고 효과적인 수단이지만 비용이 많이 든다는 단점이 있다. 이 방법은 다양한 전문가들의 의견을 청취할 수 있고 단시일 내에 미래의 트렌드와 불확실성을 습득한다는 장점을 가진 반면, 몇몇 전문가들이 편협한 시각을 주장할 경우 잘못된 방향으로 미래 모습을 그릴 수 있으니 유의하기 바란다.

의사결정요소와 변화동인을 도출하기 위한 '1차 워크숍'을 개최하기 전까지 팀원 전원이 미래의 트렌드와 불확실성에 관한 풍부한 정보와 다양한 시각을 확보해야 하므로 충분한 시간(적어도 3주에서 4주)이 주어져야 한다. 시나리오 플래닝 프로젝트를 처음 실시한다면 그 정도의 사전 준비는 필수적이다. 일단 시작하고 보는 식으로 조급증을 부리면 언젠가는 후회한다. 서둘러 산출한 결과물에 확신을 가지기가 어렵기 때문이다. 천천히 단계를 밟아가야 스스로도 납득하고 최고의사결정자의 마음도 움직일 수 있는 시나리오가 도출됨을 기억하기 바란다.

의사결정요소 도출의 틀

그렇다면 어떤 틀에 기초하여 책, 잡지, 미래학자로부터 습득한 '미래 정보'를 정리해야 할까? 기업을 둘러싼 외부 환경은 크게 거시 환경과 산업 환경으로 나뉜다. 그리고 거시 환경은 다시 정치political, 경제economic, 사회social, 기술technological 환경으로 세분되는데, 이를 앞 글자들만 따서 'PEST'라고 부른다(혹자는 기억하기 쉽게 STEP이라고 부르기도 하는데, 어떤 이름을 쓰든 상관은 없다). 산업 환경은 여러 개의 기준으로 세분될 수 있지만, 대개 경쟁이론으로 유명한 마이클 포터Michael Porter의 '5 Forces'로 산업 환경을 구분한다.

5 Forces는 다음과 같다.

- 신규 진입자의 위협
- 기존 경쟁자의 위협
- 고객의 교섭력
- 공급자의 교섭력
- 대체재의 위협

이제 거시 환경과 산업 환경의 각 분야에 대하여 다음과 같은 질문을 던지고, 그 질문에 답과 근거를 제시할 만한 자료가 무엇인지 파악해보자(시나리오 플래닝은 자주 '질문'을 던질 것을 요구한다. 시나리오를 잘 짠다는 것은 미래라는 대상에 질문을 잘할 줄 아는 것이다).

- 트렌드는 무엇인가?
- 불확실한 요소는 무엇인가?
- 트렌드와 불확실한 요소가 핵심이슈를 둘러싼 의사결정에 얼마나 영향을 미칠 것인가?

예를 들어, 핵심이슈를 '김치냉장고의 최고급 제품을 개발해야 하는가'라고 설정해보자. 그렇다면 김치냉장고 시장의 규모와 성장률, 제품 세그먼트Segment별 판매 추이, 소비자들의 가처분소득 증가율, 구매 트렌드와 취향의 변화, 김치냉장고를 사용하는 패턴의 변화, 가격 민감도 추이, 고유가로 인한 에너지 비용의 증가율, 경쟁사의 제품 포트폴리오 변화, 신기술의 시장성 여부, 저가 제품을 주로 생산하는 중국 가전업체의 고급화 제품 출시 가능성, 고품질 원부자재 확보 가능성 등에 광범위한 조사가 이루어져야 한다.

퍼실리테이터와 시나리오팀장은 기초자료 조사에 앞서 팀원들과 토론하여 어떤 분야의 자료가 조사돼야 하는지 결정한다. 이때 중요한 것은 핵심이슈를 중심으로 유관할 법한 외부 환경의 요소를 모두 탐색해가면서 조사할 분야를 선택해야 한다는 점이다.

2) 의사결정요소 도출과 확정

앞에서 의사결정요소의 예를 제시했지만 어떻게 해야 효율적으로 의사결정요소를 도출할 수 있을지 여전히 막연할지 모르겠다. 핵심이슈는 내부 사안이고 의사결정요소는 외부 환경요소이기 때문에 그 사이를 연결해주는 다리가 있다면 일이 쉬워진다. 그 다리가 무엇일까?

의사결정요소 도출을 위한 '질문법'

이해를 위해 '내가 미국에 있는 모 경영대학원으로 유학을 가야 할까?'와 같은 개인 문제가 핵심이슈로 선정됐다고 가정하자. 그렇다면 유학을 갈지 말지 결정하는 1차적인 의사결정요소는 무엇일까? 외국 유학을 준비했거나 유학 경험이 있다면 쉬울 테지만, 그렇지 않다면 대답하기가 조금 어렵다. 이때 해외 유학의 모든 노하우를 알려주는 '유학 컨설턴트'가 있다고 상상해보라. 유학을 절실히 원한다면 그에게 유학에 관해 묻고 싶은 질문들이 무수히 많을 것이다. "돈은 얼마나 드나요?", "그 대학원은 입학하기가 쉬운가요?", "졸업하면 취업은 잘되나요?", "한국에서 그 대학원을 나온 동문들이 많은가요?" 등.

이런 질문들이 바로 핵심이슈와 의사결정요소를 연결하는 다리 역할을 한다. 다시 말해, 이 질문들을 잘 정제하고 그룹핑하면 비교적 손쉽게 의사결정요소를 뽑아낼 수 있다. 예컨대 "유색인종에 개방적인가요?", "학력이나 경력 등에 관한 요건은 얼마나 까다롭나요?", "입학시험(인터뷰 등)은 얼마나 어렵나요?", "입학 정원은 어느 정도 되나요?"라는 질문들은 '입학 과정의 용이성'이라는 의사결정요소로 묶어낼 수 있다. 또한 "졸업생의 취업률은 얼마나 되나요?", "그 학교 출신 중에 제가 알만한 저명 인사는 누구인가요?", "한국에서 동문들의 인맥은 탄탄한 편인가요?" 등의 질문들은 '졸업 후의 이득'이라는 의사결정요소로 묶을 수 있다.

이제 기업 사례로 넘어가보자. "8K 디스플레이 패널 생산 설비를 확충해야 하는가?"가 핵심이슈로 정해졌다면 혼자 고민하는 대신에 피터 드러커 Peter Drucker와 같은 경영의 구루 Guru를 찾아갔다고 가정하라. 지혜의 말씀을 들으려고 그에게 질문을 던진다고 상상하면 마음이 조금은 편해진다. "8K TV 등과 같은 어플리케이션시장이 앞으로 어떻게 커질까요?", "유가가 가파르게 뛰고 있는데, 원부자재도 덩달아 상승하지는 않을까요?", "경쟁사도 우리처럼 라인 확충을 계획 중일까요?", "고객이 8K TV로 얼마나 빨리 교체할 것 같나요?", "혹시 8K 디스플레이 패널을 대체할 기술이 갑작스레 부상하지는 않을까요?" 등의 질문을 가상의 구루에게 마음껏 던져보라. 아무리 질문을 많이 하더라도 상상 속의 그들은 돈을 요구하지 않는다.

앞서 제시한 스타토일의 의사결정요소 목록을 다시 한 번 살펴보라. '질문'을 먼저 언급했고 그것을 정제하여 의사결정요소를 이끌어낸 것이 보이는가? 이처럼 '질문하고 그룹핑해 정제하는 것'이 의사결정요소를 쉽게 도출하는 방법이다.

팀원들이 이런 식의 질문들을 자유롭게 개진하도록 유도하고, 그 질문들을 잘 그룹핑하고 정제하여 의사결정요소를 규명하는 과제가 1차 워크숍의 첫날에 수행할 일이다. 이를 위해 사전에 기초자료 조사를 철저히 진행하고, 그 결과를 반드시 팀원 모두가 충분히 숙지해야 한다는 사실을 기억하기 바란다.

퍼실리테이터와 시나리오팀원들은 다음 페이지의 양식으로 의사결정요소를 정리하고 많은 상상력을 요구하는 Phase 3(변화동인 규명)을 준비한다. 그 상세한 절차는 다음 장에서 확인할 수 있다.

핵심이슈	한국 담배시장을 공략하려면 제조시설을 구축해야 하는가?
의사결정요소	질문들
국내 담배시장의 규모와 성장률	담배시장의 규모는 얼마나 커질 건가? 담배시장의 성장은 정체됐는가? 외국 담배의 시장점유율은 얼마인가?
정부의 담배산업 규제 정책	각초의 혼합 비율을 어디까지 허용할까? 제조 설비의 규모를 어디까지 허용할까? 잎담배 전량 수매 정책은 어떻게 바뀔까?
정부의 관세정책	수입품 관세 정책을 높일 것인가? 특별히 수입담배 관세율은 어떻게 변할까
경쟁사의 진출 가능성	타 외국계 담배회사도 한국에 관심이 있는가? 그들은 한국에서 어떤 판매 전략을 실행하는가?
기반 시설 확보 가능성	공장을 건설할 토지를 확보할 수 있을까? 도로망, 용수 등 인프라는 충분한가? 환경 규제에서 비교적 자유로운가?
인적 자원의 확보 가능성	연구개발 인력을 확보할 수 있을까? 공장 현지에서 인력을 충원할 수 있을까? 한국과 담배산업에 정통한 경영진을 어떻게 채용할까?

의사결정요소 결과표 예 1

핵심이슈	안정적인 매출을 달성하려면 무엇을 어떻게 해야 할까?
의사결정요소	질문들
고객 어카운트 수	신규 어카운트가 둔화될 것인가? 기존 어카운트가 이탈을 가속할 것인가? 서비스 체계에 불만이 높아질까?
정부의 규제 정책	정부가 OOO법을 강화할까? 정부가 SOC를 확충할까? 자치단체가 직접 OOO사업을 시행할까?
공급자의 불안함	원가가 안 맞아 우리에게 공급을 중단할까? 자금 사정으로 도산하지 않을까?
경쟁사의 전략	대기업이 이 시장에 관심을 보일까? 저가 전략으로 나올까? 디자인에 승부를 걸 것인가?
경제 성장	소비자 물가가 상승할까? 유가 등 원자재 가격은 어떻게 될까? 환율은 또 어떻게 요동칠까?
판매 채널 변화 가능성	영업인력이 타사로 대거 이동할까? 고객들이 새로운 판매방식을 원할까?

의사결정요소 결과표 예 2

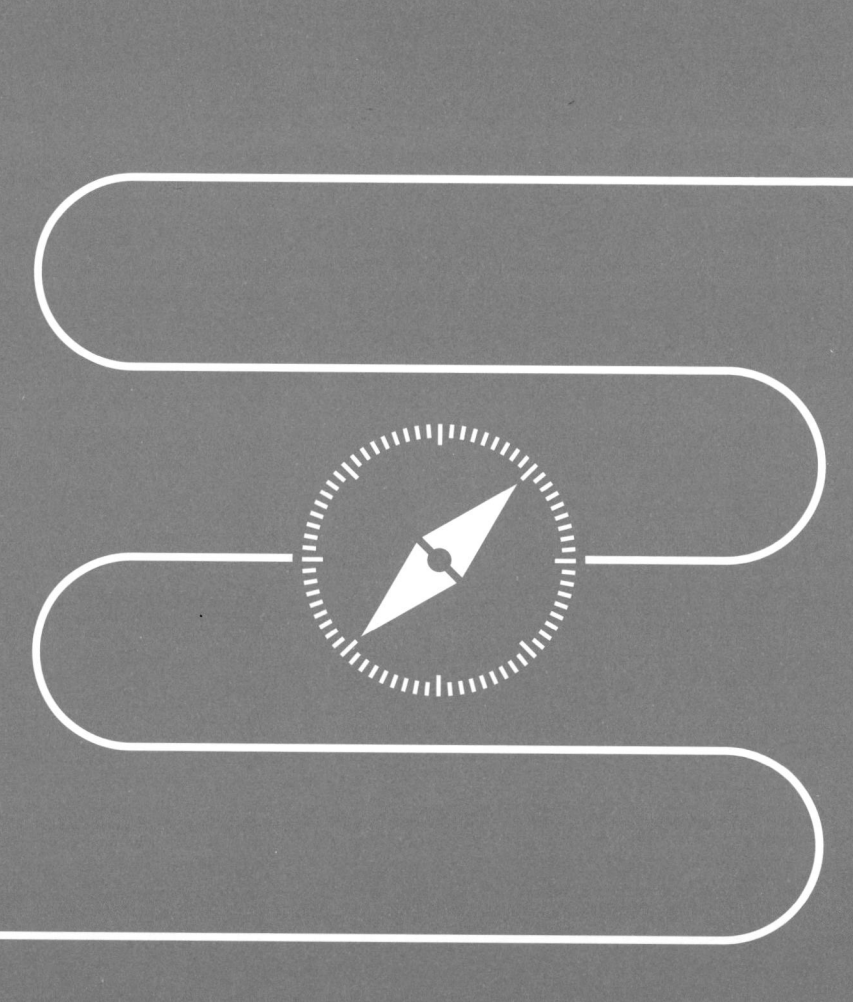

Phase 3

변화동인 규명

변화동인이란 무엇인가?

핵심이슈를 선정하고 의사결정요소까지 도출했다면 이제 좀 더 넓은 영역으로 시각을 확장하여 미래가 어떤 동력에 의해 변화하고 있는지, 그 속에 어떤 불확실성이 내재되어 있는지 파악해야 한다. 이 과정이 바로 변화동인을 규명하는 단계다. 변화동인Change Driver이란 '의사결정요소의 아웃풋Output을 결정하는 거시적 관점의 원동력'을 의미한다.

이해를 위해 의사결정요소 중 하나가 '김치냉장고의 시장성장률'이라고 하자. 그러면 그 값이 양(+)일지 음(-)일지를 결정하고 그것의 절대적인 크기에 영향을 미치는 환경변수들이 여러 개 존재할 것이다. 특정 질병의 치료에 김치가 특효약이라는 연구 결과가 발표된다면 김치 소비가 급증하여 김치냉장고의 판매까지 덩달아 급증할지 모른다. 여기에 한류 영향으로 서양인들의 김치 소비가 판매량 증가에 불을 붙일 것이다. 반대로 국내 소비자의 입맛이 서구화됨에 따라 김치냉장고 수요가 서서히 줄어들 수 있다. 또한 김치냉장고를 김치 저장용으로 쓰기보다 기존 냉장고의 '세컨드' 용도로 구입하려는 움직임도 김치냉장고 판매에 영향을 줄 수 있다. 그 외, 유가와 물가가 폭등하고 실업률이 상승하는 경기침체로 실질 가처분소득이 줄어든다면 소비자들이 지갑을 닫아버릴 수 있다. 인구의 지속적인 감소와 독신 가구의 증가 현상이 장기적인 수요곡선의 내리막길을 예고할지도 모른다. 이처럼 소비자 입장에서 바라보기만 해도 김치냉장고의 시장성장률에 영향을 미치는 환경변수는 무수히 많다. 그 환경변수가 바로 변화동인이다.

변화동인이 의사결정요소의 향방에 영향을 미치고, 의사결정요소는 다시 핵심이슈에 영향을 미친다. 뒤에서 다루겠지만, 결국 핵심이 되는 변화동인이 무엇이냐에 따라 시나리오가 결정된다.

변화동인을 규명하는 작업은 상당한 시간과 노력을 요구하는 과정이다. 시장이 작동되는 원리와 메커니즘에 기본 지식을 갖춰야 하는 것은 물론이고, 각 의사결정요소에 조금이라도 영향을 미칠 만한 변수들을 상상력과 통찰력을 총동원하여 탐색해야 하기 때문이다. 의사결정요소와 변화동인은 1:N의 관계가 아니라, 여러 개의 변화동인이 여러 개의 의사결정요소에 영향을 미치는 N : N의 관계이므로 더욱 복잡하게 느껴진다. 이 과정은 시나리오 플래닝 프로젝트에서 가장 힘들고 지루하다.

그러나 비즈니스 환경에 대한 포괄적이고 comprehensive 광범위한 '그림'을 그리려면 이 단계를 반드시 거쳐야만 한다. 많은 기업들이 시나리오 플래닝의 유용함을 알면서도 지레 겁을 먹고 포기하거나 의사결정요소만을 가지고 시나리오를 도출하려는 편법을 쓰는 이유는 변화동인 규명 작업이 그만큼 만만치 않은 일이기 때문이다. 지금 당장은 환경에 대한 이해도가 낮고 변화동인 규명의 노하우가 없다 해도 인내심을 가지고 차분하게 변화동인 규명 작업에 임할 것을 조언한다.

Phase 2에서 예로 들었던 스타토일은 워크숍에서 60개 내외의 변화동인들을 규명했다. 다음 페이지에 그 예를 표로 정리했으니 참조하기 바란다.

혹시 변화동인의 개수가 너무 많은 것이 아니냐고 반문할지도 모르겠다. 뒤에서 다시 언급하겠지만, 에너지 산업처럼 여러 국가와 집단이 복잡하게 상호작용하고 불확실성이라는 돌발변수가 큰 산업일수록 시나리오 수립에 고려할 변화동인의 개수도 함께 증가한다. 사실 60개 정도면 별로 많지 않은 수다. 실제로 시나리오 플래닝 프로젝트에서는 150개에서 300개 가량의 변화동인을 규명하는 것이 일반적이기 때문이다.

이제 변화동인을 어떻게 규명하는지 구체적으로 알아보자.

국제 경제 환경	국제 정치 환경	노르웨이 내부 환경
OECD국가의 GNP성장률 저개발국가의 GNP성장률 코메콘 국가의 GNP성장률 저개발국의 인구 추이 세계 경제의 경쟁력 국제 인플레이션과 환율 경제 구조조정 세제 관련 정책 환경 정책 무역 정책 민영화 정책	지정학적 관계 이슬람 원리주의	GNP성장률 세제 정책 산업 정책 유럽경제공동체 가입 R&D 투자 규모 산업간 경쟁 국가 경쟁력 교육 수준 보호무역 정책 국제 관계 경제 구조조정 에너지 산업의 이해 관계
국가별 산업전략	기술 환경	수급 추이
코메콘 국가의 에너지 전략 OPEC의 에너지 전략 미국의 에너지 전략	석유/천연가스 관련 기술 에너지 관련 기술 에너지 관련 과학 기술 변화 속도 탐사비용과 생산비용 국제 채무 수준 에너지 산업 구조조정	천연가스 가격 천연가스 수요(지역별) 천연가스 공급(지역별) 석유 수요 (지역별) 석유 공급(지역별) 석유 가격 대체연료 수요 대체연료 공급 대체연료 가격

스타토일의 변화동인 규명 결과

변화동인은 변화동인 도출의 '틀framework'을 먼저 확정한 다음, 워크숍 방식의 토론 과정을 거쳐 도출된다(변화동인 규명은 의사결정요소 도출과 함께 1차 워크숍 때 이루어진다). 워크숍이 끝난 후에는 변화동인별로 심층조사를 진행하는데, 변화동인을 둘러싼 트렌드와 불확실성을 분석하고 변화동인이 취할 수 있는 2개의 '극점Polar

Point'을 설정한다. 각 변화동인의 극점은 향후 Phase 4에서 시나리오를 조합해낼 때 사용된다.

1) 변화동인 도출의 틀 결정

변화동인은 나중에 시나리오의 재료로 쓰이기 때문에 프로젝트에서 매우 중요하게 다룰 대상이다. 하지만 애석하게도 변화동인 규명을 위한 별도의 프레임워크는 존재하지 않는다. 사실, 광범위한 영역에서 의미 있는 변화동인을 찾아낸다는 것은 일종의 예술에 가까운 일이다. 시나리오 플래닝에 임하는 팀원들의 능력과 관심 영역, 그리고 얼마나 노력하느냐에 따라 작업의 성과가 달라진다.

다소 옹색하긴 하지만, Phase 2(의사결정요소 도출)에서 이미 제시한 PEST(거시 환경)와 5 Forces(산업 환경)의 틀을 변화동인 규명에서도 동일하게 사용하는 수밖에 없다. 의사결정요소와 변화동인 모두 외부의 환경변수이기 때문에 똑같은 틀을 써도 문제되지 않는다. 다만 의사결정요소는 핵심이슈에 가장 직접적으로 연관된 1차변수인 반면, 변화동인은 보다 먼 거리에서 의사결정요소에 영향을 미치는 변수라는 것이 차이점이다. 또 하나의 중요한 차이점은 동일한 프레임워크를 사용하지만 변화동인을 규명할 때는 '업의 특성'과 핵심이슈의 성격에 따라 PEST와 5 Forces를 좀더 세분하거나 변형시켜야 한다는 것이다.

먼저 PEST를 알아보자. 앞서 언급했듯이 PEST는 각각 정치,

경제, 사회, 기술 측면의 거시 환경을 의미한다. 그것이 포괄하는 요소를 좀 더 세부적으로 나타내면 다음과 같다.

Political (정치)	Economical (경제)
공정거래 관련 규제 환경보호 관련 법규 세법 기업 장려 정책 국제 무역 규제 외국기업 관련 제도 고용 관련 법규 정부의 안정성 등	GNP 성장 경향 이자율(금리) 통화 공급 인플레이션율 실업률 임금/가격 통제 에너지 가동률과 비용 가처분소득 수준 등
Social (사회)	Technological (기술)
라이프스타일의 변화 취향의 변화 소비자운동의 경향 인구성장률 인구의 연령 분포 인구의 지역 분포 출생률 평균수명 등	정부의 연구개발비 투자액 산업의 연구개발비 투자액 기술개발 노력 특허보호제도 신상품 개발 현황 산업의 기술이전 정도 자동화 기술 등

PEST의 일반적인 정의

만일 당신 기업의 제품이 공해를 유발하기 쉬워서 정부로부터 환경규제를 철저하게 받을 의무가 있다면 '생태적 환경 ecosystem'상의 변화 흐름이 다른 어떤 요소보다 중요한 거시 환경으로 여겨질 것이다(생태적 환경과 거시 환경 모두 우리말로 '환경'이라는 말이 들어가는데, 전자는 물리적 환경을, 후자는 비즈니스 환경을 의미한다). 크게 보면,

생태적 환경은 PEST에서 '정치'와 '사회' 영역에 해당된다. 하지만 공해 억제를 위한 새로운 규제, 생태적 환경에 대한 고객의 인식 변화, 탄소배출권 거래의 움직임, 지구온난화에 대한 사회적 책임 강조 등의 변화가 미래의 기업 성과를 크게 좌우하는 변수들이므로 따로 떼어 '생태 환경'이라는 제5의 거시 환경을 채택하는 게 보다 유용하다.

만일 다국적기업의 형태를 띤 회사라면 국내의 정치적 환경뿐만 아니라 국가 간 무역 분쟁의 양상, 이슬람 세력과 서방 세력 사이의 긴장 상태, 개별 국가의 정치적 안정성 등을 중요하게 고려해야 한다. 따라서 PEST의 '정치' 영역을 '국내정치'와 '국제정세'로 나누는 것이 변화동인을 보다 명확하게 규명하는 데 도움이 된다.

이와 반대로, 무시해도 좋을 거시 환경이라면 과감하게 삭제할 필요가 있다. 서비스업의 경우(통신이나 IT 분야는 제외), '기술 환경'의 변화 흐름은 핵심이슈와 의사결정요소에 별로 관련성이 없을 가능성이 크다. 서비스업의 일종인 백화점을 운영하는 회사에게 특허보호제도나 자동화 기술의 이슈는 관심 대상이 아니다. 따라서 이때는 'T'를 떼어내고 'PES'만 사용하여 변화동인을 규명해도 무방하다. 무조건 PEST의 틀을 유지할 필요가 없다는 점을 알아두자.

핵심이슈의 내용이나 성격에 따라서 거시 환경의 틀이 통째로 바뀌기도 한다. 예컨대 '우리의 목표 고객층을 어느 계층으로

잡아야 할까?'로 핵심이슈가 정해졌다고 하자. 그렇다면 연령별 인구의 변동, 지역의 인구 분포, 출산율과 사망률, 혼인율과 이혼율 등 인구통계학적인 변수에 대해 상당히 많은 조사가 이루어져야 한다. 따라서 원래 PEST의 '사회'에 속하는 '인구'를 떼어내 '인구 패턴'이라는 별도의 거시 환경을 채택하는 것이 좋다.

이처럼 업의 특성과 핵심이슈의 내용 그리고 성격에 따라 PEST를 적절하게 변형하면서 변화동인 도출의 틀을 정하자. 다음은 기존의 PEST를 여러 하위 환경요소로 세분한 예다.

인구통계 패턴	천연자원	기술요인
연령 구조 혼인율과 이혼율 지역 간 인구 이동 등	에너지 가격 원재료 가격 토지 자원 등	신기술 기초 연구 트렌드 기술 인프라 등
사회 환경	생태 환경	국제정세
고객 가치 고객의 행동 패턴 교육 수준 특이한 관심 집단 등	공해 환경의 질 추구 수준 지구온난화 등	글로벌화 국지적 긴장 상황 종교 분쟁 보호주의 무역 등
경제 환경	정치 환경	노동 환경
거시 경제 트렌드 국가별 경제 특성 국제 환 시스템 경제 구조 등	지지 정당 정치적 안정성 중앙/지방정부 분권 양상 정부의 규제 정책 등	인력 수급 노사 관계 안정성 노동운동의 양상 등

PEST의 일반적인 정의

이번엔 5 Forces에 대해 알아보자. PEST와 마찬가지로 업의 특성이나 핵심이슈의 성격에 따라 틀을 변형해야 한다. 다음은 5 Forces의 분석요소를 나타낸다.

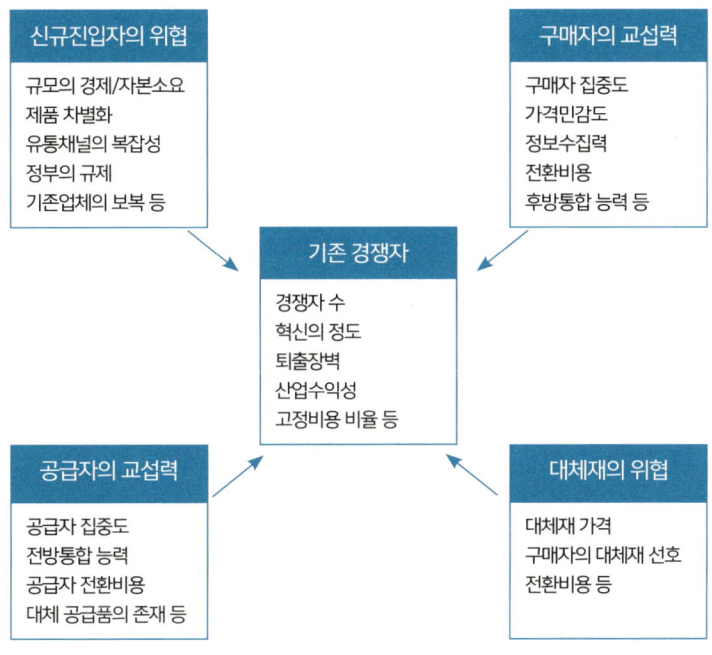

5 Forces의 일반적인 정의

특정 산업의 경우, 대체재가 가해오는 위협보다는 '보완재 complement goods'가 더 큰 불확실성을 가져다줄지도 모른다. 알다시피 보완재란 커피와 설탕의 관계처럼 어떤 제품의 수요가 증가할 때 더불어 수요가 늘어나는 제품을 의미한다.

만일 커피 전문점 프랜차이즈를 운영하는 회사라면 사탕수수

재배 국가(브라질이나 필리핀)에서 재해나 전쟁이 발발해 설탕의 공급이 급격히 감소하고 그로 인해 국제시장에서 설탕 가격이 급등할 가능성을 필히 염두에 두어야 한다. 따라서 보완재의 가격 추이, 보완재에 대한 소비자들의 구매 변화(예컨대 설탕 소비량 감소는 '단sweet' 커피 음료의 판매 감소로 이어지므로) 등을 면밀히 주시하고자 '보완재 효과'를 제6의 Forces로 채택하는 것이 전략의 효과 측면에서 유용하다.

생필품을 제조하는 회사라면 자사의 제품을 소비자에게 전달하는 백화점이나 대형할인점 등 유통 회사의 교섭력을 무시하지 못한다. 유통 회사가 자체 브랜드Private Brand를 붙인 상품 판매로 이윤을 챙기거나, 납품가를 지속적으로 인하하라고 압박해 오기 때문에 '유통자의 교섭력'을 성과에 영향을 미치는 중요한 변수로 봐야 한다. 넓은 의미로 볼 때 유통 회사는 구매자에 속하지만, 최종소비자End User와 구별되는 변화동인들을 심도 있게 탐색하려면 '유통자의 위협'을 별도의 Forces로 구분하는 것이 좋다. 그 외, 기존의 5 Forces 분석 프레임워크에 새 Force를 추가하거나 삭제할 필요가 있는 예는 다음과 같다.

- 중요한 기술을 제공하는 파트너 회사가 협상의 우위에 있을 때 → '기술 공급자의 위협' 추가
- B2B 기업의 경우, 고객사도 중요하지만 최종소비자의 변화가 더 중요할 때 → '최종소비자의 교섭력' 추가

- 독점이라서 경쟁사가 없거나, 있어도 영향력이 매우 작을 때(예를 들어 전력 회사의 경우) → '산업 내 경쟁 요소' 삭제
- 국영기업(공사)이나 이제 막 민영화가 된 기업의 경우, 정부가 강력한 영향력을 행사하고 있을 때 → '감독자의 교섭력' 추가
(PEST 내 '정부의 규제와 정책'에 해당되지만, 정부가 의사결정권한의 일정 부분을 장악하고 있다면 5 Forces에 포함시키는 것이 좋다. 국가기간산업, 금융산업, 담배산업 등이 해당된다)

2) 변화동인 탐색

이제 입맛에 맞게 '개량된' 틀에 따라 변화동인을 탐색하자. 이 과정은 '사금沙金 캐기'에 비유할 수 있다. 강바닥의 모래를 한가득 체로 떠서 불필요한 것들을 물에 흘려보내고 반짝반짝 빛나는 사금만 세심하게 채금하듯이, 의사결정요소와 유관해 보이는 외부 환경변수를 모두 끄집어낸 다음 '적절치 않을 것'을 제거하고 정제해가는 것이 변화동인을 규명하는 유일한 방법이다. 이보다 세련되고 우아한 방법은 없다. 관련 있다 싶은 모든 것을 '마구' 발산한 다음 하나씩 골라내는 것이 변화동인 탐색의 성공 포인트다.

변화동인 탐색 과정에서 유의할 점은 반드시 환경의 여러 영역을 동일한 비중으로 바라봐야 한다는 것이다. 달리 표현하면, 평소에 잘 알고 있는 익숙한 영역만을 집중해서 변화동인을 찾으려 하면 안 된다는 말이다. 이러한 오류를 최소화하려면 의도

적으로 사고의 폭을 최대로 확장하고 여러 분야의 전문가(사내 혹은 외부)를 프로젝트에 팀원이나 자문위원으로 참여시켜야 한다.

혹시 이런 정제 과정으로 오직 한두 개의 핵심적인 변화동인만을 규명하는 것이 이번 단계의 목적이라고 오해할지 모르겠다. 그러나 변화동인의 탐색 과정은 환경의 구조와 미래의 변화에 대한 '전체 그림'을 그리는 단계이다. 따라서 발상할 수 있는 모든 변화동인을 발굴해내려는 노력이 중요하다. 금 덩어리 하나가 만들어지려면 사금 조각들이 적어도 수백, 수천 개가 모여야 하는 것과 같은 이치다.

시나리오 플래닝 전문가들마다 프로젝트에서 도출해야 할 변화동인의 수에 대해 조금씩 다른 견해를 보이지만, 평균적으로 최소 100개에서 최대 300개의 변화동인을 도출하라고 권장한다 (이 책에서는 150개 내외를 권장한다). 이 숫자에 벌써부터 질리지 말기 바란다. 비즈니스 환경의 상호작용과 복잡성을 감안할 때 이 정도 개수의 변화동인을 규명해야 한다.

변화동인 탐색 시 주의할 점

자료를 검색하거나 팀원들끼리 변화동인을 토론할 때 염두에 둘 점을 몇 가지 알아보자.

첫째, 상식을 경계하라. 시금치가 철분이 많은 건강식품으로 알려져 있지만 철분 함량을 논문에 잘못 기재하는 바람에 생긴 오해인 것처럼, 상식으로 알고 있는 것 중 많은 부분이 사실과 다르다. 예컨대 지속가능성sustainability을 위해 제안되는 '저탄소경제' 정책들과 기업의 자발적인 탄소 배출 억제 노력이 성공을 거둘 경우 기업을 위협하는 온난화를 막을 수 있으리라 대부분 기대할 것이다. 하지만 인간이 제아무리 노력한들 지구 온난화는 중지시킬 수 없는 현상이라고 주장하는 과학자들도 만만찮다. 변화동인을 규명할 때 당신이 가진 상식은 선입견으로 돌변한다. 따라서 조금이라도 의심의 여지가 있다면 자신의 상식을 다시 뜯어보도록 하라.

둘째, 트렌드 중 많은 것들이 '역易트렌드'와 쌍을 이루고 있다는 사실에 유의하라. 위대한 물리학자 아이작 뉴턴Isaac Newton이 발견한 물리법칙 중에 모든 작용에는 그에 상응하는 반작용이 발생한다는 '작용-반작용의 법칙'이 있듯, 트렌드 역시 많은 경우 역트렌드를 동반한다. 예를 들어, 인터넷 등 정보통신 기술의 발전과 보급으로 인해 중개자 없이 생산자와 소비자가 직접 제품과 서비스를 거래하는 소위 '탈중개화disintermediation'가 대세가 된 지 오래다. 하지만 그렇다고 해서 중개자들이 사라지지 않았다. 인터넷의 정보가 홍수를 이루면서 '좋은 선택'을 하기가 오히려 어려워진 탓에 다양한 형태의 중개자들(가격 비교 사이트가 그 대표적인 예이다)이 출현하는 '재중개화re-intermediation' 현상이 역트렌드로 나타났기 때문이다. 각 변화동인에 반대되는 현상이 존재하는지 검토하는 습관을 가져야 한다.

셋째, 책상을 벗어나 다양한 의견을 청취하라. 다양한 경험과 우수한 역량을 갖춘 자들도 변화동인을 탐색하면서 어느 순간 아이디어의 빈곤에 시달리게 된다. 바로 그럴 때가 책상을 박차고 나갈 타이밍이다. 팀 내에서 아이디어 발굴은 한계가 있기 마련이다. 다국적 제약회사 아스트라제네카AstraZeneca는 시나리오 플래닝 프로세스를 바탕으로 신약 개발 프로젝트를 수행하는 특이한 방식을 취한다. 그들은 신약 개발과 관련된 다양한 분야에서 100명이 넘는 전문가와 인터뷰하고 토론을 벌여 잠재적인 변화동인의 목록을 작성한다. 당신도 그렇게 해야 한다. 가능하면 경영진이나 회사 내외부의 전문가 집단과 별도로 워크숍을 진행하여 풍부한 변화동인의 풀pool을 구축하라.

넷째, 관련성이 없어 보이는 영역도 탐색하라. 외부 환경의 변화는 관련 산업의 중심부에서 일어나는 경우도 있지만, 대개 주변부에서 발생하여 '우리에게' 지대한 영향을 끼치는 경우가 더 많다. 출판업자라면 환경문제에 관심을 가지지 않을지도 모른다. 하지만 삼림의 파괴로 나무가 사라져 종이 가격이 폭등한다면 도서 원가의 급등으로 이어져 수익성이 악화되고 급기야 출판사 문을 닫아야 할지도 모른다. 따라서 출판업자에게 환경 파괴는 중요한 변화동인 중 하나가 된다. 시나리오 플래닝 전문가 피에르 왁은 '말馬의 시선'으로 환경을 바라보라고 조언한다. 말의 눈은 머리의 양 옆에 달려 있어 앞쪽보다는 가장자리의 초점이 더욱 명확하다. 익숙한 것만 바라보지 말고 말의 시선처럼 주변부에서 어떤 일들이 벌어지는지 '곁눈질'해야 함을 잊지 말자.

아래는 LCD TV를 생산 판매하는 회사가 경기 침체로 인한 매출 급락과 가격 하락의 사태를 시나리오로 그려보고 그에 따른 대응 전략을 수립하고자 할 때 도출했던 변화동인들이다.

정부 정책과 규제	공급자의 위협	고객과 사회 변화
친환경 생산 시설 의무화 지자체의 기업우대 정책 라이프 타임 관리 의무화 국산화율 관련 규제 방송법 개정의 방향 전자파 관련 규제 기업 구조조정 방향 비정규직 고용 정책 방향 등	전방 통합 가능성 GLASS사의 가격 정책 칼라필터 가격 정책 기타 부재 가격 정책 공급자 간의 인수합병 공급자의 이탈 가능성 공급 카르텔 형성 여부 등	디자인/제품 성능 요구 방향 외국제품 선호도 세컨드 용도 구매 욕구 친환경 요구 사이버 소비자 운동 구매 채널의 이동 디지털 TV 선호도 TV 시청 시간 변화 등
대체재의 변화와 위협	**인구구조의 변화**	**유통망의 위협**
칼라필터의 대체 여부 OLED TV의 성장 CRT TV의 존속 여부 등	인구의 노령화 수도권 과밀화 여부 소득의 양극화 결혼 연령의 변화 등	양판점의 교섭력 인터넷몰의 교섭력 홈쇼핑 채널의 교섭력 대리점의 교섭력 등
경쟁사의 위협	**경제 상황**	**국제 정세**
국내 경쟁사의 가격 정책 해외 경쟁사의 가격 정책 전방 통합 가능성 경쟁사 간의 인수합병 중국 LCD의 국내 진출 잠재경쟁자 진출 등	국내 경제 성장률 환율 소득가처분소득 유가/원자재 가격 금리 실업률 등	FTA의 확산 여부 이스라엘과 아랍의 대립 미국의 대테러 정책 반덤핑 규제 글로벌 소싱의 방향 이산화탄소 배출 규제 등

변화동인 규명의 예

3) 심층조사와 극점 도출

워크숍으로 모두 150개 내외의 변화동인을 규명해냈다면 이제 변화동인에 관한 좀 더 많은 정보를 확보하기 위해 심층조사를 실시해야 한다. 이 단계에서 확보할 정보는 각 변화동인의 트렌드와 불확실성에 관한 것으로, 뒤에 수립할 시나리오의 골격을 형성하는 결정적 재료가 된다.

Phase 2(의사결정요소 도출)에서 '기초조사'를 실시했던 것을 기억할 것이다. 그때의 조사가 핵심이슈의 의미를 시나리오팀원 전체가 올바르게 숙지하고 그것에 1차적으로 연관된 외부 환경변수, 즉 의사결정요소에 대한 힌트를 얻기 위해 실시됐다면 Phase 3에서의 심층조사는 변화동인의 구체적인 변화 방향과 그 안에 잠재된 불확실성의 정체를 끄집어내기 위해 진행된다는 차이점이 있다. 기초조사로 외부 환경의 '큰 그림'을 이해했더라도 그것만 가지고 시나리오팀원 개개인들이 변화동인별로 상세한 정보(트렌드와 불확실성)를 습득하기는 불가능하다. 각자의 직무와 관심 분야에 따라 정보의 질적 차이가 존재하기 때문이다. 따라서 워크숍이 끝나면 곧바로 변화동인별로 심층조사를 실시하여 충분한 정보를 획득하고 팀원 간 배경지식의 갭gap을 줄여야 한다.

심층조사의 진행 방법

심층조사는 다음의 7개 질문에 답을 하는 과정이다. 각 질문은 변화동인별로 제기되며, 일정한 포맷의 보고서로 반드시 정리해야 한다.

① 변화의 큰 흐름, 즉 트렌드는 무엇인가?
② 불확실성을 만드는 요인은 무엇인가?
③ 트렌드와 불확실한 요소가 어떤 의사결정요소에 어떤 영향을 미칠 것인가?
④ 트렌드와 불확실한 요소가 결과적으로 핵심이슈의 의사결정에 어떤 영향을 미칠 것인가?
⑤ 타 변화동인 중 어떤 것으로부터 영향을 받을 것인가?
⑥ 타 변화동인 중 어떤 것에게 영향을 줄 것인가?
⑦ 극점은 무엇인가?

①번과 ②번 질문은 앞서 설명했으므로 어떤 의미인지 잘 알 것이나 기억을 상기하는 차원에서 다시 설명하면, 트렌드란 해당 변화동인이 향후에 계속해서 취할 거라고 예상되는 '상태'다.
예를 들어, 변화동인이 '노령인구'라면 지속적인 노령인구의 증가가 트렌드가 된다. 반면, 불확실성이란 해당 변화동인이 일정한 양상을 보이지 않고 여러 '다른 옵션'을 취할 가능성이 큰 상태를 말한다. 예컨대 유전공학을 바탕으로 한 의술의 발달로 노령인구가 급팽창할 것인지, 현재의 증가율을 유지할 것인지, 아니면 노령인구로 유입되는 장년층 인구가 줄어들어 그 증가

율이 둔화될 것인지 등의 가능성들이 바로 '노령인구'라는 변화동인의 불확실성에 해당된다. ②번 질문은 변화동인의 트렌드를 불확실하게 만드는 요인들을 찾아내기 위한 것으로, 변화동인이 취할 여러 상태들로부터 '극점'을 설정(⑦번 질문)하도록 힌트를 제공한다.

③번과 ④번은 해당 변화동인의 트렌드와 불확실성이 각각 어떤 의사결정요소의 방향(양 또는 음의 방향)에 얼마만큼 영향을 미칠 것인지, 그리고 핵심이슈에 대한 의사결정(Yes or No?)에 어떤 영향을 끼칠 것인지 파악하기 위한 질문이다. 각종 논문, 뉴스, 전문가의 의견, 과거의 경험, 논리적인 추론 등을 바탕으로 그 영향의 크기와 내용을 가늠할 수 있을 것이다.

⑤번과 ⑥번 질문은 보다 자세한 설명이 필요할 것 같다. ③, ④번 질문이 의사결정요소와 핵심이슈에 변화동인이 미치는 일방적인 영향 관계를 파악하기 위한 것이라면 이 질문들은 변화동인들 사이의 '상호적인' 인과관계를 파악하기 위한 것이다.

각 변화동인은 단독으로 존재하지 않고 하나의 변화동인이 다른 변화동인의 원인 혹은 결과가 되어 서로에게 영향을 주고받는 동적인 dynamic 관계를 맺는다. 완성 자동차 제조업체를 예로 들어보자. 만일 이 회사가 '정비 서비스망을 더 확대해야 할까?'를 핵심이슈로 선정했다면 의사결정요소 중 하나는 '자동차 구매 고객 수'가 될 것이다. 고객 수가 늘면 서비스 요구가 커지기 마련이고 그만큼 처리할 서비스 건수도 증가해 결국 정비 서비스망을 확충하는 쪽으로 의사결정을 유도하기 때문이다.

그렇다면 '자동차 구매 고객 수'라는 의사결정요소가 양(+)의 방향으로, 혹은 음(-)의 방향으로 변하는 데에 영향을 미칠 만한 변화동인은 어떤 것들이 있을까? 아마도 수많은 변화동인을 열거할 수 있겠지만, 여기서는 설명을 간단히 하기 위해 '경제성장률', '도로망', '원거리 이동의 욕구' 등 세 가지 변화동인만 규명됐다고 가정하자.

먼저 도로망이라는 변화동인에 대해 ⑤번 질문인 '타 변화동인 중 어떤 것으로부터 영향을 받는가?'를 적용해보자. 이 질문의 답은 '경제성장률'이 될 수 있다. 이는 경제가 성장하면 그만큼 공공기반시설 투자를 위한 정부와 민간의 지출이 증가하므로 도로망 또한 확대될 가능성이 크기 때문이다. 그리고 도로망에 대하여 ⑥번 질문인 '타 변화동인 중 어떤 것에 영향을 주는지'를 묻는다면 '원거리 이동의 욕구'가 답이 될 수 있다. 도로망이 확충될수록 전국은 보다 가까운 생활권으로 묶일 것이고, 그러면 예전보다 먼 거리로 이동하고 싶은 욕구(예컨대 근무지에서 멀리 떨어진 곳에 거주지를 마련하는 추세)가 더욱 자극받을 것이기 때문이다.

이렇게 동일한 질문(⑤번과 ⑥번 질문)을 나머지 두 개의 변화동인('경제성장률'과 '원거리 이동의 욕구')에 제기해보면 세 변화동인 사이에 존재하는 논리적 선후관계를 파악할 수 있다. 이러한 변화동인 간의 인과관계는 나중에 Phase 5(시나리오 라이팅)에서 수행할 '인과분석'의 재료가 되고 시나리오 기술을 위한 줄거리를 형성하기 때문에 심층조사 시에 중점을 두어야 할 부분이다. 나중에 Phase 5(시나리오 라이팅)에서 자세히 다루겠지만, 이해를 위해 Phase 3에서 찾아낸 변화동인 간의 개별적인 인과관계가 Phase 5의 인과분석하는 데에 어떻게 적용되는지 그 과정을 미리 설명하겠다.

'인과고리Causal Loop'라고 불리는 아래의 그림은 ①번부터 ⑥번 질문의 결과를 토대로 만들어진 것이다. 이 인과고리는 변화동인, 의사결정요소, 핵심이슈 간의 상호적인 인과관계를 나타낸다('+'는 양의 효과를 의미하고 '//'는 영향을 미치긴 하지만 그 효과가 느리게 반영된다는 뜻이다).

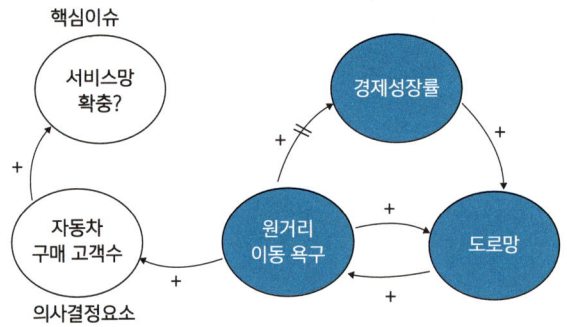

인과고리의 예

프로젝트에서 실제로 그려내야 할 인과고리는 위 그림보다 더 크고 더 복잡하다. 그러나 인과고리로 변화동인이 의사결정요소에게, 의사결정요소가 핵심이슈에게 어떠한 논리로 영향을 미치는지 한눈에 조망할 수 있기 때문에 시나리오 작성 시 유용하게 사용된다.

감을 잡는 차원에서 이 그림으로 어떻게 시나리오를 기술하는지 간단하게 써보면 아래와 같다.

시나리오: 모터라이제이션(motorization)의 시대

200×년부터 매년 7% 이상의 고성장을 유지하는 가운데, 정부는 사회간접자본의 투자에 본격적으로 팔을 걷어붙이고 있다. 특히 물류의 현대화를 위해 전국의 국도를 고속화하고 기존 고속도로를 광폭화하는 사업을 대대적으로 펼침으로써, 현재 수도권을 중심으로 구축된 고속화 도로망이 각 광역시 단위로도 확산될 전망이다.

이로 인해 각 권역 내에서의 이동속도는 현재 평균 시속 45km에서 시속 60km로 크게 개선될 것이며, 그에 따라 서울에서 부산까지의 소요 시간은 4시간 이내가 될 것으로 기대된다. 이와 같은 도로망 확대로 인해 벌써부터 신도시 외곽 지역의 땅값이 들썩거리고 있다. 현재 거품화된 신도시 주택 가격의 압박을 이겨내지 못한 주민들이 거주지를 외곽으로 옮기더라도 확충된 도로망의 혜택을 누릴 수 있다는 인식이 확산되고 있기 때문이다.

자동차업계는 흥분을 감추지 못하고 있다. 전국이 좀 더 가까운 생활권으로 묶이게 되면 원거리 이동에 부담을 덜 느끼게 될 소비자들이 자동차 구매를 늘리고 더불어 1가구 2차량 보유율도 크게 증가할 것으로 예상되기 때문이다. OO자동차는 장거리 이동에 적합하고 연비가 높은 신차를 올해 말에 3대나 출시할 예정이며, 도로망 곳곳에 '노상 서비스망'을 대대적으로 확대할 계획이다.

이처럼 ⑤, ⑥번 질문으로 변화동인 간의 인과관계를 미리 조사해 놓으면 Phase 5에서 실행할 인과분석과 시나리오 작성을 보다 용이하게 진행할 수 있다.

마지막으로 심층조사에서 가장 중요한 부분인 ⑦번 질문에 대해 알아보자. 이 질문에 나오는 극점이란 해당 변화동인이 향후에 취할지도 모를 여러 옵션 중 극단의 두 가지 케이스를 말한다. 예를 들어 '경제성장률'이라는 변화동인에서 '증가한다'와 '하락한다'는 극점이 될 수 있지만, '유지한다'는 극단값이 아니므로 극점이 될 수 없다. '시장의 교섭력'이라는 변화동인에서의 두 극점은 각각 '판매자 시장'과 '구매자 시장'이 된다. 물론 판매자와 구매자의 힘이 팽팽한 균형을 이루는 케이스뿐만 아니라 힘의 비율에 따라 무수히 많은 경우의 수가 존재하지만, 양극점은 단 두 가지뿐이다(여기서 '좌'와 '우'는 편의상 붙인 것으로, 정치적인 성향과는 아무런 상관이 없다). 대개 '좌'에는 기업 입장에서 유리한 것을, '우'에는 불리한 것을 설정한다(이 역시 정치적 성향과 무관하다).

여기서 이런 의문이 들지 모르겠다. '미래의 시나리오를 극단의 두 가지 경우만 가지고 그려낸다면 리스크가 크지 않을까? 실제로 펼쳐질 미래는 2개의 극점 중 하나가 아니라 양극단 사이의 어느 지점에 해당하는 값으로 전개될지 모르는 일 아닌가?'라고.

사실, 미래는 종종 양극단의 중간 상태로 현실화되는 경우가 많으므로 이러한 의문은 일리가 있다. 극단의 두 가지 경우(극점)만 가지고 시나리오를 도출하면 리스크가 클 거라 우려하는 이유는 아마도 대응전략 역시 극단의 케이스에만 적합하게 수립되리라 예상하기 때문일 것이다. 그래서 A라는 극단적 시나리오에만 적합하게 전략을 수립하면 다른 극단적 시나리오인 B가 대두될 경우엔 전략이 실패할 거라 판단할 수도 있다. 그러나 시나리오 플래닝의 목적은 발생할 수 있는 모든 미래의 시나리오들을 열거하는 것이 아니라, 극단적이지만 의미 있는 시나리오들의 맥락context을 확실하게 구분하여 이해하는 것이다. 또한 대응전략 수립(Phaes 6에서 자세히 설명할 것이다) 시 여러 대안 중 극단적인 시나리오들 모두에 적합한 전략을 최우선적으로 선택하게 되므로, 오히려 극단의 케이스(극점)를 설정하는 것이 불확실성으로 인한 리스크를 최소화하는 방법이다.

앞서 제시한 극점의 예를 보면, 공교롭게도 양극점이 서로 '반대말' 관계에 있다. 그래서 경쟁이 치열해진다-느슨해진다, 전략이 성공한다-실패한다, 수요가 발생한다-발생하지 않는다, 물량이 많아진다-적어진다 등 무조건 반대말로 극점을 만들면 된다고 단정할지 모르겠다. 하지만 기계적으로 극점을 설정하는 것은 금물이다. 변화동인이 취할 여러 상태 중에 어떤 것들은 발생할 가능성이 매우 낮기 때문이다.

'유가'라는 변화동인을 예로 들어보자. 이론적으로 유가가 가질 수 있는 상태는 '하락한다', '유지된다', '상승한다'의 세 가지이다. 따라서 극점을 서로 반대말 관계인 '하락한다'와 '상승한다'로 설정하면 될까? 그러나 환경을 분석해보니 여러 정황상 시나리오가 그려야 할 미래인 향후 5년 동안 유가가 하락할 가능성이 전혀 없다고 하면 '하락한다'는 극점이 되지 못한다. 따라서 이때는 '유지된다'와 '상승한다'가 두 개의 극점으로 채택된다. 다시 말해, 여러 상태 중에서 발생 가능성(확률)이 매우 낮은 케이스들을 제외하고, 나머지 중에서 가장 극단인 두 개의 값을 극점으로 삼아야 한다.

또 어떨 때는 극점을 3개 이상 설정해야만 하는 상황이 발생한다. 결론적으로 말하면, 이런 상황은 당신이 변화동인을 제대로 세분하지 않았기 때문에 일어난다. 예컨대 'LCD TV 구매 고객'이라는 변화동인을 가정해보자. 이 변화동인이 '고객의 수'를 의미하는 것인지, '목표 고객층'을 의미하는 것인지 정확한 뜻을 알 수 없다. 왜냐하면 2개 이상의 차원dimension이 섞였기 때문이다. 아마도 이 변화동인의 극점을 '고객 증가-고객 감소-노년층-20~30대' 등 4개로 설정할 수밖에 없을 것이다.

이렇게 되지 않으려면 기존 변화동인을 'LCD TV 구매 고객 수'와 'LCD TV를 구매하는 주요 고객층'으로 나눈 다음 각각 극점을 설정해야 한다. 하위 차원으로 더 이상 나눌 수 없는 변화동인을 기준으로 극점을 설정해야 하나의 변화동인은 2개의 극점을 가질 수 있다.

변화동인별로 ①번부터 ⑦번까지의 질문에 대해 심층 조사를 완료하면 다음 페이지의 표처럼 조사 결과를 정리한다. 이 표는 마케팅 전략을 고심하던 모 기업이 '마케팅의 전략적 방향을 중산층 이상의 고객으로 설정해야 할까?'라는 핵심이슈에 대해서 'LCD TV 구매 고객 수'를 하나의 변화동인으로 설정하고 심층조사한 사례다.

변화동인 코드		Social-002
변화동인명		LCD TV 구매 고객 수
트렌드		· CRT TV 보유자들의 LCD TV 교체 건수 증가 · PDP TV 구매 고객 수 급감 등
불확실성	좌(+)	· 디지털 TV망 전환으로 교체 수요 급증 가능성 등
	우(-)	· 대체 디스플레이(OLED TV)의 시장침투 가능성 · 경기 침체로 인한 내수 소비 위축 가능성 등
이것이 영향을 미치는 의사결정요소		· '럭셔리 소비 문화 확산'
이것에 영향을 미치는 타 변화동인		· 혼인율 · 경제성장률 · 가처분 소득
이것으로 영향 받는 타 변화동인		· 감성적 품질의 중요도 · HD 프로그램 비율 등
극점	좌(+)	매년 10% 이상 고속 성장
	우(-)	수요 정체

변화동인 정의표 예

심층조사 대상 결정과 분담

워크숍에서 규명된 변화동인이 150개 정도나 되기에 그 모두를 심층조사한다는 것에 부담을 느낄지도 모르겠다. 혼자서 하루에 하나의 변화동인을 심층조사한다고 해도 5개월이나 되는 시간이 소요될 테니까 말이다.

하지만 실제 프로젝트를 수행해보면 모든 변화동인에 대해 동일한 시간과 노력을 기울일 필요가 없음을 깨닫게 된다. 팀원 모두가 사전에 정보를 충분히 아는 변화동인들이 의외로 많기 때문이다. 경험상, 규명된 변화동인들 중에서 30~40%가 그런 것들이다. 그러므로 처음 접했거나, 알고 있어도 사전 정보가 부족하거나, 더 상세한 정보가 필요한 변화동인들로 심층조사 대상의 범위를 한정하는 게 좋다.

보통, 심층조사 대상의 변화동인으로는 30~50개 정도가 적당하다. 주로 새롭고 생소한 변화동인들을 위주로 심층조사하고, 나머지 '잘 아는' 변화동인들은 기존에 아는 정보를 토대로 변화동인 정의표를 완성한다면 심층조사에 소요되는 시간을 대폭 줄일 수 있다. 또한 시나리오팀원들을 몇 개의 소팀으로 나누어 심층조사할 변화동인들을 분담케 하면 효과적일 것이다.

시나리오 플래닝 프로젝트가 4개월의 일정(선행학습 기간 제외)으로 진행된다면 심층조사에 할애할 기간은 3~4주 정도가 적절하다. 시나리오팀장은 프로젝트 매니저로서 팀원들이 심층조사 기간을 효율적으로 활용하도록 관리해야 한다.

Phase 3은 시나리오의 기본이 되는 뼈대(변화동인)를 수집하는 과정이다. 시나리오 플래닝의 성패를 좌우하는 가장 중요한 단계이므로 퍼실리테이터를 비롯한 시나리오팀원들의 집중력이 그 어느 때보다도 필요하다. 만약 이 과정을 소홀히 하면 Phase 4에서부터 도출되는 시나리오들과 대응전략이 무의미해진다는 점을 간과하지 않기 바란다.

  다음 장에서는 지금까지 규명한 변화동인들의 더미 속에서 진주를 찾아내는 방법과 그 진주로 시나리오를 엮어내는 방법을 알아볼 것이다.

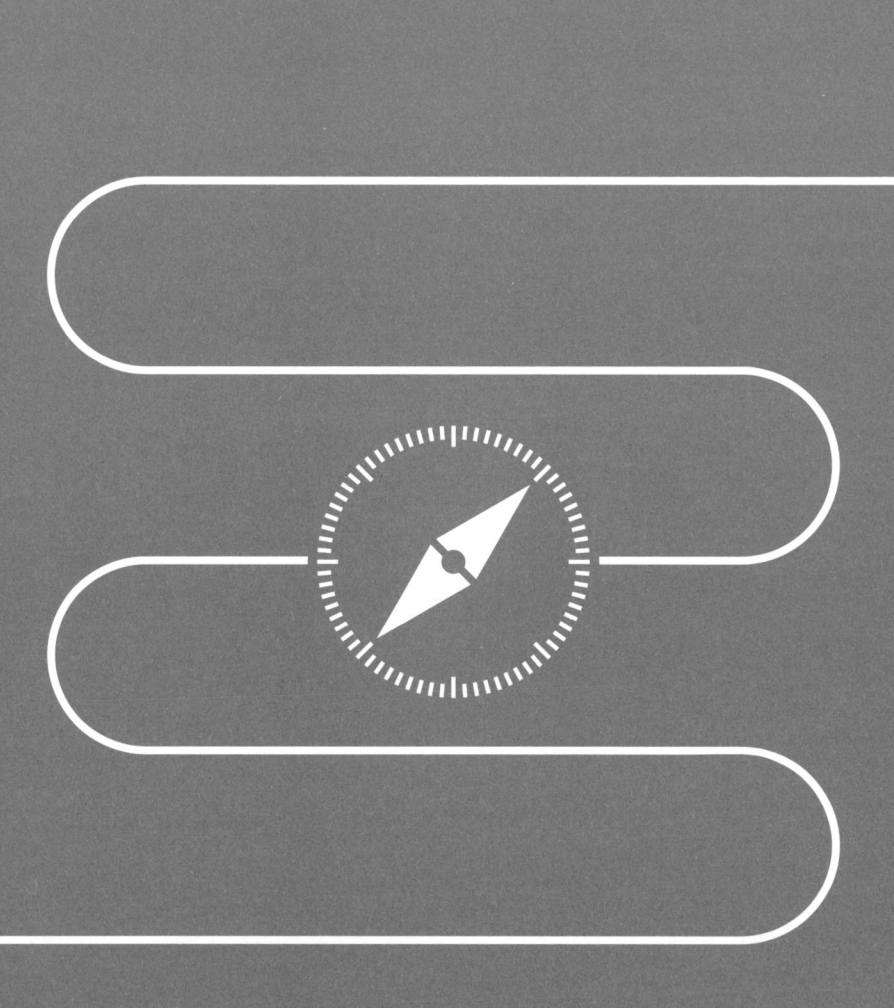

Phase 4

시나리오 수립

1) 변화동인 평가

지금까지 핵심이슈, 의사결정요소, 변화동인을 올바르게 규명해냈다면 일단 미래의 시나리오를 짜기 위한 기본 재료는 확보한 셈이다. 이제 그 재료들로 시나리오라는 요리를 본격적으로 만들 시간이다.

요리를 위해 팔을 걷어붙이는 순간, 조리대 위를 살펴보던 당신은 아마 이맛살을 찌푸리며 뭔가 문제가 있다고 느낄지 모르겠다. Phase 3에서 찾아낸 150개(혹은 그 이상)의 수많은 요리 재료(변화동인)들! 모든 재료를 일일이 기억하기도 어렵거니와 그것들을 몽땅 한솥에 넣고 끓이면 이 맛도 저 맛도 아닌 요상한 음식이 되고 말 것이다. 집에서 만들어 먹는 소박한 음식에도 주재료가 있듯 시나리오에도 메인 재료가 있다. 요컨대 주재료와 간을 내는 데 쓰이는 양념, 그리고 궁합상 넣지 말아야 할 재료를 잘 구분해야 '맛있는' 시나리오가 도출된다.

150개 이상의 변화동인 중에는 핵심이슈를 의사결정하는 데 중요한 것이 있고 그렇지 않은 것도 있다. 누구나 트렌드를 예상할 수 있는 것이 있고 아무도 어떻게 될지 감을 잡지 못하는 것도 있다. 만일 150개 이상의 변화동인 모두를 가지고 시나리오 플래닝을 진행한다면 상상을 초월하는 시나리오 개수가 나온다. 각 변화동인이 그렇게 될 수도 있고 안 될 수도 있으므로(변화동인들은 각각 2개씩의 극점을 가지므로) 자그마치 2의 150제곱 개라는 천문학적인 수의 시나리오를 수립해야 한다! 이는 인간이 도저히 다룰 수 없는 개수다.

그렇기에 시나리오 도출의 첫 번째 단계인 '변화동인 평가'는 시나리오에 들어갈 주재료와 양념을 결정함으로써 '관리 가능한' 수준의 시나리오 개수를 만드는 데 의의가 있다. 변화동인을 규명할 때까지는 사고의 폭을 확장하다가 시나리오 도출 단계인 Phase 4부터는 사고의 폭을 좁히면서 정제해간다. Phase 4는 무수히 많은 시나리오의 집합에서 의미가 큰 시나리오를 찾아내는 단계임을 숙지하기 바란다.

시나리오 주재료 도출법

어떤 변화동인을 시나리오의 주재료로 선택해야 할까? 주재료는 반드시 '영향력이 크고 가장 불확실한 것'이라야 한다. 그럴려면 각 변화동인을 '영향도'와 '불확실성'이라는 두 가지 요소로 평가한 다음, 높은 평가를 얻은 변화동인들을 시나리오의 주재료로 삼는다. 나머지 변화동인은 시나리오의 양념으로 쓰거나, 다른 요리를 만들 때(즉, 다른 핵심이슈로 시나리오 플래닝을 수행할 때) 사용한다.

영향도는 각 변화동인이 의사결정요소에 얼마나 큰 영향을 미치는지 혹은 사업을 영위하는 데 얼마나 중요한지 평가하는 잣대다. 그리고 불확실성은 언급했듯이 변화동인이 '미래에 어떤 방향으로 변할지 가늠할 수 없는 정도'를 말한다. 이렇게 될 수도 있고 저렇게 될 수도 있는 확률이 비슷할수록 불확실성이 가장 크다는 점을 상기하기 바란다.

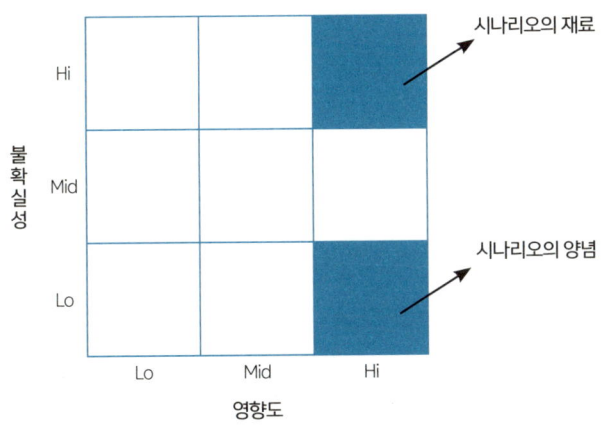

변화동인 평가 매트릭스

앞의 그림처럼 3×3 매트릭스를 사용하여 변화동인의 영향도와 불확실성을 평가한다. 이 매트릭스에서 오른쪽 상단에 놓이는 변화동인들이 시나리오의 주재료들이다. 다시 말해, 영향도와 불확실성 모두가 높은 변화동인(앞으로 High / High 변화동인이라고 부르자)들을 조합하면 핵심이슈에 영향을 미칠 개별 시나리오들을 만들 수 있다는 이야기다. 그리고 오른쪽 하단에 놓인 High / Low 변화동인들은 영향도가 크면서 불확실성이 낮기 때문에(즉 발생할 확률이 높기 때문에) 모든 시나리오에 공통적으로 들어갈 양념인 '트렌드'가 된다.

Phase 3에서 150개 내외의 변화동인을 도출했기에 매트릭스의 어느 한 부분에 과도하게 많은 변화동인이 매핑될 수 있다. 특히, 판단이 아리송할 때마다 일단 High로 평가하는 경향이 있기에 High / High 영역에 많은 변화동인들이 놓일 수 있음에 유의하자. 경험상 High / High 영역에는 최소 6개에서 최대 12개 정도만 매핑되도록 조정할 필요가 있다. 뒤에서 High / High 변화동인으로부터 '핵심변화동인Core Change Driver'을 선별해야 하는데, 12개가 넘어가 버리면 이 선별 작업이 매우 어려워진다.

영향도를 먼저 평가하는 이유

한 가지 주의할 점이 있다. 변화동인의 영향도를 먼저 평가한 후에 불확실성을 판단해야 한다는 점이다. 그 이유는 '판단의 오류를 최소화'하기 위해서다. 예를 들어 '도로망 확충 여부'라는 변화동인의 불확실성을 먼저 평가했다고 하자. 불확실성이 크다는 말은 도로망이 확충될 가능성과 확충되지 않을 가능성이 거의 같다는 의미다. 그런데 팀원들끼리 토론해보니 향후에 도로망 확충 가능성이 별로 없는 쪽으로 의견이 모아졌다고 하자. 그러면 불확실성을 Low라고 평가할 텐데 그 후에 영향도를 평가하면 대개는 그것 역시 Low라고 평가할 소지가 높다. 왜냐하면 사람들은 '안 될 거라 확신하는 것'은 중요하지 않다고(즉, 영향력이 약하다고) 판단하는 경향이 있기 때문이다. 반대로 '반드시 그렇게 될 거라 확신하는 것'에 대해서는 영향도를 높게 평가하는 오류를 종종 범한다. 이렇듯 불확실성을 먼저 평가하면 영향도를 잘못 평가할 수 있다.

반면, 영향도의 높고 낮음을 평가하는 것이 불확실성의 높고 낮음을 좌우하지는 않는다. 따라서 시나리오의 주재료를 잘 얻으려면 영향도를 먼저 평가한 다음에 불확실성을 평가해야 한다는 것을 필히 기억해두자.

불확실성 판단을 위한 팁

앞서 언급한 바와 같이, 불확실성은 어떤 변화동인이 '이렇게 될 수도 있고 저렇게 될 수도 있는' 확률이 거의 동일하기 때문에 그 변화의 방향을 확실히 말하지 못하는 정도를 뜻한다. 하지만 막상 불확실성을 평가하기가 모호한 경우가 많다. 불확실성 판단을 위한 몇 가지 팁을 참조하기 바란다.

해당 변화동인이

앞으로 거의 변화가 없을 것으로 보이면 → 불확실성은 Low

과거에 급격하게 등락을 거듭했다면 → 불확실성은 High

인구 추이처럼 아주 천천히 변한다면 → 불확실성은 Low

대다수 미래학자가 그 방향을 예견한다면 → 불확실성은 Low

처음 등장한 것이라 관련 정보가 거의 없다면 → 불확실성은 High

팀원들의 의견이 극과 극을 달린다면 → 불확실성은 High

2) 핵심변화동인 추출

영향도가 높고 불확실성도 큰 30개 내외의 High / High 변화동인이 시나리오를 수립하는 주재료인 것은 틀림없다. 하지만 그것들을 모두 조합하면 2의 30제곱 개라는 어마어마한 수의 시나리오들이 쏟아지는 문제가 여전히 존재한다. 2의 150제곱 개에서 상당히 많이 줄어들었지만 역시 관리가 불가능한 개수다. 따라서 High / High 변화동인을 모두 재료로 사용하되 '요리'의 종류를 몇 가지 꼽을 수 있는 정도로 줄여야 한다.

  High / High 변화동인 각각을 들여다보면 어떤 변화동인은 다른 것들보다 근본적이며 독립적인 위치에 있고, 또 어떤 것들은 다른 변화동인들로부터 수동적으로 영향을 받는다는 사실을 알아차릴 수 있다. 다시 말해 High / High 변화동인들 간에 논리적인 선후관계와 인과관계가 존재한다는 뜻이다. 경험상 미래의 거대한 흐름을 결정적으로 좌우하는 핵심변화동인은 두세 개 정도이고, 나머지 변화동인들은 그것으로부터 파생되어 나온 지엽적인 결과 변수다.

우리는 High / High 변화동인에서 핵심변화동인을 찾아야 한다. 우리가 사고의 폭을 최대한 확장하고 아이디어를 짜내면서 150개나 되는 변화동인들을 찾았던 이유는 시나리오 테마의 결정요소인 핵심변화동인 두세 개를 그 더미 속에서 발굴하기 위해서다. 시나리오 수립을 요리에 비유하자면 손님들에게 서빙될 메인 디쉬 main dish의 종류는 바로 핵심변화동인이 몇 개인지에 따라 결정된다. 핵심변화동인이 2개라면 시나리오는 4(=2의 제곱)개가, 3개라면 8개(=2의 세제곱)가 도출된다.

그렇다면 High / High 변화동인들로부터 핵심변화동인을 어떻게 찾아내야 할까?

Cross Impact 분석법

가장 좋은 방법은 다음 페이지에 제시한 Cross Impact 분석 매트릭스를 사용하여 변화동인들 사이의 상대적인 영향도를 평가하는 것이다. 다음의 절차로 Cross Impact 분석법을 진행한다.

- 가로축과 세로축의 머리(행 머리와 열 머리)에 High / High 변화동인명을 각각 기입한다.
- '세로축의 변화동인이 가로축의 변화동인에게 어떤 영향을 미치

는지' 평가한다.

- A변화동인은 B변화동인에게 얼마나 영향을 미치는가?

  → 영향을 미치지 않는다면 0, 영향이 보통이면 1, 영향이 크면 2

- 그 영향은 B를 강화시키는가 아니면 약화시키는가?

  → 강화시킨다면 (+), 약화시킨다면 (−)

Cross Impact 분석 매트릭스

- 모든 변화동인 간의 상대적 영향도를 평가한 다음, 가로 합계와 세로 합계를 구한다. 이때의 합계는 절대값의 합이다. 즉 음수는 양수로 바꾼 다음에 합산한다.
- 가로 합계의 값들은 해당 변화동인의 '독립도'이고, 세로 합계의 값들은 '의존도'이다.
- 독립도를 X축에, 의존도를 Y축으로 설정하여 'Cross Impact 분석

그래프를 그린다(아래 그림 참조). 그리고 독립도와 의존도 각각의 평균을 기준으로 그래프를 4개의 영역으로 나눈다.

- High / High 변화동인을 아래 그래프에 매핑한다. 이때 그래프의 오른쪽 하단에 놓이는 것들이 핵심변화동인이다. 만일 4개 이상의 변화동인이 그곳에 놓인다면 그중에서 가장 독립도가 크고 의존도가 작은 2개만을 핵심변화동인으로 선택한다.
- 이때 선택된 2개의 핵심변화동인은 반드시 '상호배타적'이어야 한다. 만약 그렇지 않다면 '차점자'들 중에서 다시 선택한다.

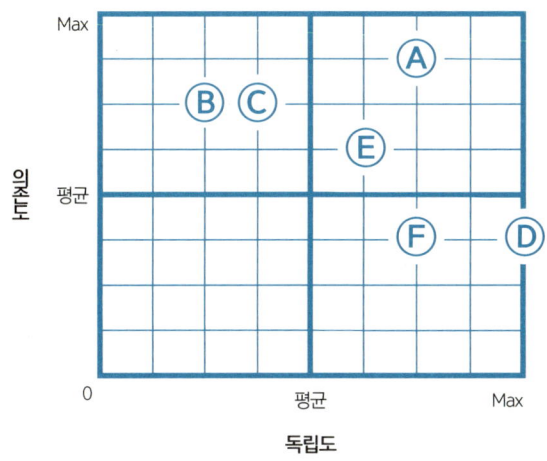

Cross Impact 분석 그래프

3) 시나리오 수립

Cross Impact 분석으로 얻은 핵심변화동인 2개(혹은 3개)가 시나리오 수립에 필요한 기본 뼈대가 되고 시나리오 조합의 개수를 결정한다. 만약 핵심변화동인이 반드시 3개여야 하는 상황이라면 각각 2개씩의 극점을 가지므로 모두 8개(=2의 세제곱)의 시나리오 조합이 나온다.

다음처럼 3개의 핵심변화동인이 추출되었다고 가정하자.

핵심변화동인	극점 (좌)	극점 (우)
경쟁 양상	경쟁 완화	경쟁 치열
정부의 규제 변화	시장 자율화	규제 강화
경쟁사 제품전략	소품종	다품종

그러면 아래처럼 총 8개의 시나리오 조합을 생성할 수 있다.

No.	경쟁 양상	정부의 규제 변화	경쟁사 제품전략
1	경쟁 완화	시장 자율화	소품종
2	경쟁 완화	시장 자율화	다품종
3	경쟁 완화	규제 강화	소품종
4	경쟁 완화	규제 강화	다품종
5	경쟁 치열	시장 자율화	소품종
6	경쟁 치열	시장 자율화	다품종
7	경쟁 치열	규제 강화	소품종
8	경쟁 치열	규제 강화	다품종

이렇게 조합한 8개의 시나리오 각각이 모두 의미가 있고 미래에 발생할 법한 plausible 것으로 판단되면 그것들 모두를 살려야 한다. 하지만 프로젝트의 경험상 서로 논리적인 모순을 일으키는 시나리오 조합이 반드시 서너 개 정도는 존재하기 마련이다.

이를 앞의 예로 설명해보자. 업계 내에서 경쟁이 치열하게 전개되면 산업 전체의 수익성이 악화되고 시장 규모가 정체됐다는 신호로 볼 수 있다. 이 상황에 이르면 각 기업들은 한정된 규모의 시장에서 좀 더 많은 매출과 이익을 확보하기 위해 제품의 종류를 다양화하고 차별화하려는 경향을 보인다. 앞 표에서 5번과 7번 시나리오는 '경쟁이 치열해지면 제품이 소품종이 된다'는 조합이기에 논리적으로 모순을 일으킨다. 그러므로 이 시나리오 조합들은 기각된다.

또한 정부의 규제와 경쟁 양상 사이에서도 비례관계가 존재한다. 그 예를 들어보자. 이동통신업체들은 더 많은 가입자를 확보하기 위해 단말기 보조금을 과도하게 책정하는 판매전략을 구사하려 하지만 정부는 이를 법으로 규제하고 있다. 그 이유는 이동통신시장이 포화상태에 이르러 업체들 간에 뺏고 뺏기는 제로섬 게임 Zero-Sum Game이 벌어지는 상황을 제어하기 위해서다. 이렇듯 일반적으로 업체들 간의 경쟁이 치열하게 전개될 때 정부의 규제가 강화되고, 경쟁이 느슨해지면 정부가 시장의 기능을 믿고 맡기려는 경향이 크다. 3번, 4번, 5번, 6번 시나리오 조합은 그런 관계와 반대되므로 기각되어야 한다. 따라서 결과적으로 살아남는 시나리오 조합은 모두 3개(1번, 2번, 8번)가 된다.

No.	경쟁 양상	정부의 규제 변화	경쟁사 제품전략
1	경쟁 완화	시장 자율화	소품종
2	경쟁 완화	시장 자율화	다품종
8	경쟁 치열	규제 강화	다품종

적절한 시나리오 개수는?

시나리오 플래닝 전문가들은 공통적으로 4개의 시나리오가 가장 적절하다고 주장한다. 왜냐하면(그들의 말을 그대로 옮기면) 4개의 시나리오가 '적당히 적고 적당히 많기 때문'이다. 만일 시나리오가 2개라고 이야기하면 인간의 인지認知 습성상 자동적으로 하나는 최선의Best 시나리오로, 다른 하나는 최악의Worst 시나리오로 받아들이기 십상이다.

또한 위의 표처럼 시나리오가 3개 나온다면 첫 번째는 발생 가능성이 가장 높은 시나리오, 두 번째는 보통 수준의 가능성을 가지는 시나리오, 세 번째는 발생 가능성이 가장 낮은 시나리오로 여기는 경향이 크다.

하지만 각 시나리오의 의미를 면밀히 살펴보기 전까지는 어떤 것이 최선이고 어떤 것이 최악인지 판단할 수 없다. 또한 미래가 현실화되기 전까지는 특정 시나리오의 발생 가능성이 큰지 작은지 평가할 수 없다. 시나리오들이 수립되면 일단 모두가 동일한 수준의 불확실성과 발생 가능성을 지닌다고 봐야 하기 때문에 최선 혹은 최악의 여부를 가리거나 발생 가능성을 따지는 것은 옳지 않다.

시나리오 개수가 4개이면 사람들이 자동적으로 최선과 최악으로 구분하려는 인지 습성에 영향을 받지 않고, 모든 시나리오를 동일한 발생 확률을 갖는 것들로 인지시키는 데 유리하다. 만일 시나리오를 2개나 3개로만 수립해야 하는 특수한 상황이라면 시나리오를 최선 혹은 최악으로 나누거나 각 시나리오의 발생 가능성을 따지지 않도록 사전에 단단히 주의를 해야 한다.

그렇게 하지 않으면 나중에 수립하게 될 대응전략이 영향을 받는다. 만일 어떤 시나리오를 '최선의 시나리오'로 받아들이면 그 안에 내재된 불확실성과 리스크를 간과한 채 장미빛 전망에 맞춰 전략을 필요 이상으로 과감하게 짜거나 별다른 대응 방안 없이 느슨하게 전략을 수립할 가능성이 크다. 또한 특정 시나리오를 발생 가능성이 가장 높은 시나리오로 여긴다면 다른 시나리오에 대한 대응전략은 소홀히 할 가능성도 크다.

광범위한 미래를 고작 4개의 시나리오만으로 서술한다는 것이 불완전하다는 느낌을 가질지도 모르겠다. 어떤 사람은 시나리오를 최대한 많이 뽑아내는 것이 중요하다고 반론을 제기하기도 한다. 이것도 중요하고 저것도 중요해서 핵심변화동인을 여러 개 선정하면 어쩔 수 없이 시나리오 개수가 많아지기 마련이다. 자신이 분석한 내용에 애착이 생기면 모두가 중요하게 보이는 법이다.

나는 과감할 것을 주문한다. 핵심변화동인이 몇 개가 나오든 4개의 시나리오로 압축해야 후속 작업(대응전략 수립, 모니터링, 기타 전략 커뮤니케이션 등)을 간편하게 진행할 수 있다. 시나리오 플래닝은 발생 가능한 모든 경우를 정확히 예측하는 것이 아니라 미래 환경의 변화를 큰 그림으로 폭넓게 이해하는 데 초점을 맞춘다. 4개의 시나리오면 그 목적을 달성하는 데 충분하다.

Phase 4의 산출물은 핵심변화동인을 도출하고 핵심변화동인의 극점을 조합하여 만든 4개 내외의 시나리오다. 하지만 아직까지 완전한 형태의 시나리오라고 볼 수는 없다. 시나리오라는 집을 짓는 데 단지 기둥 몇 개를 세웠을 뿐이고, 요리로 치자면 요리의 가짓수와 요리의 주제 정도만 정해졌을 뿐이다. 본격적인 요리는 시나리오 라이팅writing으로 이루어진다. Phase 1부터 Phase 4까지 얻어낸 재료와 양념을 적절하게 활용하는 조리 단계이기 때문에 당신의 상상력과 논리력을 가장 많이 요구한다. 다음 장에서 구체적으로 알아보자.

기업은 미래를 창조하는 데 실패한다.
미래를 예측하지 못해서가 아니라
상상하지 못하기 때문이다.

게리 해멀Gary Hamel

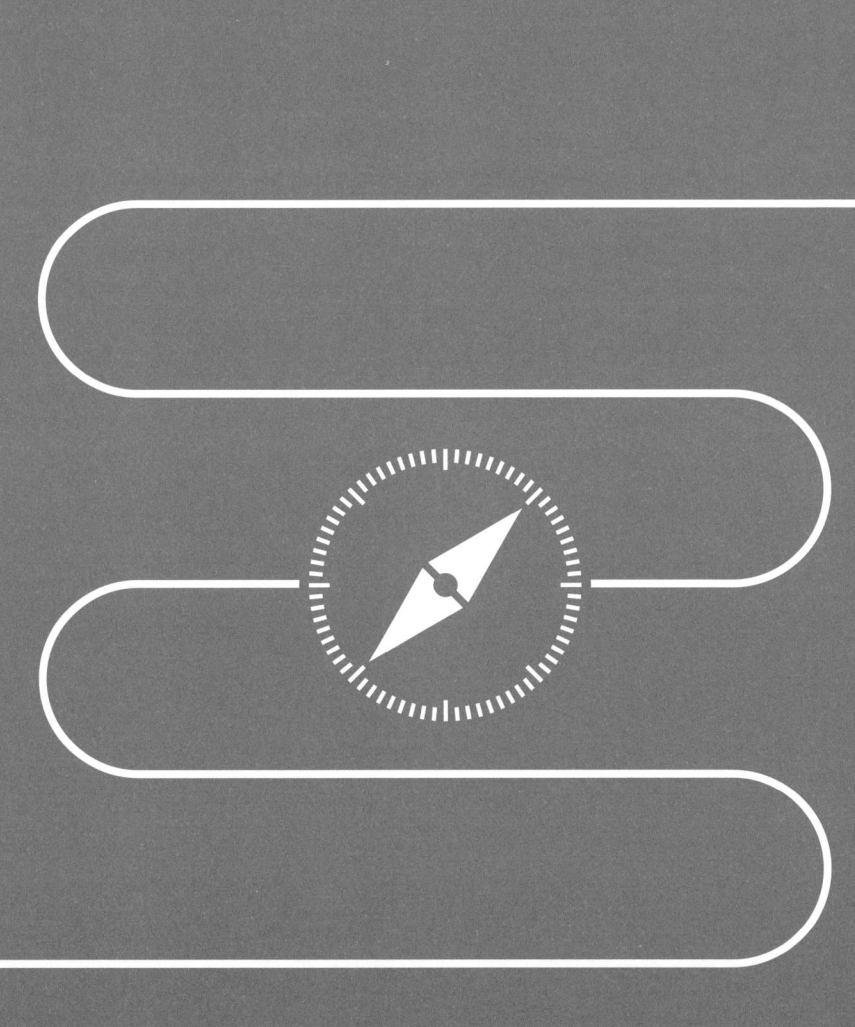

Phase 5

시나리오 라이팅

왜 시나리오를 써야 하는가?

프롤로그에서 밝혔듯이 이 책은 시나리오 플래닝을 실무적으로 진행할 수 있도록 구체적인 방법을 알려주는 '레시피'의 모음이다. 따라서 이 책의 내용을 충실하게 따른다면 어느 정도의 성과를 분명히 얻을 수 있다. 하지만 레시피를 그대로 따른다고 요리의 맛까지 장담할 수 없듯이 '맛있는' 시나리오를 수립하려면 스스로 수차례 연습을 거치고 직접 경험을 쌓아야 한다. 그렇기 때문에 시나리오 플래닝은 기술이 아닌, 일종의 '예술art'이라 불린다. 이 장에서는 시나리오 플래닝 프로젝트 과정에서 가장 예술적인 단계인 시나리오 라이팅writing을 알아보자.

   소설가나 드라마 작가가 집필을 위해 문헌을 조사하고 전문가를 취재하여 글 전체의 아웃라인을 잡듯이 Phase 4까지의 작업은 시나리오를 쓰기 위한 기본 재료를 수집하고 뼈대가 될 요소를 결정하는 과정이었다. 이제 상상력과 창조력을 총동원하여 그 모든 것을 시나리오라는 작품으로 녹여낼 단계이다.

연말마다 미래 트렌드를 예측하는 책들이 서점에 쏟아져 나오는데, 그것들 중 아무것이나 펼쳐보면 다음과 같은 형식의 글을 볼 수 있다.

> **COVID-19 이후의 세계**
>
> COVID-19 백신의 성공적 개발과 전 세계적 공급은 글로벌 난제 해결에 있어 과학연구, 기술 개발, 혁신의 중요성을 일깨워주었고 그 결과 전 세계적으로 기술 수준이 향상되었다. 2030년대 중반에 이르러 미국과 유럽, 아시아 내 동맹국은 AI, 로보틱스, 사물인터넷, 바이오테크, 에너지 저장, 3D 프린팅과 같은 첨단기술 분야의 글로벌 리더로 자리매김했다.
>
> 브라질, 인도네시아, 인도, 나이지리아와 같이 인구가 많은 국가들은 개방형 민주주의를 완전히 받아들여서 기술, 교육 부문의 진보를 이루었다. 미국과 민주주의 국가들은 지속적인 연구개발혁신으로 생산성 향상과 경제성장을 달성했다. 또한 개방형 민주주의 가치를 추구하는 연구기관, 정부, 비정부기구, 기업들은 인공지능, 바이오 기술 등에 대한 정보공유와 연구개발 협력을 지속하여 인류의 삶의 질 향상에 기여하고 있다(Source: STEPI Insight 276호).

시나리오 라이팅은 이처럼 핵심이슈와 관련된 미래의 이야기를 서술하는 과정이다. 머릿속에 상황이 생생히 그려지는 소설 형식으로 쓸 수 있으며, 신문이나 방송 기사처럼 공식적인 톤tone으로 서술할 수도 있다. 시나리오의 형식은 핵심이슈가 가지는 긴급함과 중요성, 조직 구성원들에게 미칠 효과 등을 고려하여 적절하게 설정하면 된다. 어떤 시나리오 형식을 취할지는 조금 뒤에 살펴보기로 하자.

그렇다면 왜 하필 시나리오를 기술해야 하는 것일까? 시나리오를 수립한 Phase 4에서 끝내면 안 되는 것일까?

시나리오의 효용

시나리오 라이팅 과정이 중요한 이유는 시나리오로 미래에 펼쳐질 광경을 구체적으로 묘사함으로써 다음의 두 가지 이득을 얻을 수 있기 때문이다.

첫째, 미래의 시나리오는 우리의 현 사업과 미래의 사업 방향에 그 시나리오가 어떠한 영향을 미칠지를 모든 구성원에게 명확한 이미지로 인지시킬 수 있다. 그 이유는 인간은 스토리를 좋아하는 동물이기 때문이다. 간단한 예를 들어보자. 아래의 두 상황 중 가능성이 더 큰 것은 무엇일까?

1. 갑돌이와 갑순이는 결혼했다. 10년 후 그들은 이혼했다.
2. 갑돌이와 갑순이는 결혼했다. 10년 후 갑돌이가 불륜을 저지른 탓에 그들은 이혼했다.

혹시 2번을 선택하진 않았는가? 심리 실험 결과, 대부분의 사람들이 2번을 택했다고 한다. 그러나 사실은 1번의 가능성이 더 크다. 알다시피 부부가 이혼하는 이유는 성격 차이, 불륜, 집안 다툼, 재산 문제 등 여러 가지가 있다. 하지만 2번 상황은 갑돌이와 갑순이가 이혼하게 된 무수한 이유 중 불륜이라는 하나의 경우만 나타낸다. 그러므로 2번 상황이 나타날 가능성은 1번 상황보다 상대적으로 작다.

그런데 사람들은 왜 2번의 가능성이 더 크다고 판단할까? 그것은 2번 문장이 가진 스토리의 힘 때문이다. 2번 문장을 읽으며 무엇 때문에 그들이 이혼했는지가 머릿속에 그려진다.

이 예는 우리가 미래를 시나리오로 그려야 하는 이유를 역설적으로 보여준다. 사람들은 머릿속에 구체적인 그림으로 그려지는 상황에 끌리는 경향이 있기에 상당히 위협이 되는 시나리오는 구성원들에게 리스크의 이미지를 생생하게 전달해 경각심을 일깨울 수 있다. 그렇게 함으로써 그들이 회사의 비전과 전략에 몰입하도록 유도한다. 이런 현상은 예측으로 도출된 '수치'와 상투적으로 외치는 '전략 구호'로는 불가능한 일이다.

이야기는 숫자가 하지 못하는 영향력을 발휘한다. 시나리오는 무미건조하고 막연한 예측 그래프가 아니라 피부에 와닿고 뇌리에 박힐 만한 이야기로 '그렇게 될 수도 있겠구나' 하는 미래의 맥락context을 인식시키고 구성원들의 역량을 하나로 집결시킨다. 이런 점에서 시나리오 라이팅은 매우 중요한 과정이다. 다시금 강조하지만, 시나리오의 효용은 '미래를 얼마나 잘 맞히는가'가 아니라 미래를 다른 시각으로 보여줌으로써 구성원들의 행동 변화를 이끌어내는 것임을 명심하기 바란다.

둘째, 미래를 이야기로 그리다 보면 Phase 4까지의 과정을 거치면서 미처 짐작하지 못한 환경요인을 자연스럽게 고려하는 이점이 있다. 예를 들어, 김치냉장고를 제조·판매하는 회사가 도출한 최초의 시나리오에 '소비자들이 얼마나 많은 김치냉장고를 사게 될 것인가(김치냉장고의 판매량은 얼마나 될 것인가?)'에 관련된 핵심변화동인만이 담겨 있다고 해보자. 만일 여기서 끝내면 김치냉장고의 판매량 증가와 관련된 이야기밖에 할 것이 없다. 하지만 시나리오를 기술해 나가면 '소비자들의 라이프스타일이 어떻게 변화할 것인가'라는 문제로 자연스레 사고의 폭이 넓어진다. 그래서 김치냉장고가 김치 저장 이외의 용도로 사용될 것이라든지, 소비자가 기능적인 우수함보다 디자인 요소를 더 선호할 것이라든지 등 여러 가지로 힌트를 얻을 수 있다. 이를 기초로 보다 효과적인 전략 수립이 가능하다. 이는 논리적 사고를 바탕으로 한 상상력이 가져다주는 이득이고 시나리오 라이팅을 프로젝트에서 빼먹지 말아야 할 가장 큰 이유다.

시나리오 라이팅은 어렵다?

파워 포인트에 너무나 익숙하기 때문일까? 시나리오 라이팅의 유용함에도 불구하고 시나리오 플래닝 프로젝트 참여자들은 미래를 '내러티브narrative하게' 서술하는 것을 매우 어려워한다. 그러나 시나리오 라이팅은 사실 어렵지 않다. 이 책이 제시하는 단계를 차근차근 밟아가면서 몇 번 연습한다면 누구나 '맛있는' 시나리오를 만들어낼 수 있다. 시나리오 라이팅 과정을 종종 소설 창작에 비유하곤 하지만, 정확히 말해 시나리오는 소설이 아니라 미래의 '일기'다. 당신에게 소설가와 맞먹는 작문 실력을 요구하는 것이 아니니 편안한 마음으로 시나리오 라이팅에 임하길 바란다. 매끄럽지 못한 문장은 나중에 고치면 된다. 자꾸 써보면 자신감이 붙을 것이다.

시나리오 라이팅은 먼저 변화동인들 간의 인과분석을 실시하는 것에서 시작한다. 이를 토대로 시나리오 줄거리를 작성하고 시나리오를 어떤 문체와 스타일로 쓸지 결정한다. 그러고는 미래에 펼쳐질 이야기를 가능한 한 구체적으로 서술한다. 각 절차를 상세히 알아보자.

1) 인과분석

Phase 4에서 도출한 핵심변화동인은 시나리오의 뼈대일 뿐 그것 자체가 시나리오 줄거리는 아니다. 요리의 재료일 뿐 요리 자체가 아니다. 따라서 시나리오 라이팅의 첫 번째 단계는 변화동인들 간의 인과관계를 분석해 시나리오 줄거리로 만드는 것이고, 이를 위해 Phase 3에서 소개한 인과고리 causal loop 를 그려내는 과정이 필요하다.

인과고리 그리는 법

먼저 인과고리를 작성하는 기술적인 방법을 알아보자. 전형적인 인과고리의 모습은 아래의 그림과 같다.

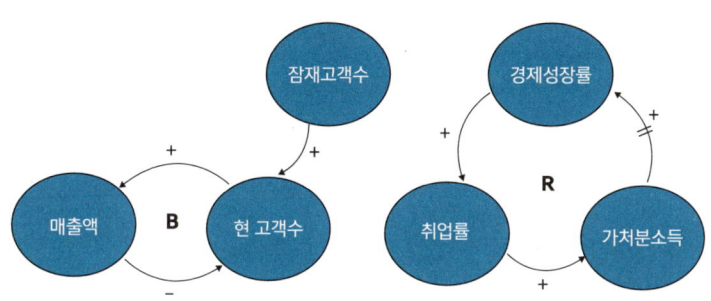

전형적인 인과고리의 예

인과고리의 링크 위에 적힌 (+)와 (−) 표시는 간단히 말해 각각 양의 효과와 음의 효과를 뜻하지만, 그 의미를 정확히 알아둘 필요가 있다. 두 개의 변화동인 사이의 (+) 표시는 앞의 동인이 작아지거나 커지면 뒤의 동인도 같은 방향으로 작아지거나 커진다는 뜻이다. 반대로 (−) 표시는 앞의 동인이 감소하거나 증가하면 뒤의 동인은 그것과 반대 방향으로 움직인다는 의미다. 만일 '휘발유 가격'과 '자동차 구매 매력도'라는 2개의 변화동인이 있다면 휘발유 가격의 상승은 매력도의 감소를, 휘발유 가격의 하락은 매력도의 증가를 가져온다. 서로 반대 방향으로 움직이기 때문에 둘 사이의 링크에는 (−) 표시를 해야 한다.

'//'라는 표시는 양의 효과든 음의 효과든 시간이 꽤 지연되어 영향을 미침을 의미한다. 앞 그림의 오른쪽 고리를 보자. 가처분소득의 증가가 곧바로 경제성장률 증가로 이어진다는 말은 논리적으로 모순은 아니지만 논리의 비약일 수 있다. 가처분소득의 증가와 경제성장률의 상승 사이에는 소비가 촉진되어 기업의 성과가 높아지는 등의 중간 단계가 숨어 있기 때문이다. 따라서 둘 사이에는 시간적인 간격(혹은 논리적인 간격)이 크므로 링크를 연결한 다음, 그 위에 '//'를 표시하여 영향이 간접적으로 반영된다는 사실을 나타내야 한다.

그림의 왼쪽 고리에는 'B'가, 오른쪽 고리에는 'R'이 기입되어 있는데, 각각 '균형 인과고리balanced causal loop'와 '강화 인과고리reinforced causal loop'임을 알리는 표시다. 그 의미는 인과분석에서 매우 중요하므로 자세히 알아보자.

먼저 왼쪽 고리를 살펴보자. 잠재고객 수의 증가가 현 고객 수에 양(+)의 영향을 미침으로써 초기에 매출액이 증가하는 효과를 발생시킬 것이다. 그러나 일정 순간이 되면 시장이 포화되기 때문에 더 이상 고객 수가 증가되지 않고(매출액 증가가 현 고객 수에 음(-)의 효과를 일으키므로) 매출액이 정체되는 '균형balanced 상태'에 이른다. 인구의 폭발적인 성장 또는 새로운 시장의 발굴 등 제3의 외부요인이 잠재고객 수에 개입되지 않는다면 이런 균형은 깨지지 않고 유지되기에 이 고리는 균형 인과고리가 된다.

반면, 오른쪽 고리는 논리적으로 다른 특성을 지닌다. 일반적으로 경제성장률이 성장하면 기업들은 일자리 수를 늘린다. 따라서 자연스럽게 실업률은 떨어지고 취업률은 올라간다. 이로 인해 소비자의 가처분소득이 증가하면서 소비지출이 많아지는데, 시간적으로 지연되어 나타나지만 다른 외부변수의 변동(예컨대 원자재 가격의 폭등, 정치적 불안 등)이 없다면 그 결과가 다시 경제성장률을 끌어올리는 선순환의 관계를 형성한다. 이 인과고리는 경제성장률이 지속적으로 성장함을 의미하므로 강화 인과고리가 된다.

인과고리를 그리고 나서는 항상 그것이 균형 인과고리인지, 강화 인과고리인지를 판단해야 한다. 변화동인이 몇 개 되지 않으면 논리의 흐름을 따라가며 균형 혹은 강화 여부를 쉽게 파악할 수 있다. 하지만 실제 프로젝트에서는 인과고리에 포함되는 변화동인의 개수가 수십 개가 넘는 게 보통이므로 강화 혹은 균형 여부를 바로 판단하기 어렵다.

그렇다면 어떻게 그 여부를 쉽게 알 수 있을까? 결론적으로 말해, 인과고리 내에 있는 (−)의 개수를 세어보면 된다. 하나의 인과고리에 (−)의 개수가 홀수이면 균형 인과고리다. 없거나 짝수이면 강화 인과고리다. 이 그림의 왼쪽 고리는 (−)가 1개, 즉 홀수이므로 균형 인과고리가 되고, 오른쪽 고리는 (−)가 없으므로 강화 인과고리가 된다.

(−)가 2개라서 강화 인과고리가 되는 경우는 다음의 그림이 보여준다. 이 그림은 정부가 부동산에 관련한 세금 규제를 강화

하여 폭등하는 주택 가격을 안정시키려 할 때 자주 직면하는 딜레마를 나타내는 인과고리다. 주택 가격이 천정부지로 솟구치면 정부는 집값을 잡기 위해 종합부동산세, 재산세, 취등록세 등 세제를 강화하는 정책을 집행한다. 이러한 규제는 부동산 거래를 위축시키고 주택 소유 욕구를 떨어뜨린다. 그 때문에 주택 가격의 상승을 억제하거나 하락시키는 단기 효과를 거둘 수 있다.

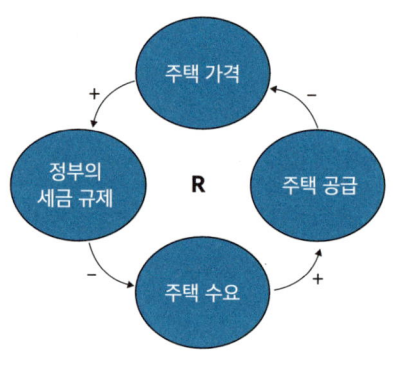

(−)가 2개인 강화 인과고리

그러나 문제는 주택 수요의 하락이 건설업체들로 하여금 주택 분양 물량을 줄이게 (주택 공급을 감소) 만드는 부작용을 함께 야기한다는 데 있다. 줄어든 주택 공급은 2~3년 후에 공급 부족으로 나타나기에 잠시 주춤했던 주택 가격은 다시 폭등하는 상황으로 번진다. 주택 가격을 안정시키려고 시도한 강력한 세제정책이 훗날 엄청난 부담으로 다가오고 만다(몇몇 부동산 전문가들이 이런 식의 논리를 전개하면서 정부의 시장 개입을 비판하기도 한다). 이런 인과관계는 장기적으로 주택 가격을 지속적으로 상승시키에 강화 인과고리의 형태로 나타난다.

그런데 아래 그림은 무주택자가 여전히 많고 인구가 지속적으로 늘어난다는 전제로 만들어진 인과고리다. 모든 가구가 1주택 이상을 보유하고 있으며 더 이상의 인구 증가나 유입이 없는 상황을 가정한다면 상황은 180도 달라진다.

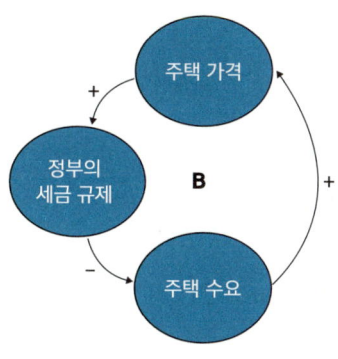

(−)가 1개인 균형 인과고리

이제 위 그림을 보자. 출생률의 급격한 감소로 인구 증가가 정체되는 때가 온다. 그런 상황에서 건설업체들에게는 새로운 주택을 공급할 이유가 사라져버린다(많은 건설업체는 대부분 리모델링에 의

존하거나 도산할지 모른다). 따라서 '주택 공급'이라는 동인은 기존 인과고리에서 빠지게 된다. 세금 규제가 강화되면 주택 수요를 억제하여 주택 가격을 지속적으로 안정시키는 효과를 가져온다. 이 그림은 (-)가 하나인 균형 인과고리가 된다.

한 가지 알아둘 게 있는데, 균형 인과고리나 강화 인과고리가 되려면 반드시 링크들이 한 방향(시계 방향 또는 시계 반대 방향)으로 돌아야 한다는 점이다. 아래처럼 링크들이 충돌하는 그림은 균형 인과고리도 강화 인과고리도 아님을 기억해두기 바란다.

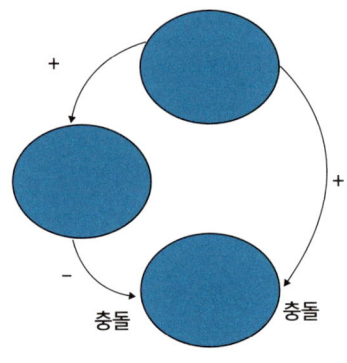

균형도 강화도 아닌 인과고리

인과분석 진행 절차

이제 시나리오 플래닝 프로젝트에서 실제로 인과분석을 어떻게 진행하는지 알아보자.

시나리오 라이팅을 하기 위해 150개나 되는 모든 변화동인을 인과고리로 그리는 작업은 매우 어려울뿐더러 그럴 필요도 없다. 프로젝트에서 인과고리로 그려야 할 변화동인은 Phase 4에서 결정된 핵심변화동인, High / High 변화동인이다(아래 그림 참조). High / Low 변화동인들도 인과고리에 포함시킬 수 있지만, 인과고리의 논리 흐름에 꼭 필요할 경우에만 제한적으로 허용한다.

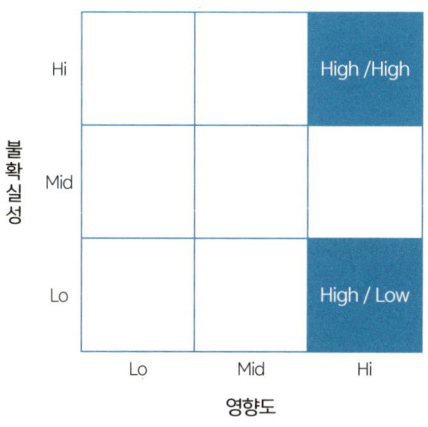

인과분석에 포함되는 변화동인

'인과분석용 변화동인(핵심변화동인 전부, H / H 변화동인 전부, H / L 변화동인들 중 일부)들을 모두 펼쳐놓고 인과고리를 그리려고 하면 너무 많아서 어디서부터 시작할지 막막해진다. 토론과 시행착오를 거쳐 완성해가는 방법이 최선이지만, 다음의 팁을 적용하면 도움이 된다.

- 가능한 한 큰 화이트보드를 준비하고 인과분석용 변화동인들 각각을 하나씩 포스트잇에 기입한 다음, 화이트보드 맨 위에 핵심변화동인을, 중간에는 High / High 변화동인을, 밑 부분에는 High / Low 변화동인들을 붙여놓는다.
- 핵심변화동인 하나를 지적한 다음, '이것으로부터 가장 1차적으로 영향을 받는 High / High 변화동인 혹은 High / Low 변화동인이 무엇인지' 질문한다. 이 질문의 답에 해당하는 변화동인을 핵심변화동인의 오른쪽에 붙인다. 그리고 다시 '그 변화동인으로부터 1차적으로 영향받는 변화동인은 무엇인지' 질문한다.
- 이런 식으로 토론을 진행하면서 핵심변화동인별로 인과분석용 변화동인들을 정렬한다. 이때 하나 이상의 핵심변화동인에 포함되는 변화동인이 생길 수 있음에 유의한다.
- 위의 결과를 바탕으로 핵심변화동인별로 인과고리를 그린다.
- 핵심변화동인별로 그린 인과고리들을 하나의 그림으로 통합시킨다. 각 인과고리에 공통으로 들어 있는 변화동인들을 '브릿지'로 사용해 연결하면 된다. 이 작업은 기존의 고리를 풀어 헤치거나 다시 연결하는 과정을 거치므로 경우에 따라서 매우 어려운 과정일지도 모른다. 인내심을 가지고 여러 번의 시행착오로 인과고리 전체를 완성한다.
- 링크가 같은 방향으로 도는 고리를 지적하고, 그 고리가 균형 인과고리인지 혹은 강화 인과고리인지 결정한다.

실제 프로젝트에서는 수십 개의 변화동인들로 복잡하게 얽힌 인과고리를 작성해야 한다. 시간이 많이 드는 까다로운 작업이지만, 시나리오 줄거리를 도출하기 위해 반드시 수행할 과정이므로 퍼실리테이터와 팀원들은 시간을 충분히 가지고 작업에 임한다.

아래 그림은 LCD 디스플레이를 생산하는 모 기업이 작성한 인과고리의 일부이니 참조하기 바란다(양(+) 표시는 편의상 생략함).

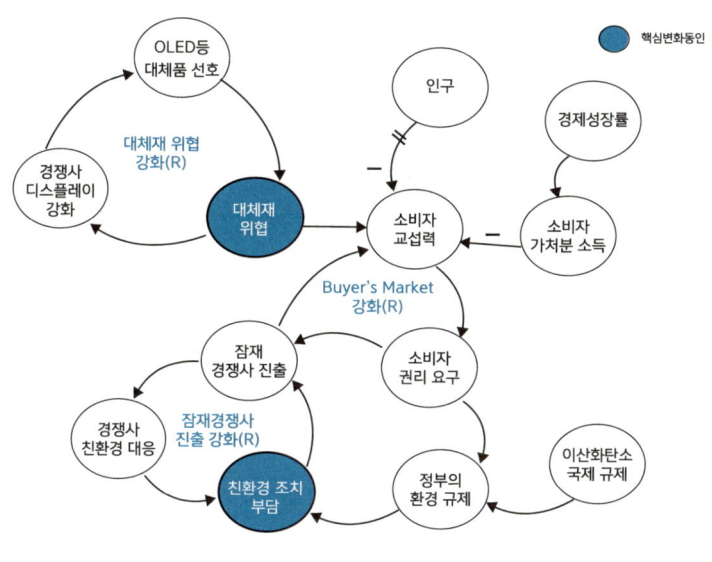

인과고리의 예

2) 시나리오 맵 작성

시나리오 맵Scenario map이란 아래의 표와 같이 인과분석 결과를 토대로 각 시나리오 하에서 거시환경과 산업환경이 어떠할까를 상상하여 정리한 표를 말한다.

카테고리	시나리오 #1. 몰락의 늪
정치	• 제품 품질의 지속적인 개선 요구 • 현 정부의 정책 지지율 하락
산업 규제	• 정부의 뉴딜(SOC 투자) 정책 확대 • 저탄소 관련법으로 규제 강화
경제	• 경제성장률 3%대로 추락 • 소비자가처분소득의 하락 • 유가 200달러 대 돌파 • 중국 시장의 침체 지속
기존 경쟁자	• 직영점에서 양판점으로 전환 • 판매가격의 지속적인 인하 • 고기능/고사양 위주 제품 출시
잠재 경쟁자	• 인수합병으로 진출 • 중국 업체의 국내 진출 • 당사 영업인력의 영입 가속화(이로 인한 당사 인력의 유출)
공급자	• 원자재 가격 상승 • 공급단가 인상
구매자(고객)	• 가격민감도 상승 • CRT TV로의 회귀
대체재	• OLED TV 시장의 규모 확대

시나리오 맵의 예

시나리오 맵은 시나리오들 간의 차이점을 한눈에 가려내고 광범위한 관점으로 시나리오들의 의미를 파악하는 데에 도움이 된다. 시나리오 맵을 만드는 이유는 인과고리에 '구멍'이 있는지 검사하기 위해서다. 시나리오 맵의 각 칸을 채워갈 때 인과고리로 커버하지 못하는 부분이 발견될 수 있기 때문이다. Phase 3을 진행할 때 의사결정요소에 영향을 미칠 가능성이 높은 변화동인들을 광범위한 영역에서 발굴했다면 인과분석용 변화동인(핵심변화동인, H / H 변화동인, H / L 변화동인)들을 가지고 그려낸 인과고리로 시나리오를 대부분 커버할 수 있다. 하지만 그렇지 못하면 시나리오 맵에 채우지 못하는 칸이 생기기 마련이다.

예컨대, 우리 회사에 원재료를 납품하는 공급자들이 시나리오별로 어떻게 행동할 것인지가 우리의 주요 관심사 중 하나라고 하자. 그런데 Phase 3을 진행할 때 어떤 이유로 미처 그 점을 고려하지 못했다면 인과고리에는 공급자와 관련된 변화동인 자체가 없어서 시나리오 맵의 해당 칸을 빈 칸으로 남겨둘 수밖에 없다. 그렇다고 맵의 구멍을 메우기 위해 다시 Phase 3으로 돌아가 똑같은 과정을 되풀이하는 것(공급자와 관련한 변화동인을 규명하는 것)은 시간과 노력을 가중시키는 일이다.

시나리오 맵에 빈 칸이 존재하면 상상력과 논리력을 발휘해 구멍을 메워야 한다. 특정 시나리오에서 공급자들은 어떻게 행동할지 근거를 가지고 상상해본다. 예컨대 정부의 산업 규제 약화와 경쟁사의 차별화 전략 강화로 제품의 가격이 낮아질 수밖에 없는 상황이라면 공급자들이 선택할 수 있는 대안은 무엇인지 고민해본다. 제품 가격의 하락으로 산업의 수익성은 계속 악화되면 우리 회사 입장에서는 이익을 보호하기 위해 공급자들에게 납품 가격의 인하를 요구해야 하는 상황에 이른다. 만일 산업 구조상 공급자들의 교섭력이 크다면 우리의 요구가 전달되기 어려울 것이고 공급자들은 여전히 높은 납품가를 고수하거나 부가가치가 높은 타 산업으로 납품처를 바꿀지도 모른다. 그러면 우리 회사의 수익성은 악화되거나 원재료 확보에 곤란을 겪을 가능성이 크다. 혹은 공급자들이 자기네의 높은 교섭력과 자금력을 바탕으로 아예 '전방통합(공급자가 고객사를 인수 합병하거나, 고객사가 담당하는 일을 자신들이 직접 수행하는 전략)'해버릴 가능성도 배제할 수 없다.

이런 방식으로 시나리오 맵의 빈 칸을 채워나가면 시나리오들 간의 차이점을 일목요연하게 살펴볼 수 있을 뿐만 아니라 나중에 전략 대안 수립 과정(Phase 6. 대응전략 수립)을 보다 수월하게 진행할 수 있다.

3) 시나리오 형식 결정

시나리오 줄거리 추출 작업이 끝났으면 본격적으로 시나리오를 기술하기에 앞서 어떤 형식으로 쓸 것인지 구상해야 한다. 앞에서 잠시 언급했듯이, 시나리오는 가상의 인물을 내세운 소설 형식으로 쓰거나 신문 기사 형식으로 쓸 수 있다. 또는 노스트라

다무스와 같은 위대한 예언가를 등장시켜 미래에 일어날 사건들을 경고하는 듯한 이야기 방식도 취할 수 있다. 아니면 흥미를 유발하기 위해 연극이나 영화처럼 역할극의 형태로도 만들 수 있다(시나리오가 원래 그런 것이다!). 시나리오 형식으로 무엇이 가장 좋다고 말하기는 어렵다. 구성원들에게 효과적으로 전달될 수 있는 형식과 문체라면 시나리오가 소설 형식이든 기사 형식이든 상관없다.

다만, 작성자의 작문 능력은 시나리오를 쓸 때 중요한 고려사항이 된다. 보통 소설 형식으로 시나리오를 쓰려면 작성자는 문학적 상상력 뿐만 아니라 흔히 말하는 필력筆力을 보유해야 한다. 그렇지 않으면 시나리오가 소설도 설명문도 아닌 애매한 형식이 되어버리거나 내용도 유치해지고 시나리오의 개연성과 긴박감이 떨어지기 마련이다. 그러면 구성원들의 호응을 이끌어내기 어려우며, 심할 경우 시나리오 플래닝 자체의 필요성을 의심하는 부작용을 불러일으킬 수 있다. 그러니 웬만한 작문 실력을 가진 사람이 아니라면 처음부터 소설 형식에 도전하지 않는 것이 좋다. 만일 반드시 소설 형식으로 써야만 구성원들에게 시나리오의 긴급함을 효과적으로 전달할 수 있다고 판단한다면 비용이 들겠지만 스토리텔링storytelling을 주업으로 하는 외부 작가를 섭외하여 그에게 시나리오 줄거리와 대강의 아웃풋 이미지를 제시하고 한 편의 소설을 완성하도록 요청하는 것이 낫다.

가장 무난하게 사용할 수 있는 시나리오 형식은 신문이나 방송의 기사체다. 거의 매일 신문을 읽고 TV 뉴스를 보는 우리에게 기사체는 익숙한 문체이다. 누구나 조금만 연습하면 기사 형식의 시나리오를 충분히 쓸 수 있다(소설가가 되기보다 기자가 되기 더 쉽다!). 기사체의 글은 구성원들에게 시나리오의 내용과 시사점을 간결하고 명확하게 이해시킬 수 있다는 장점이 크기 때문에 기사 형식의 시나리오를 권장한다.

평소 신문 기사를 꼼꼼히 읽어본 사람이라면 서론, 본론, 결론 형식의 기사 형식을 쉽게 모방하여 시나리오가 전달하고자 하는 의미를 마치 '내일 신문'의 기사처럼 작성할 수 있다. 기사 작성이 어렵게 느껴진다 해도 신문에서 심층 기사 몇 꼭지를 뽑아서 여러 번 필사$_{筆寫}$해보거나 9시 뉴스에 등장하는 방송 기자의 멘트를 소리 내어 따라 하다 보면(단순하고 무지하게 보일지 모르지만 가장 확실하게 기사 작성 능력을 높이는 방법이다), 어떤 흐름과 톤$_{tone}$으로 기사를 써야 하는지 확실히 감 잡을 수 있다.

시나리오는 다음과 같은 다양한 형식으로 쓸 수 있는데, 시나리오팀원들의 작문 능력, 인과관계 표현의 용이성, 내용 전달의 효과 등을 고려해 시나리오 형식을 적절하게 선택하기 바란다.

- 신문의 심층 기사체
- TV 뉴스에 나오는 보도 형식
- 시사고발 프로그램 형식의 보도
- 희곡, 각본 등과 같은 대본(나중에 역할극의 대본으로 사용함)

- 가상의 인물을 등장시킨 소설 형식
- 마치 지나간 과거처럼 미래를 '회상'하는 회고문이나 일기 형식
- 미래의 비밀을 누군가에게 알리는 편지나 경고문 형식

4) 시나리오 쓰기

지금까지 변화동인들 간의 인과관계를 분석하고 시나리오의 줄거리를 추출한 후에 시나리오의 형식을 설정했다. 이제 드디어 백지를 펼쳐 놓고 시나리오를 쓸 시간이다. 시나리오의 완성도는 작성자의 상상력과 필력에 달려 있다. 일어났던 일보다 일어날 만한 일에 대하여 아이디어를 펼쳐야 하기 때문이다. 비록 문학작품은 아니지만 내용을 작성하기 전에 앞에서 추출한 시나리오 줄거리를 여러 번 음미하고 글의 구성을 충분히 구상해야 훌륭한 시나리오가 만들어진다.

준수할 사항

시나리오를 쓸 때 반드시 준수해야 할 것이 있다.

첫째, 시나리오 제목을 작명(作名)하는 데 힘을 써야 한다. 제목만 들어도 어떤 시나리오인지 머릿속에 그려질 만큼 시나리오의 의미를 가장 효과적으로 전달할 수 있는 제목이어야 한다. 간혹 시나리오 경영을 한다는 기업들이 '최선의 시나리오' 혹은 '최악의 시나리오'라는 말로 시나리오 제목을 붙이는 경우가 많은데, 그런 것들은 시나리오 제목으로서 아무런 가치가 없다. 시

나리오를 쓰는 이유 중 하나는 일사불란한 전략적 행동으로 구성원들을 몰입시키는 것이다. '최선 혹은 최악'이라는 말은 그들에게 어떤 방향으로 어떻게 행동할지 아무런 정보를 주지 못하고, 오히려 최선의 시나리오가 현실화될 것이라는 헛된 희망을 갖게(동시에 최악의 시나리오를 애써 무시하도록) 만든다.

둘째, 시나리오의 제목은 짧을수록 좋다. 제목은 가능한 한 10자 이내가 적절하다. 제목으로 넣고 싶은 키워드들(시나리오 줄거리에서 추출한)을 나열한 다음, 그 의미들을 함축하는 문구를 시나리오팀원들과의 토론으로 결정하라. 하지만 짧게 짓는다고 해서 의미를 곰곰이 따져야만 깨달을까 말까하는 제목이나 은유적으로 축약한 제목은 지양해야 한다. 모 회사의 시나리오팀은 장난끼가 발동했는지, 영화나 드라마 제목을 패러디해서 4개의 시나리오 제목을 짓었다(예를 들어 '고객이 뿔났다'). 어떤 제목은 시나리오의 의미에 아주 적합했지만, 어떤 것은 무리하게 끼워 맞춘 듯해서 추가 설명을 들어야 그 의미를 제대로 파악할 수 있었다. 짧게 짓되, '배배 꼬지 말고' 시나리오의 의미를 직접적으로 표현한 제목이어야 함을 명심하기 바란다.

셋째, 드라마틱한 요소를 적절히 배합하고 플롯plot을 잘 짜서 독자로 하여금 재미를 느끼게 한다. 미래의 여러 가능성에 대비하자는 시나리오 플래닝의 목적을 달성하려면 구성원들이 기존의 관행을 탈피하고 변화에 동참하도록 만들어야 한다. 변화로 이끄는 힘은 거창한 보고서나 프리젠테이션이 아니라 구성원들이 '미래에 우리가 이런 상황에 처할 수도 있구나'라는 것을 일깨우는 단 하나의 이야기로부터 시작된다. 시나리오는 변화를 촉발시키는 촉매가 되어야 한다. 그러기 위해 무미건조하게 미래를 서술하는 것보다 '내일의 뉴스'를 미리 접하는 것처럼, 또는 타임머신으로 미래의 광경을 목격하는 것처럼 시나리오를 그려내야 한다.

넷째, 문장은 현재형 시제로 쓰는 것이 좋다. 시나리오는 분명히 미래의 이야기다. 그래서 '~할 것이다' 혹은 '~하리라고 전망된다'라는 식의 미래형 문장을 사용하는 것이 자연스러울지 모른다. 하지만 미래형 문장은 바로 지금 우리가 맞닥뜨린 현재의 일로 시나리오를 인식시키지 못한다. 우리 회사가 그런 상황에 처했을 때 어떤 '느낌'일지 미리 감지하고 대비하려면 생생한 현재의 언어로 시나리오를 기술해야 한다. '~할 것이다'라는 식의 문장이 나열되면 먼 미래의 일이라 여겨져 절박함을 끌어내기 어렵다. 물론 무조건 문장을 현재형 시제로 써야 한다는 말은 아니다. 시나리오의 기본 시제를 현재로 유지하되, 그 시점에서 다시 미래를 전망할 때는 미래형 시제를 써도 무방하다. 또한 회고문 형태의 시나리오라면 과거형 시제를 섞어서 사용해도 된다.

다섯째, 긍정적인 것과 부정적인 것을 적절하게 배합한다. 시나리오가 4개라면 자연스레 어떤 것이 최선의 시나리오인지 혹은 최악의 시나리오인지 구분하고 싶은 유혹이 들기 마련이다. 최선과 최악을 나누는 것 자체는 문제가 아니다. 문제는 최선의 시나리오에는 온통 '장미빛' 이야기만, 최악의 시나리오에는 어둡고 우울한 이야기만을 나열할 가능성이 있다는 점이다. 최선의 시나리오라고 해서 반드시 '좋은' 미래는 아니다. 최선의 시나리오는 그저 4개의 시나리오 중에 상대적으로 우리 회사에게 유리한 미래일 뿐이다. 마찬가지로 최악의 시나리오 역시 전적으로 '나쁜' 미래는 아니다. 어떤 미래가 펼쳐지든 간에 정도의 차이가 있을 뿐 긍정적인 것과 부정적인 것이 섞여 있다. 따라서 그것들을 적절하게 엮어서 시나리오를 기술한다. 변화는 좋은 뉴스나 나쁜 뉴스만으로 발화되지 않는다. 잘 만들어진 시사고발 프로그램이 나쁜 소식 말미에 희망 섞인 전망을 가미하는 것처럼 당신의 시나리오에도 긍정적 상황과 부정적 상황이 적절한 긴장감을 형성하도록 만들라.

이상의 다섯 가지 규칙을 준수하면서 다음 페이지에 제시한 사례처럼 개별 시나리오의 내용을 기술한다.

Phase 1부터 Phase 5까지의 모든 과정은 핵심이슈와 관련된 미래의 여러 가능성을 탐색하여 의미 있는 시나리오를 규명하기 위한 단계였다. 미래의 시나리오를 찾아냈으니, 이제는 그것에 대비할 방법을 모색해야 한다. 이제는 시각을 외부에서 회사 내부로 돌려야 한다. 다음 장인 Phase 6에서 전략 대안을 마련하고 시나리오별로 최적 대안을 선정하는 방법을 알아보자.

[사례 1] 시나리오 '카우보이의 침략'

핵심변화동인 1 – 국내 진출 방법 : "자회사로 진출"
핵심변화동인 2 – 브랜드 전략 : "로컬 브랜드 론칭"

    2030년 1월 1일부로 OO제품의 국내 시장 진입이 허용되면서 외국 회사가 국내에 진입할 수 있는 터전이 마련되었다. 지속적으로 진입을 준비하고 있던 X사는 본격적인 한국시장과 주변 국가의 시장을 공략하기 위한 거점으로 한국을 선택, 진입을 결정한 바 있다. 그들은 100% 직접투자방식인 자회사로 국내에 진출했는데, 이는 한국 시장에 모든 역량을 집중하여 빠른 시간 내에 시장을 장악하려는 조치라고 모 전문가는 말한다.
    X사는 공장 설립에 드는 비용을 줄이고 빠른 시간 내에 제품을 제조할 목적으로 해외에서 부품을 수입하기로 결정했다. 국내 부품 단가가 타국에 비해 3배 이상 높고 가격 대비 품질이 일반적으로 좋지 않다는 이유 때문이다. 그것은 부품 가공 시설을 필수적으로 설립할 필요가 없다며 정부가 제조 허가 수준을 낮게 책정했기 때문에 가능한 일이었다.
    X사는 정부의 최소 생산 허가 기준인 2만 대 규모보다 3배 많은 6만 대 생산 규모의 조립공장을 전라남도 광주 외곽에 위치한 100만평 대지에 건립했다. 2024년 외국 제품의 판매량이 약 2만 대이었는데도 불구하고 3배나 많은 생산 규모의 제조공장을 설립한 까닭은 시장 규모를 확장시켜 향후 6만 대 규모의 국내 시장점유율을 달성한 후 주변국가시장을 공략하려는 전략적인 포석으로 풀이된다.
    또한, 국내시장에 빠르게 적응하기 위해 국내 상황에 밝은 A사의 직원들을 높은 연봉으로 유인하는 등 공격적으로 리크루트를 추진하고 있어서 국내 회사의 지식 유출과 생산성의 저하가 우려된다.
    X사는 오랜 역사 동안 축적해 온 제품 유통 경험과 노하우를 국내시장에 유감없이 발휘하여 자체 물류망과 소매망을 구축하고 특유의 공격적이며 치밀한 마케팅 기반을 마련한 상태이다.
    단시일 내에 규모의 경제를 이루려고 그들은 저가 전략을 구사하고 있다. 동시에 국내 소비자들에게 친숙하게 다가가고 외국 제품에 대한 좋지 않은 국민 정서를 완화하려고 '입실론'이라는 로컬 브랜드를 출시했다.

1,000만원 대로 책정된 이 제품은 출시되자마자 해당 세그먼트에서 20%가 넘는 점유율을 달성하는 등 돌풍을 일으키고 있다. 또한 X사는 선진 제품기술, 디자인 역량을 바탕으로 성능, 제원, 디자인을 다양화하고 제품군을 확장하는 등 주력시장뿐만 아니라 틈새시장까지 장악하려는 전면전을 예고하고 있다.

또한 X사는 고객 서비스, 영업망 지원, 공익후원사업 실시 등 서비스 전략을 강화해 나가고 있다. 또한 보다 과학적인 고객서비스를 위해 정보기술을 활용한 고객관계관리(CRM) 시스템을 도입하고, 암 검진, 청소년 선도 교실 운영 등 공익사업을 진행하고 있다. 또한, 제주도를 연고로 한 '입실로너스'라는 프로야구단을 설립하는 등 현지화에 힘을 기울이고 있다.

[사례 2] 시나리오 '메이저리그화'

핵심변화동인 1 – 3대 사업분야(SoIP, WiBro, IPTV)의 성장 여부 : "성장"
핵심변화동인 2 – 대체기술 시장의 확대 가능성 : "비활성화"
핵심변화동인 3 – 통신/미디어 산업에 대한 정부 규제 : "완화"

지난 20XX년 기준으로 우리나라 가계의 인터넷, 이동전화, IPTV 등 방송통신 비용 비중은 16%로서 미국 5%, 일본 7%에 비해 2~3배 높은 수준이다. 2008년 방송통신위원회가 출범하면서 정부는 물가안정 정책의 일환으로 방송통신 비용 인하 정책을 지속적으로 추진하여 왔으나 실제 방송통신 비용은 지속적으로 증가하고 있다. 이러한 상황에 대해 참여연대, YMCA 등 시민단체와 국민은 정부에 대책 마련을 강하게 요구하고 있으나, 정부는 법률적 근거 등 적절하게 대응할 방안이 없어 고민에 빠져 있다.

방송통신위원회는 방송, 통신시장의 경쟁활성화를 통한 요금인하를 유도하기 위해 지난 2009년 방송법과 전기통신사업법을 대폭 개정하여 새로운 사업자의 방송, 통신 시장 진출을 자유롭게 허용하였으며, VoIP · WiBro · IPTV 등과 관련된 규제를 완화하였다. 규제 완화 초기에는 정부의 예상대로 시장이 반응하여 유선전화 시장이 급속하게 VoIP로 전환되었으며, IPTV가 아날로그 CATV를 대신하여 집안으로 보급되었다. 또한, 이런 시장변화에 맞추어 N사, O사, G사 같은 인터넷 기업이 VoIP 시장에 의욕적으로 진출하고, 곰플레이어, 아프리카, 다음 아고라가 Open IPTV를 기반으로 TV에 속속 안착했다.

이처럼 방송과 통신 시장 내 경쟁이 확대되는 방향으로 전개되어 방송, 통신 요금도 점차 인하될 것으로 전망됐다. 특히 인터넷 포탈이 제공하는 광고기반의 무료 VoIP, Open IPTV 서비스는 기존 방송통신사업자의 요금인하를 유도했다.

그러나 고객이 증가할수록 문제가 나타났다. 신규 사업자들이 고객을 확대할수록 방송통신 서비스의 품질이 급속하게 악화된 것이다. 잦은 통화 절단, 통화 연결 실패와 지연, 방송 시청 중 화면 정지 등 고객들이 당연하게 여기는 기본적인 품질을 제공하지 못해 고객이 급속하게 이탈하기 시작했던 것이다. 방송통신 전문가들은 이러한 품질 악화의 원인으로 검증되지 않은 와해성 기술의 무분별한 적용을 지적한다. 즉, 인터넷 포털 등 신규 사업자들이 비용을 최소화해 무료로 서비스를 제공하고자 대규모 방송통신 서비스 제공에 검증되지 않은 기술을 적용했기 때문이었다.

결국 급속히 증가하던 신규 사업자의 고객들은 다시 기존 방송/통신 사업자인 K사와 S사로 빠르게 회귀했다. 그리고 그러는 동안 고객 기반과 자금력이 취약한 SO와 소규모 통신사업자들 대부분은 K사, S사 등 대규모 통신 기반 미디어 그룹으로 흡수되었다. 현재 고객이 방송 또는 통신 서비스를 이용하려면 K사와 S사중에 선택해야 한다.

이로 인해 K사와 S사는 제2의 전성기를 맞아 빠르게 성장하고 있다. K사와 S사는 기존고객 기반을 바탕으로 신속하게 방송시장을 잠식하고 있으며, 시청료 중심의 SO와는 달리 TV광고시장 등으로 사업을 확대하면서 KBS, MBC 등 지상파 사업자들까지 위협하고 있다. K사와 S사는 고객 기반과 자금력을 이용하여 제작·편성·유통 등 미디어 시장 전 분야를 수직계열화하는 다각화를 강화하고 있으며, 과거와 달리 출혈 경쟁을 자제하고 있어 방송통신위원회의 걱정이 더욱 깊어지고 있다. 다시 말해, K사와 S사의 방송통신 시장의 지배력이 높아질수록 신규 경쟁사가 진입할 영역이 없어지며 이에 따라 정부의 정책 목표였던 '경쟁을 통한 방송통신요금 인하'가 점점 불가능해지기 때문이다. 아울러 K사와 S사는 결합상품의 범위를 제한하고, 국민의 방송/통신 서비스 이용량이 지속적으로 증가함에도 불구하고 투자비 증가와 미래 방송/통신 기술 개발 등을 이유로 요금인하는 고려하지 않고 있다.

(후략)

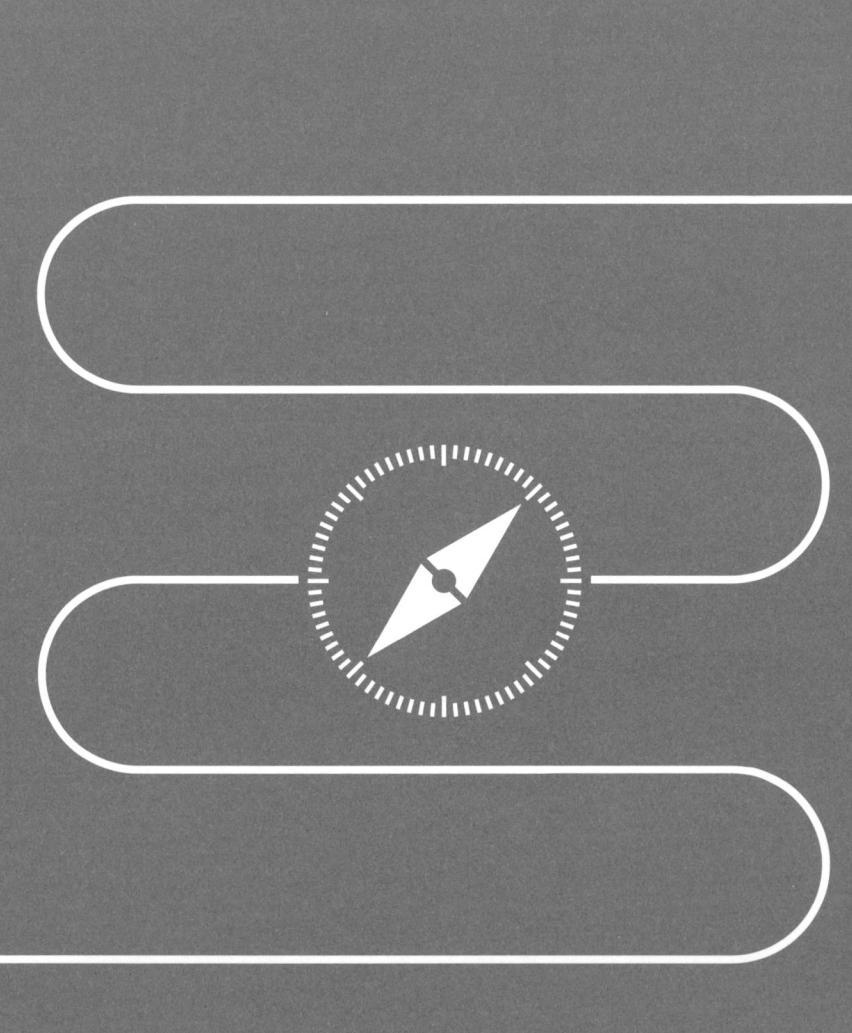

Phase 6

대응전략 수립

대응전략 수립의 방향

핵심이슈와 관련된 미래의 여러 가능성을 탐색한 결과물이 시나리오다. 다시 말해, 시나리오는 가능성들의 집합체인 셈이다. 각 시나리오에 대응책을 미리 만들어두고 계속해서 업데이트하면 그 시나리오가 현실화되더라도 당황하지 않고 재빨리 행동에 돌입할 수 있다. 스피드가 강조되는 경영환경에서 경쟁사보다 조금이라도 빨리 대응하는 능력은 궁극적으로 기업의 경쟁력이 된다.

그런데 의사결정자에게 시나리오 수립 결과를 보고하면 대부분은 가장 발생 확률이 높은 시나리오가 무엇이냐고 질문하곤 한다. 모든 시나리오는 현 시점에서 동일한 발생 확률을 가지기에 지금은 특정 시나리오를 지적할 수 없다고 대답하면 발생 가능성이 가장 높은 시나리오를 밝혀내라고 주문하거나 심지어 시나리오 플래닝의 결과를 폄하하기까지 한다.

이런 의사결정자의 태도는 여전히 예측에 기반을 둔 사고방식이다. 여러 차례 강조하지만, 시나리오 플래닝 프로젝트의 취지는 불확실성이 큰 핵심변화동인을 중심으로 미래가 어떠한 가능성을 가지는지 규명하려는 것이지, 마치 점쟁이처럼 무언가를 콕 집어내려는 것이 아니다. 시나리오들은 어느 것 하나 그냥 무시할 수 없으며 그것들은 어떻게든 모두 대응해야 할 미래다. 물론 미래가 어떤 모습으로 현실화될지 궁금한 마음이야 이해되지만, 시나리오 플래닝은 기본적으로 우리가 미래를 예측하거나 예언하지 못한다는 한계 인식에서 출발한 전략 기법이자 사고 기법임을 망각해서는 안 된다.

Phase 6에서는 각 시나리오가 현실화되었다는 가정하에 미래가 우리에게 어떤 기회를 부여하고 또 어떤 위협을 가할지를 고찰할 것이다. 그리고 기회를 최대한 활용하고 위협을 최소화는 전략 대안을 시나리오별로 파악할 것이다. 마지막으로 ,현 시점에서 여러 대안 중 하나를 택해야 한다면 모든 시나리오에 적합한 전략 대안을 어떤 방법으로 찾아내는지 알아볼 것이다.

대응전략을 수립하는 Phase 6에서 시나리오팀원들은 시각을 내부로 돌려야 한다. 다시 말해, 시나리오에 대한 전략 대안들은 우리가 컨트롤할 수 있는 내부 요소로만 이루어져야 한다. 그런데 정부의 지원이나 규제 가능성, 경쟁사의 특정 제품 출시 가능성 등 '만약에 그렇다면'이라고 조건이 붙는 전략 대안을 만들어내는 경우가 종종 있다. 쉽게 말해 '그들이 그렇게 한다면 우리는 이렇게 대응하면 된다'는 식의 전략인데, 우리가 아닌 외부 요소에 의해 대안의 채택 여부가 결정되는 꼴이므로 그와 같은 전략은 문제 해결을 더욱 어렵게 하고 지지부진하게 만든다. 전략 대안의 모든 내용은 반드시 우리가 통제할 수 있는 내부 요소로만 구성되어야 한다는 점에 유의하기 바란다.

1) 시나리오 시뮬레이션

시뮬레이션이라고 말하면 컴퓨터로 프로그래밍된 수리예측 모형에 변수의 값을 대입하여 결과치의 변동을 추적하는 작업을 연상할지도 모르겠다. 그러나 시나리오 시뮬레이션은 컴퓨터나 숫자를 전혀 요구하지 않으며 관심을 가지지도 않는다. 시나리오 시뮬레이션이란 시나리오가 현재 발발했다고 가정하고 우리 회사를 둘러싼 여러 이해관계자들 사이에 어떤 일들이 벌어질 것인지 상상하는 과정이다. 시나리오를 활용한다는 것은 시나리오로 미래를 예행연습한다는 것을 의미하는데, 시나리오 시뮬레이션이 바로 그 효과를 얻기 위한 첫 단계다.

시뮬레이션 도구는 바로 Phase 5에서 작성한 시나리오 라이팅의 결과물이다. 기사체로 기술되었든 소설체로 기술되었든 각 시나리오의 내용을 곱씹어 보면 직간접적으로 우리 회사에게 새로이 부여하는 기회가 발견될 것이다. 그 기회는 우리 사업을 확장시켜 시장 장악력을 강화시키는 지렛대가 될 수도 있고, 고객을 끌어당기는 새로운 가치가 될 수도 있다. 또한 시나리오 속에는 우리의 미래에 악영향을 미칠 수 있는 위협요소도 함께 내재됨을 깨달을 것이다.

때로는 시나리오에서 기회와 위협이 훤히 드러나기도 하지만 대개 그것들은 시나리오의 행간에 숨어 있다. 따라서 여러 번의 세밀한 분석과 토론으로 그것들을 찾는 작업을 벌어야 한다. 이 과정이 바로 시나리오 시뮬레이션이다.

일반적으로 최선의 시나리오에는 기회요소가, 최악의 시나리오에는 위협요소가 더 많기 마련이지만 그렇다고 해서 최선의 시나리오로부터는 기회만, 최악의 시나리오로부터는 위협만 발견될 것이라고 선입견을 가지지 말아야 한다. 어떤 시나리오가 최악의 시나리오라 해도 오히려 그 계기로 우리의 사업 구조나 투자의 우선순위를 건전하게 변경할 수 있기에 장기적으로 기회가 된다. 반면, 온통 장미빛으로 물든 최선의 시나리오라고 할지라도 특정 변화동인의 변동(불확실성)에 따라 어느 순간 성과에 부정적인 영향을 미칠 가능성이 있다. 시나리오를 읽을 때 기회와 위협을 모두 바라보려는 균형적인 시각이 필요함을 명심하기 바란다.

다음의 예시처럼 시나리오별로 기회 / 위협요소를 기입하여 시나리오팀원들과 공유하고 이후 단계(전략 대안 도출)를 진행한다.

시나리오명	카우보이의 침략
기회 요소	• 정부의 규제 완화를 위한 명분 확보 • 해외원료 사용 가능 • 마케팅의 자율성 확보 • 프리미엄 제품 시장 확대
위협 요소	• 시장점유율과 매출 하락 • 전문인력의 유출 • 유통망의 누수 • 동남아向 수출 거점화 정책 무산

기회 / 위협 요소 분석표 예

2) 전략 대안 도출

전략 대안을 도출하는 일반적인 방법을 제시하기란 무척 어렵다. 핵심이슈에 따라 전략 대안의 범주가 상당히 다양하기 때문이다. 예컨대 핵심이슈가 'A사업으로 B시장에 진출해야 하는가?'라고 정해졌다면 전략 대안들은 B시장에 진출하는 방법들의 풀pool이 된다. 하지만 핵심이슈가 '매출 급감에 대비하려면 새로이 구축해야 할 역량은 무엇인가?'라고 정해졌다면 시급히 강화하거나 외부로부터 확보해야 하는 역량은 무엇이고 그 역량들을 어떤 방법으로 구축할 것인지 등이 전략 대안의 풀이 된다.

전략요소과 옵션

전략 대안들은 핵심이슈가 우리에게 던지는 '질문'에 따라 그 테마와 범주가 달라지기에 전략 대안을 도출하기 전에 개별 전략을 구성하는 '전략요소'부터 정하는 것이 필요하다. 전략요소란 '핵심이슈가 던지는 질문에 어떤 요소를 집어 넣어 답할 것인가?'라는 물음에서 바로 '어떤 요소'에 해당되는 것을 일컫는다.

핵심이슈가 'A사업으로 B시장에 진출해야 하는가?'일 때 가장 중요한 것은 '진입 방법'일 것이다. 100% 출자로 자회사를 설립할 수도 있고, 기존의 로컬기업과 라이선스 제휴를 맺을 수도 있으며, 투자를 유치하여 합작을 추진하는 등 B시장으로 진입하는 선택지는 여러 가지가 있다. 진입 방법뿐만 아니라 투자의 규모, 인력의 확보, 유통망의 전개 방법, 제품의 가격 전략 등도 진입 전략에 반드시 포함될 전략요소들이다. 쉽게 말해, 'B시장 진입 전략'이라는 보고서에서 세부적으로 다뤄져야 할 테마들이 바로 전략요소이다.

전략요소의 개수는 몇 개가 적절할까? 너무 적으면 전략의 치밀함과 효과가 저하되고, 너무 많으면 산출될 전략 대안이 지나치게 많아지는 부작용이 있다. 핵심이슈의 성격에 따라 달라지지만, 시나리오 플래닝 프로젝트에서는 5개에서 10개 사이가 적당하다. 지엽적인 전략요소들은 나중에 최적의 전략 대안이 결정된 후 전략을 정교화할 때 고려하면 된다.

시나리오 플래닝 프로젝트에서 일반적으로 자주 고려되는 전략요소들은 다음의 예시와 같다. 하지만 그것들을 기계적으로 가져다 쓰지 말기 바란다. 핵심이슈에 따라 전략요소가 달라야 하기 때문이다.

전략요소	옵션	전략요소	옵션
제품/서비스 전개 수준	• 일상용품 • 전문가용 제품 • Mix	목표고객	• 청소년층 • 2~30대 직장인 • 장년층
기술 포지션	• 기초기능만 • 일반적 기능 • 전문가 수준 기능	지리적 커버리지	• 국내 • 해외 • 국내외 모두
투자 수준	• 연간 100억원 • 연간 100~200억원 • 연간 200억원 이상	핵심파트너 (공급자)	• S사 • L사 • 중소 전자업체

전략요소와 옵션 예

전략요소가 확정된 후에는 각 전략요소의 옵션들을 규명한다. 위의 표에서 전략요소 옆에 3개씩 나열된 것들은 각 전략요소가 가지는 옵션을 말한다. 전략요소가 '시장 진입의 방법'이라면 자회사, 합작회사, 라이선스, 단순 수출 등이 옵션이 되며, '목표고객'이라는 전략요소는 연령대별 혹은 직업별로 세분되는 다양한 고객층을 옵션으로 가진다.

전략 대안으로 묶어내기

뷔페 식당에서 음식을 담듯, 전략요소별로 옵션을 하나씩 선택하여 하나의 '접시'에 담으면 그것이 하나의 전략 대안이 된다. 위의 예시를 보면 6개의 전략요소에 각각 3개씩의 옵션이 설정되어 있다. 그것으로부터 기계적으로 도출 가능한 전략 대안을 모두 뽑아보면 3의 6제곱(=729)개라는 많은 수의 조합이 나온다. 이론적으로는 729개의 서로 다른 전략 대안이 나올 수 있으나 전략 대안들은 전략 초점이 서로 명확하게 구분되어야 한다. 따라서 서로 성격이 비슷하거나 '같이 행동하는 옵션'끼리 묶을 필요가 있다.

예컨대 전략요소 '제품 / 서비스 전개 수준'의 '전문가용 제품'이라는 옵션은 '기술 포지션'의 '전문가 수준의 기능'이라는 옵션과 함께 짝을 이루어야 의미가 있다. 또한 일반적으로 전문가용 제품을 개발하려면 대규모 투자가 필요하기에 '투자 수준'의 '연간 200억 원 이상'이라는 옵션과 함께 묶여야 한다. 산술적으로 굉장히 많은 전략 대안이 나오지만 전략 초점이 명확하게 구분되도록 '한 묶음으로 취해야 할' 옵션들이 옵션 풀pool 내에 존재하기에 전략 대안의 수를 크게 줄일 수 있다.

전략 대안의 개수가 많을수록 시나리오를 효과적으로 대응할 수 있는 것은 아니다. 시나리오 플래닝 프로젝트에서 적절한 전략 대안의 수는 보통 5개 내외가 적당하며, 전략 대안을 최대한 다양하게 구비할 필요가 있는 경우라도 최대 10개가 넘지 않도록 한정하는 게 좋다.

아래의 그림은 '전략 테이블'이라고 부르는 것인데, 위에서 예시로 든 전략요소들의 옵션들을 모두 늘어놓은 다음에 서로 비슷한 성격을 지니거나 같이 행동하는 옵션들을 묶어 전략 대안을 추출한 예다.

제품/서비스 전개 수준	목표고객	기술 포지션	지리적 커버리지	투자 수준	핵심파트너	
일상용품	청소년층	기초기능	국내	연간 100억원	중소 전자업체	전략대안 1
전문가용 제품	직장인	일반적 기능	해외	연간 100~200억원	L사	전략대안 2
Mix	장년층	전문가 수준 기능	국내외 모두	연간 200억원 이상	S사	전략대안 3

전략 테이블 예

전략 테이블을 사용해 전략 대안들을 구분해냈다면 각각의 특징에 맞게 이름을 부여하는 것이 좋다. 예를 들어, '시장 확대 전략', '하이 엔드 High-End 고객중심전략', '국내시장 집중전략' 등 각 전략 대안이 추구하는 전략 초점을 간결하게 표현하는 말로 이름을 붙여야 한다. 단순히 전략 대안 1, 2, 3이라고 명명하는 것보다 다음의 예시처럼 시나리오팀원들과 다른 구성원들에게 전략 대안의 의미를 빠르게 전달할 수 있기 때문이다.

전략요소 전략대안명	커버리지	목표고객의 니즈	핵심파트너	정책 대응 기조	요금 수준
현행유지 전략	수도권	게임 위주	제휴 없음	무대응	저가
수익 전략	수도권+ 6대 광역시	게임과 문서작업	중소제조사	독자 대응	경쟁사 수준
시장확대 전략	전국 시군구	문서작업	메이저 국내사	산업 공동대응	저가
총력 전략	전국	일반 니즈	메이저 국내사 와 해외사	산업 공동대응	저가

전략대안명을 설정한 전략 테이블 예

3) 적합도 평가

각 전략 대안들이 어떤 시나리오에 적합한지, 그리고 어떤 시나리오에서 최대의 효과를 거둘 수 있는지 평가하려면 먼저 '적합도 판단기준'을 정해야 한다. 경험과 직관으로 특정 시나리오에 적합한 전략 대안을 매칭할 수 있지만 팀원 전체가 합의한 판단기준으로 적합도를 측정해야 전략의 객관성을 확보할 수 있음을 기억하기 바란다.

아래는 보통 많이 사용되는 적합도 판단기준의 예다.

- 투자자본의 규모
- 예상수익 규모
- 시장점유율 제고 가능성
- 비용 절감 가능성
- 비전과 연계성
- 리스크 방어 수준
- 현 인력의 가용성
- 고객만족

적합도 판단기준 선정 시 주의할 점

적합도 판단기준을 선정하는 데 주의할 점은 다음과 같다.

첫째, 핵심이슈에 따라 적합도 판단기준을 새롭게 정의해야 한다. 모든 시나리오 플래닝 프로젝트에서 항상 사용되는 전형적인 적합도 판단기준은 없다. 핵심이슈에 따라 적합도 판단기준은 다르게 설정될 수 있고, 또 그래야만 한다. 예를 들어 핵심이슈가 'A기업을 우리가 인수할 것인가?'일 때의 적합도 판단기준과 'B라는 신흥시장emerging market에 진출해야 할까?'일 때의 적합도 판단기준은 겹치는 것 몇 개를 제외하고는 동일해서는 안 된다. 핵심이슈가 인수합병이라면 '피인수기업 직원들의 반발 가능성'이 전략 대안의 적합도를 평가하는 데 중요한 판단기준이지만, 신흥시장 진출 여부가 핵심이슈일 때는 그것을 적합도 판단기준으로 채택하기 어렵다. 그때는 '신흥 고객들의 수용도'와 같은 것이 적합도 판단기준으로 적절하다.

이처럼 시나리오 플래닝의 주제(핵심이슈)에 따라 적합도 판단기준이 다양하게 선정될 수 있지만(또 그래야 하지만), 위에 예시된 몇 가지 판단기준들은 약방의 감초 격으로 자주 등장하는 것들이므로 참고하기 바란다. 하지만 어디까지나 참고만 하기를 바란다. 나는 시나리오 플래닝 워크숍을 진행할 때마다 참가자들이 적합도 판단기준의 의미를 잘 이해하라는 뜻에서 이 예를 보여주는데, 그것들이 마치 이미 정해진 판단기준인 것으로 오해하거나 핵심이슈에 꼭 맞는 판단기준을 발상해내기가 어렵다고 느낀 나머지 '여기서 몇 개 골라 쓰면 되겠네' 하며 어물쩍 넘어가려는 것을 자주 목격한다. 여러 번 주의를 주는데도 앞뒤 고려하지 않고 기계적으로 그렇게 하려는 참가자들을 일일이 제지하느라 애를 먹곤 한다. 핵심이슈의 관점에서 전략 대안의 효과와 효율성을 옳게 평가하는 판단기준을 시나리오 플래닝 프로젝트 수행 시 매번 결정해야 한다는 점을 잊지 않기를 다시 강조한다.

둘째, 전략 대안들을 공정하게 평가하려면 특정 시나리오나 특정 전략 대안에만 유리하게 적용되는 적합도 판단기준을 줄여야 한다. 이해를 위해 한 가지 비유를 들어보자. 어느 무용단에서 5명의 신입 단원을 뽑기 위해 오디션을 개최했다. 그 무용단은 세계적으로 유명한 곳이라서 다양한 피부색을 지닌 응시생들이 세계 각국에서 몰려들었다. 그렇다면 과연 총 5명의 합격생을 선발해야 하는 심사위원들에게 주어진 평가표에는 어떤 평가요소가 들어 있을까? 예상하건대 무용의 기본기와 테크닉, 연기력, 무대 매너 등 무용에 관한 실력을 측정하기 위한 지표로 가득 차 있을 것이다. 그런데 응시생 중 누군가가 평가표의 맨 아래에 '피부색(인종)'이라는 평가요소가 들어 있음을 발견했다면 아마도 오디션은 일순간 아수라장이 되고 피부색 때문에 차별받았다고 주장하는 응시생들이 집단으로 소송을 제기할지도 모른다. 피부색은 특정 인종에게만 유리하게 작용하는 불공정한 평가지표이기 때문이다.

동일한 전략이라도 시나리오에 따라 전략 실행의 효과와 효율, 즉 적합도가 달라지는 것은 당연하다. 예컨대 '비용절감 전략'은 시장의 규모가 축소되고 경쟁이 치열해지는 시나리오에 적합한 대안으로 선택될 수 있다. 하지만 시장이 급성장하고 독점 또는 과점의 혜택이 강화되는 시나리오에서는 '차려진 밥상'을 제대로 챙겨먹지 못하게 만들고 투자를 제약하는 요인이 되기 때문에 부적합한 전략 대안이다. 그러나 모든 적합도 판단기준이 특정 시나리오나 특정 전략 대안에 몰표를 준다면 뭔가 잘못된 것이다.

적합도 판단기준은 그것 자체가 먼저 공정성과 객관성의 조건을 만족하는 것이어야 한다. 예를 들어 '타사의 실행 여부'와 같은 기준은 적합도 판단기준으로 부적절하다. 벤치마킹으로 알아낸 정보로 동종업계의 경쟁사가 이미 실행에 옮긴 전략임이 밝혀졌다면 혹은 그 전략으로 인해 경쟁사가 성과를 거두었다고 하면 타사에서 실행된 전략 대안에 높은 점수를 매기게 된다. 전략 대안을 선택하는 데 타사의 눈치를 보는 것이 얼토당토 않다고 반론할지도 모르겠다. 하지만 실제로 기업 내부에서 벌어지는 여러 의사결정이 타사에서 이미 검증된 전략 쪽으로 쏠리는 경향이 있음을 부인하기 어려울 것이다. 전략 수립 결과를 보고한 경험이 있는 사람은 "다른 회사에서도 하는가?"라는 질문이 윗선에서 꼭 나온다는 사실을, 그 질문에 "아니다."라고 대답했을 때 수십 일 동안 고민한 전략이 곧바로 휴지통으로 직행한다는 사실을 잘 알 것이다. 실제로 업계 중위 그룹을 형성하는 회사들을 보면 전략을 수립할 때마다 벤치마킹을 중요시하는 경향이 있다.

　회사의 미래는 전략의 실행에 얼마나 노력을 기울였는지로 결정되는 것이지, 타사의 성공이 우리 회사의 성공을 보장하는 것은 아니다. 어떤 전략 대안이 특정 시나리오에 최적의 전략임에도 불구하고 단지 그것이 타사에서 고려하지 않았거나 실행되지 않았다는 이유로 제외된다면 그런 회사는 언제까지나 타사의 뒤꽁무니만 쫓아다니는 2류 기업으로 만족해야 한다.

　이런 점에서 볼 때 '타사의 실행 여부' 혹은 '타사의 성공 여부'처럼, 전략 대안 자체의 효과를 평가하기보다 전략 외적인 요소로 평가하려는 기준들은 비록 의사결정자가 평소 선호하는 기준이라 할지라도 적합도 판단기준에서 반드시 제외시켜야 한다. 적합도 판단기준은 모든 시나리오 하에서 각 전략 대안이 공정하게 평가받을 지표로 구성해야 한다는 점을 기억해두자.

셋째, 모든 시나리오 하의 모든 전략 대안에 똑같은 평가를 내리는 판단기준은 제외시켜야 한다. 전략 대안들 간의 차별성을 판단하지 못하는 기준은 비록 전략의 타당성을 검토할 때마다 중요시하는 평가요소라고 할지라도 시나리오와의 적합도를 판단하는 데에 '있으나 마나' 한 것들이다. 예를 들어 '필요한 인력의 규모'가 적합도 판단기준으로 선정되었는데 모든 전략 대안이 모든 시나리오에서 100명 정도의 신규 인력을 필요로 한다고 해보자. 그렇다면 그 판단기준에서 모든 전략 대안이 똑같은 점수를 받게 되므로 특정 시나리오에서 어떤 전략 대안이 우수한지 가려내기를 어렵게 한다. 5~6개의 적합도 판단기준에서 하나 정도가 이런 성격의 판단기준이라면 큰 문제는 아니다. 하지만 그런 것들이 3개 이상이라면 나머지 판단기준에 의해 적합도 여부가 가려지므로 평가의 민감성이 커지는 오류가 발생한다.

그런데 이런 의문이 들 것이다. '적합도 평가를 해보지 않고서 어떻게 그런 판단기준들을 미리 제외시킬 수 있을까? 해보지 않고는 모르는 것 아닌가?' 물론 그렇다. 괜찮은 판단기준이라고 의견이 모아졌을지라도 막상 적합도를 측정했을 때 전략 대안 간의 차별적인 특성을 잡아내지 못하고 모두 똑같이 평가할 가능성은 충분히 있다. 그렇다면 방법은 한 가지다. 앞으로 돌아가서 적합도 판단기준을 다시 선정하는 것이다. 다소 번거롭고 시간을 낭비한다는 느낌이 들긴 하겠지만 전략 대안들의 적합도를 확실하게 가려내려면 판단기준 재선정 과정을 한두 번쯤 거치기 마련임을 미리 알아두기 바란다.

넷째, 각 판단기준은 어느 정도 비슷한 중요도(혹은 비중)를 가진 것들이어야 한다. 이는 상대적으로 사소한 요소가 적합도 판단기준이 되어서는 안 된다는 말이다. 예를 들어 판단기준이 '내부 인력의 차출 규모'라고 해보자. 이는 전략 대안을 실행하는 데 현업을 수행하던 인력을 얼마나 차출해야 하는지에 관한 것이다. 비록 시나리오 대응하는 데 고려할 사항이라 할지라도 업무 재조정과 같은 비교적 간단한 조치로 문제를 해결할 수 있기에 이 판단기준은 '재무적 성과', '투자 규모' 등과 같은 판단기준들에 비해 상대적으로 비중이 떨어진다. 그다지 중요하지 않은 판단기준에 의해 전략 대안들의 적합도 순위가 뒤바뀔 가능성을 막으려면 판단기준들의 중요도가 엇비슷해야 한다.

적합도 평가하기

적합도 판단기준이 팀원들 간의 합의로 결정되면 곧바로 전략 대안과 시나리오 간의 적합도 평가 과정을 진행한다. 다음의 표처럼 각 전략 대안이 특정 시나리오에서 얼마나 적합한지를 판단기준에 따라 평가한다. 매우 적합하면 4, 좋은 편이면 3, 나쁜 편이면 2, 아주 적합하지 않으면 1로 평가한다.

평점은 최소 가능 점수와 만점 사이의 구간을 세 부분으로 나눠서 부여하면 된다. 아래의 예에서 만점은 16점이고, 최소 가능 점수는 4점이므로 4~7이면 1점, 8~11이면 2점, 12~16이면 3점을 평점으로 매긴다. 이런 방식으로 모든 시나리오에 평가를 반복한다.

시나리오명: 카우보이의 침략			
적합도 판단기준 \ 전략 대안	신시장 개척	비용 감축	상황 주시
매출 성장	2	2	2
투자 규모	2	4	3
순이익 확보	1	3	3
리스크 최소화	2	4	1
합계	7	13	9
평점	2	3	2

적합도 평가표 예

적합도를 평가할 때 주의해야 할 사항이 하나 있다. 반드시 특정 시나리오가 현실화됐다고 가정한 상태에서 적합도 판단기준에 따라 전략 대안을 평가해야 한다는 것이다. 프로젝트 일정이 빡빡하여 시간이 부족하거나 혹은 평가를 기계적으로 진행해도 되는 작업이라고 오해한다면 시나리오의 상황을 충분하게 시뮬레이션하지 않은 채(즉, 시나리오의 현실화를 가정하지 않은 채) 상식만으로 적합도를 평가할 가능성이 크다. 앞에서도 언급했듯이, 특정 시나리오에서 적합한 전략 대안일지라도 다른 시나리오에서는 매우 부적절한 것으로 판명될 수 있다.

따라서 시나리오팀장은 팀원들이 시나리오의 상황을 염두에 두지 않고서 전략 대안들 자체로만 적합도를 평가하지 못하도록 잘 유도해야 한다. 대개, 시나리오를 망각한 채 현재 상황에서 적합도를 평가하려는 경향이 크기 때문이다. 이를 방지하려면 다른 시나리오로 넘어갈 때마다 마치 그 시나리오가 현실화된 것처럼 느껴질 때까지 시나리오 라이팅의 결과물을 여러 번 반복해서 읽어야 한다.

전략 대안 시나리오	신시장 개척	전면전	전략적 후퇴	구조조정	상황 주시
신화의 몰락	3	1	2	2	2
폭풍의 전야	2	2	2	4	3
그들만의 리그	1	1	1	3	3
무난한 항해	2	3	2	4	1

적합도 결과표 예

모든 시나리오에 적합도 평가가 완료되면 퍼실리테이터는 전략 대안별 적합도 값들을 위와 같은 '적합도 결과표'로 정리하고 다음 단계를 진행한다.

4) 최적전략 대안 선택

지금까지의 작업은 시나리오별로 최적의 전략 대안이 무엇인지를 밝혀내는 과정이었다. 위의 적합도 결과표를 보면 '신화의 몰락' 시나리오에 가장 적합한 전략 대안은 '신시장 개척'과 '구조조정'이다. 만일 그 시나리오가 발생할 것이라고 확실히 예상한다면 구성원 전체가 신시장 개척 또는 구조조정의 전략을 바로 실행에 옮겨야 한다. 그래야 리스크를 줄이고 미래의 기회를 최대로 활용할 가능성이 커진다. 이것이 시나리오에 조기 대응하여 얻는 효과다.

최적전략 대안의 필요성

그런데 그것만으로는 부족한 듯 느껴지는 이유는 뭘까? 시나리오 플래닝 프로젝트의 결과물로 적합도 결과표를 최고의사결정자에게 보고한다고 하자. 이 장의 서두에서도 언급했듯, 그는 십중팔구 당신에게 이런 질문을 던질 것이다.

"이 시나리오들 중에 무엇이 현실화될 거라 판단하는가?"

불확실성을 싫어하기는 최고의사결정자도 마찬가지다. 시나리오 플래닝이 불확실성을 인정하는 마인드로 가능성 있는 여러 미래를 탐색하는 과정이고 각 시나리오는 모두가 동일한 발생 확률을 가진다는 것을 그가 이해한다 해도 의사결정 내릴 때만은 확실한 '하나의 답'을 원한다.

최고의사결정자의 질문에 "어떤 시나리오가 펼쳐질지 현재는 아무도 알 수 없습니다. 모두가 동일한 발생 확률을 가지기 때문입니다."라고 답한다면 분명 이런 핀잔을 들을 것이 뻔하다.

"그렇다면 우리가 어떤 전략을 취해야 한단 말인가? '신시장 개척'인가, 아니면 '전략적 후퇴'인가? 동네 구멍가게가 아닌 마당에 시나리오에 따라 전략을 손바닥 뒤집듯 순식간에 바꿀 수 없지 않는가? 지금 당장 우리가 할 것을 알려주지 않는다면 시나리오 플래닝을 도대체 왜 하는가?"

지당한 말씀이다. 시나리오별 발생 확률이 확실하지 않고 그에 따라 어떤 전략 대안을 취해야 하는지도 알 수 없다면 시나리오 플래닝 프로젝트는 그저 한바탕 즐긴 지적 유희로 끝날 수밖에 없다(물론 미래의 맥락을 시나리오로 이해한다는 효과는 매우 중요하다).

시나리오 플래닝 시점과 전략 실행 시점 사이에 어느 정도 간격이 있다면 적합도 결과표는 최고의사결정자에게 의미 있는 결과물이 된다. 하지만 시나리오가 가져다줄 리스크(혹은 기회)에 대응하려면 즉각 준비해야 한다면 반드시 여러 개의 전략 대안 중 하나의 최적대안을 최고의사결정자에게 제시해야 한다. 대개의 전략들은 준비하고 실행해서 효과를 거두기까지 리드 타임lead time이 존재한다. 전략이 '구조조정'이나 '신사업 발굴'이라면 리드 타임은 더욱 길어진다. 따라서 지금 바로 전략 대안을 실행에 옮기지 않으면 3~5년 후의 미래를 효과적으로 대비하지 못한다.

그렇기에 '지금 당장 취해야 할 단 하나의 전략 대안은 무엇인가?'에 대한 답을 제시해야 한다. 이 질문의 답이 바로 '최적전략 대안'이다. 최고의사결정자에게 어떤 시나리오가 진짜로 현실화될지 말할 수는 없지만 어떤 전략 대안이 최적인지는 말할 수 있어야 한다.

최적전략 대안을 선택하려면 적합도 결과표를 꼼꼼히 들여다보며 판단해야 한다. 이때 적합도의 평균을 구해서 가장 높은 값을 가지는 전략 대안을 최적전략 대안으로 선정해서는 안 된다. 적합도 평균값이 높은 전략 대안이 항상 최적전략 대안은 아니기 때문이다.

예를 들어 A전략의 적합도가 시나리오 순서대로 {3, 3, 3, 1}이고 B전략의 적합도가 {3, 2, 2, 2}라고 하자. 이럴 때 적합도 평균은 각각 2.50과 2.25로 A전략이 더 크다. 그렇다면 A전략이 모든 시나리오를 효과적으로 대비하기 위한 최적전략 대안이라고 봐야 할까? 그렇지 않다. A전략은 마지막 시나리오에서 '부적합(1점)'의 적합도를 보이지만 B전략은 모든 시나리오에서 '적합(2점)' 이상의 적합도를 나타낸다. 따라서 B전략이 A전략보다 나은 대안이라고 판단하는 것이 옳다.

최적전략 대안 선택 방법

적합도의 평균으로 최적전략 대안을 기계적으로 선택하면 잘못된 결과를 얻을 수 있음에 유의해야 한다. 평균값 대신 다음에 제시한 네 가지 질문을 사용하기 바란다.

- 모든 시나리오에서 최고(3점)의 적합도를 가지는 전략이 있는가?
- 가장 발생 가능한 시나리오가 있다면 그것에 최고(3점)의 적합도를 가지는 전략이 있는가?
- 최악의 시나리오에 아주 적합(3점)하면서, 나머지 시나리오에서 평균적으로 적합(2점 이상)한 전략이 있는가?
- 최선의 시나리오에 아주 적합(3점)하면서, 나머지 시나리오에서 평균적으로 적합(2점 이상)한 전략이 있는가?

다음의 적합도 결과표를 보면서 이 네 가지 질문을 던져보자.

전략 대안 시나리오	신시장 개척	전면전	전략적 후퇴	구조조정	상황 주시
신화의 몰락	3	1	2	2	2
폭풍의 전야	2	2	2	4	3
그들만의 리그	1	1	1	3	3
무난한 항해	2	3	2	4	1

첫 번째 질문(모든 시나리오에서 최고(3점)의 적합도를 가지는 전략이 있는가?)은 모든 시나리오에서 최고의 적합도를 가지는 전략이 있다면 그것을 최적전략 대안으로 채택하면 된다는 의미다. 이런 전략을 '절대우위 전략(어떠한 상황에서도 항상 유효하고 실패 가능성이 낮은 전략)'이라고 부른다. 이 적합도 결과표의 모든 시나리오에서 3점을 기록한 전략 대안은 없기에 이 질문으로는 최적전략 대안을 선택할 수 없다. 모든 전략 대안이 특정 시나리오에서 아주 적합(3점)하다고 해도 다른 시나리오에서 보통(2점)이거나 부적합(1점)한 것으로 나타나기 때문이다.

그렇다면 이제 두 번째 질문인 '발생 가능성이 가장 높은 시나리오가 있다면 그것에 최고(3점)의 적합도를 가지는 전략이 있는가?'를 살펴보자. 그런데 이 질문은 뭔가 좀 이상하다. 4개든 6개든 시나리오로 수립되면 모두 동일한 발생 확률을 가진다고 언급해 놓고서 '발생 가능성이 가장 높은 시나리오'를 찾으라니 어폐 아닌가? 이 질문은 이렇게 이해하기 바란다. 만일 시나리오를 도출한 시점과 전략 대안의 적합도를 평가한 시점 사이에 충분한 간격이 있고 그동안 특정 시나리오의 발생 가능성이 높아졌을 때 두 번째 질문은 의미가 있다.

하지만 그 시나리오의 발생 확률이 다른 시나리오에 비해 약간 더 높은 수준에 불과하다면 두 번째 질문으로 최적전략 대안을 선택하는 것은 리스크가 크다. 적어도 특정 시나리오의 발생 확률이 80% 이상은 되어야 두 번째 질문을 던질 수 있다. 일반적으로 시나리오 도출 시점과 적합도 평가 시점 사이는 길어야 1개월 정도여서 그동안 각 시나리오의 발생 확률이 변동될 가능성은 적다. 따라서 가능하면 두 번째 질문은 사용하지 않는 편이 좋다.

세 번째 질문은 최악의 시나리오에 가장 적합하면서 나머지 시나리오에서 평균적으로 적합한 전략 대안을 최적전략 대안으로 채택하라는 뜻이다. 이 적합도 결과표에서 '신화의 몰락'을 최악의 시나리오라 가정하면 '신시장 개척'과 '구조조정'이 그 시나리오에서 최고의 적합도를 보이는 전략 대안이다. 이 두 전략 대안을 모두 실행하면 좋겠지만 기업의 경영자원(자금, 인력, 인프라 등)에 한계가 있기 때문에 보통 그중 하나를 전략적으로 선택해야 한다.

그렇다면 가능한 한 다른 시나리오에서 평균적으로 적합한 전략 대안을 택하는 것이 좋다. 이 적합표 결과표의 전략 대안 중 '구조조정'이 '신시장 개척'에 비해 나머지 시나리오('신화의 몰락' 이외의 시나리오)에서 평균적으로 높은 적합도를 보이므로 최적전략 대안이 된다. 만일 동률을 이룬다면 '부적합(1점)'이 없는 전략 대안을 최적전략 대안으로 택한다. 그래도 다시 동률이 된다면 '두 번째로 최악인 시나리오'에 가장 적합한 전략 대안을 택한다.

네 번째 질문은 세 번째 질문의 '최악의 시나리오'를 '최선의 시나리오'로 대체한 것이다. 즉, 최악의 시나리오에 따른 리스크를 최소화하기보다는 최선의 시나리오가 주는 기회를 최대한 활용하고자 할 때 네 번째 질문을 던진다. 최적전략 대안을 규명하는 방법은 세 번째 질문의 경우와 동일하다.

조직문화의 특성과 기업의 시장 지배력에 따라 세 번째 질문과 네 번째 질문 중 하나를 택한다. 만일 당신의 조직이 보수적이고 위험을 헤지hedge하려는 문화적 특성이 강하거나 타사에 비해 경쟁력이 약하다면 네 번째 질문보다는 최악의 시나리오에 대응하기 위한 세 번째 질문을 채택해야 한다. 반면에 위험을 감수하는 문화를 지녔거나 산업과 고객을 선도하는 기업이라서 자사의 기술과 제품이 곧 업계의 표준이 될 정도로 높은 경쟁력을 갖췄다면 네 번째 질문이 유용할 것이다.

그러나 대개의 기업들은 보수적인 문화적 특성과 위험을 최소화하려는 성향을 보이고 급변하는 환경과 고객의 교섭력이 강해짐에 따라 현재의 경쟁력이 언제까지나 유지되리라는 확신을 갖기 어렵다. 그래서 최악의 시나리오에 가장 적합한 전략 대안(세 번째 질문)을 먼저 고려하는 것이 일반적이다.

최악의 시나리오에 가장 적합한 전략을 최적전략 대안으로 선택했다고 하자. 그런데 실제로 현실화된 미래가 최악의 시나리오가 아니라면 어떻게 되는 것일까? 그렇다면 전략이 실패할 수밖에 없는 것 아닌가? 최적전략 대안은 말 그대로 '최적'이지 '절대우위 전략'은 아니다. 각 시나리오의 발생 확률은 미래로 갈수록 끊임없이 변하므로 최적전략 대안을 선택한 이후에도 항상 환경 변화에 촉각을 곤두세워 다른 말(즉 다른 전략)로 갈아탈 수 있는 준비 태세를 갖춰야 한다. 그럴려면 다음 장에서 설명하는 '모니터링'에 주목해야 한다. 시나리오를 수립하고 전략 대안을 마련한 지금까지의 과정보다 어쩌면 모니터링이 더 중요할지 모른다.

갈림길에 서게 되면 모두 갈 방법을 찾아라.

요기 베라Yogi Bera

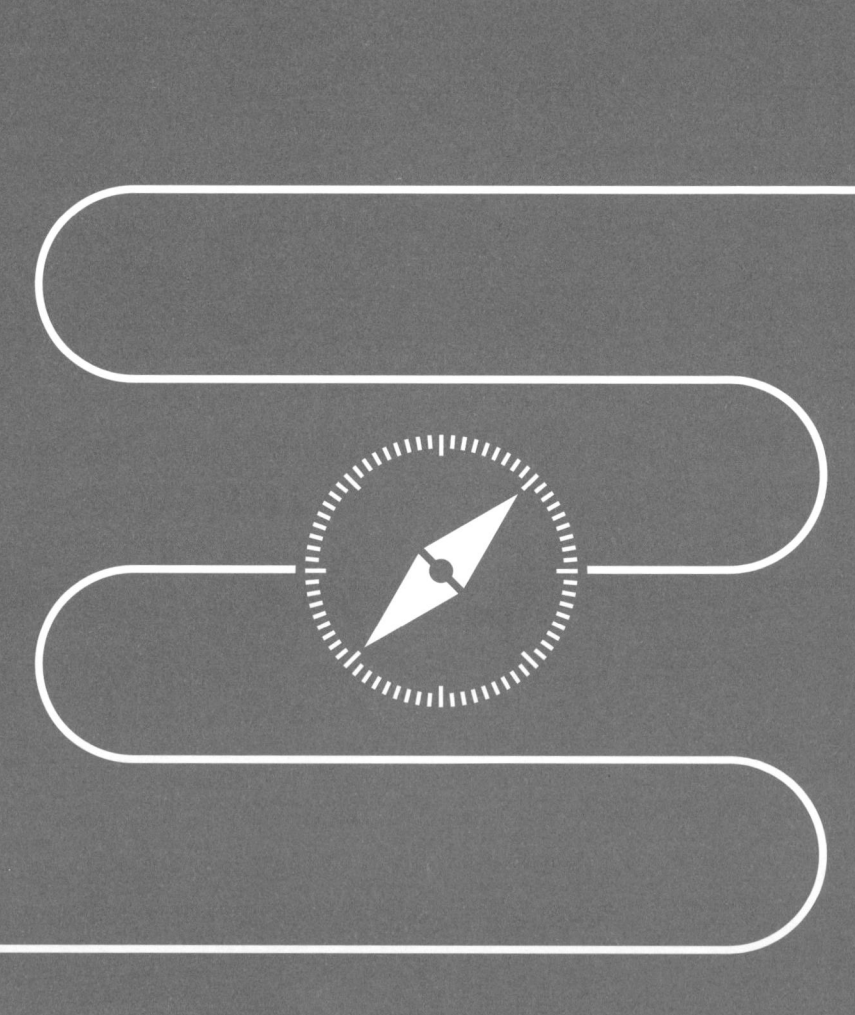

Phase 7

모니터링

모니터링은 왜 해야 하나?

시나리오는 다 짜놓았다. 그리고 시나리오별 전략 대안과 최적 전략 대안도 마련했다. 그렇다면 이제 무엇을 해야 할까? 그냥 가만히 앉아서 여러 시나리오 중 하나가 현실화되는 모습을 지켜봐야 할 것인가, 아니면 어떤 시나리오가 펼쳐질 것인지 미리 파악하고자 노력할 것인가? 답은 당연히 후자일 것이다. 미래가 어떤 모습으로 진행될 것인지 남보다 하루라도 먼저 알면 경쟁에서 이길 확률이 높아진다.

당신이 부대의 지휘관이라고 가정해보자. 유능한 지휘관으로서 적들이 어떤 길목으로 침입할지, 적군의 규모는 어느 정도이고 무기의 편제는 어떻게 구성됐는지 등 가능한 시나리오를 여러 가지 마련했을지라도 결국 적이 그 시나리오들 중에서 무엇을 선택하여 공격할 것인가를 미리 알아야 한다. 적의 동태를 파악하기 위해 척후병을 내보내거나 적 수뇌부 간의 무선통신을 도청하거나 하는 방법으로 그들이 작전을 전개하기 단 1분 전이라도 작전정보를 포착할 수 있다면 작게는 아군이 입게 될 피해가 최소화되고 크게는 전투에서 승리할 가능성이 높아질 것이다.

비즈니스 세계에서 기업들 간의 보이지 않는 전쟁 또한 시간과 정보를 누가 먼저 지배하는가가 승패의 핵심요소이다. 더욱이 비즈니스 패러다임이 수시로 변하고 프로세스가 점점 빨라지는 요즘 같은 상황에서 '스피드'는 기업의 핵심역량이 되기도 한다. 레이더를 켜놓고 모니터 속 어느 쪽에서 적의 비행기가 나타날지 주시하는 것처럼 기업을 둘러싼 복잡한 환경이 어떤 양상으로 펼쳐지는지, 뜻밖의 새로운 변수가 미래 시나리오를 어떤 방향으로 몰고 갈지 모니터링함으로써 특정 시나리오의 발생 징후를 남들보다 조금이라도 먼저 파악해야만 시나리오 플래닝에 쏟은 노력이 헛되지 않는다. 기껏 시나리오를 수립해 놓고 모니터링을 외면하면 시나리오 플래닝은 경영전략팀(혹은 경영기획팀) 등의 부서가 그저 자기네 업무목표(MBO로 정한 과제)를 달성하려는 목적으로 벌인 한바탕 지적 유희에 그치고 만다. 모니터링은 시나리오 플래닝으로 위기경영체계를 완성하기 위한 매우 중요한 단계임을 명심하라.

그렇다면 모니터링은 어떻게 해야 할까? 모니터링은 모니터 시나리오별로 모니터링요소를 도출하고, 그것을 측정지표인 '사인포스트(Signpost, 뒤에서 설명한다)'로 다시 분해하며, 시나리오 현실 가능성의 판단 지침인 임계치를 설정하는 작업으로 이어진다. 여기까지는 시나리오 플래닝 프로젝트에서 이루어진다. 주기적인 관찰과 평가로 어떤 시나리오의 현실가능성이 큰지 '조기경보Early Alarming'를 울림으로써 해당 시나리오에 가장 적합한 전략 대안을 즉시 실행에 옮기는 과정은 프로젝트 종료 이후 시나리오팀(혹은 모니터링팀이라는 별도의 조직)에서 수행한다.

모니터링이 성공하려면 시나리오가 그려내는 미래의 상황을 현실인 것처럼 생생히 이해해야 한다. 각 시나리오 안에 무엇을 어떻게 모니터링해야 하는지 힌트가 숨어 있기 때문이다. 지금부터 시나리오 플래닝 프로젝트를 완성하는 마지막 단추인 모니터링을 구체적으로 어떻게 수행하는지 알아보자.

1) 모니터링요소 선정

먼저 어떤 요소를 모니터링할 것인지 각 시나리오로부터 찾아내는 작업이 선행되어야 한다. 모니터링요소를 잘 정하려면 특정 시나리오가 다른 시나리오들과 차별되는 그 '무엇'을 정확히 찾아내야 한다. 그럴려면 Phase 5에서 작성한 인과고리, 시나리오 맵, 시나리오 라이팅 결과물 등을 다시 꺼내 숙지할 필요가 있다. 지금까지 시나리오 플래닝 과정을 훌륭히 이행했다면 그 결과물은 우리 회사가 머지않아 맞닥뜨릴 상황을 예고하는 생생한 '미래의 뉴스'다. 모니터링할 요소는 바로 그 안에 숨어 있다. 그렇다고 모니터링요소가 교묘하게 숨어있지는 않다. 모니터링요소는 인과고리와 주요 변화동인의 극점, 시나리오 맵, 시나리오 라이팅의 행간에서 쉽게 찾을 수 있다.

극점으로 모니터링요소 찾기

먼저 주요 변화동인의 극점으로 모니터링요소를 찾는 방법을 알아보자. 2개의 핵심변화동인으로 아래와 같이 2개의 시나리오가 도출되었다고 가정하자(논의를 간단히 하기 위해 2개의 시나리오만 나타냈다).

시나리오명	핵심변화동인 1 경쟁 양상	핵심변화동인 2 정부의 산업규제
"파라다이스"	경쟁 완화	시장 자율화
"척박한 시장"	경쟁 치열	규제 강화

'파라다이스' 시나리오는 기업들 간의 생존 경쟁이 약화되고 정부의 규제가 완화되어 전반적으로 사업을 영위하기가 어느 때보다 긍정적인 최선의 시나리오다. 반면, '척박한 시장'은 경쟁이 치열해지고 정부의 규제 강도가 강해져서 매출과 이익을 걱정해야 하는 최악의 시나리오다. 이 두 가지의 시나리오를 각각

별개의 것으로 구분시키는 요소가 모니터링요소의 후보가 되는데, 쉽게 제시할 수 있는 것이 바로 핵심변화동인의 양 극점이다. 핵심변화동인의 정의 자체가 서로 다른 시나리오를 짓기 위한 뼈대가 되는 변화동인이므로, 그것이 가지는 두 가지 경우가 모니터링의 대상이 되는 요소가 된다.

이 예에서 '정부의 산업 규제'라는 핵심변화동인은 '시장자율화'와 '규제 강화'의 두 가지 극점을 가진다. 따라서 정부가 시장 기능을 인정하는 방향으로 정책을 결정할지 반대로 규제를 강화하며 산업을 통제하는 쪽으로 변화할 것인지 모니터링하면 두 개의 시나리오 중 어느 것이 현실화될지 짐작할 수 있다.

그러나 단순하게 핵심변화동인의 극점만을 모니터링요소로 선정해서는 곤란하다. 핵심변화동인은 각 시나리오의 특징(줄거리와 상황 등)을 결정하는 뼈대이고 모든 변화동인을 선행하는 근본적인 요인이긴 하지만 그것만 가지고 상황의 변화를 예의 주시하기에는 불충분하다. 핵심변화동인의 극점과 더불어 그것과 밀접하게 연결된 다른 변화동인의 극점도 모니터링할 중요한 요소가 된다. 실제로 경험하게 될 미래는 인과고리에 그려진 것처럼 논리적으로 엄정한 선후관계에 의해 조금씩 형성된다기보다 여러 변화동인들이 여기저기에서 동시다발적으로 발생하는 경우가 많기 때문이다.

또한 과거의 경험을 토대로 인과고리상의 두 변화동인이 서로 영향을 주고받을 거라고 논리적으로 추론했을지라도 미래가 현실화될수록 둘 간의 관계가 미약해지거나 다른 변화동인에 의해 관계가 단절되는 경우도 비일비재하기 때문이다. 따라서 해당 시나리오가 가지는 핵심변화동인의 극점뿐만 아니라 그 주위를 둘러싼 High / High 변화동인의 극점도 모니터링요소가 될 수 있다.

시나리오로 모니터링요소 찾기

기억하겠지만, 시나리오 맵은 시나리오의 줄거리를 PEST(정치, 경제, 사회, 기술 환경)와 5 Forces를 기준으로 정리함으로써 시나리오들 간의 차이점을 한눈에 가려내고 광범위한 관점으로 시나리오들의 의미를 알아보기 위한 도구다. 이 시나리오 맵은 미래의 어떤 요소를 모니터링해야 하는지 힌트를 제공한다.

또한 시나리오 라이팅 결과물도 모니터링요소를 탐색하는 데 결정적인 역할을 한다. 비록 시나리오 라이팅이 인과고리에서 추출한 줄거리를 반영해 기술되지만, 변화동인 간의 논리적 비약을 완화하고 상호 인과관계를 강하게 표현하기 위해 분명 라이팅 중간중간에 연결을 매끄럽게 만드는 무언가를 첨가했을 것이다. 내 경험상 논리의 비약을 없애고 부드럽게 변화동인들의 관계를 설명하기 위해 시나리오에 추가한 '중간 단계'들 중 몇 개가 환경의 변화 방향을 예고하는 변수일 가능성이 크다.

예를 들어 '독과점'과 '소비자의 선택 범위'라는 두 개의 변화동인을 가지고 시나리오를 쓴다고 하자(다음 그림 참조). 만일 '독과점이 심화되어 소비자가 선택할 수 있는 제품의 종류와 서비스의 차별성이 예전보다 줄어들었다'라고 시나리오를 쓴다면 논리적으로 혹은 경험적으로 옳은 문장이라 할지라도 뭔가 매끄럽지 못하고 '읽는 재미' 또한 덜하다. 단순히 인과관계를 설명한 것에 지나지 않고, 독과점 심화에서 소비자 선택 범위 축소로 이어지는 문장 사이에 생략된 중간 단계들이 존재하기 때문이다.

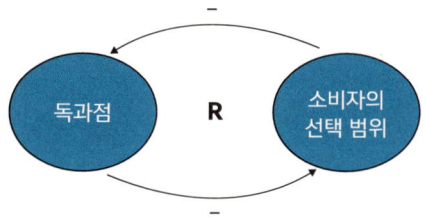

이 책을 꼼꼼히 읽으며 라이팅 연습을 많이 해본 독자라면 아마도 이렇게 시나리오를 쓸 것이다.

'독과점이 심화된 상황에서 업체들은 높아진 교섭력으로 가격 인하를 억제하고 제품의 고급화를 가미하여 가격을 높게 책정하려는 움직임을 보인다. 또한 특허 출원과 지적재산권 관리를 대폭 강화하고 업체들 간의 기술 표준화로 새로운 업체가 진입하지 못하도록 장벽을 높이고 있다. 이 때문에 소비자들이 누려야 할 다양한 제품의 혜택은 줄어들

었으며, 더욱이 소비자들은 예전보다 높은 가격을 지불해야 하는 상황에 처해 있다.'

위 글을 보면 '독과점 심화 → 소비자 선택 범위 축소' 사이에 존재하는 세 개의 중간 단계를 발견할 수 있다(아래 그림 참조). 독과점의 '심화 혹은 약화', 소비자 선택 범위의 '확대 혹은 축소' 등과 같은 극점보다는 어쩌면 가격의 인상 가능성, 특허관리의 강화 여부, 기술 표준화 움직임 등이 여러 시나리오들 중 어느 것이 현실화될지 미리 알려주는 신호로서 가치가 더 크고 더 명확할지도 모른다. 그렇다면 그것들을 모니터링요소 목록에 올려둘 필요가 있다.

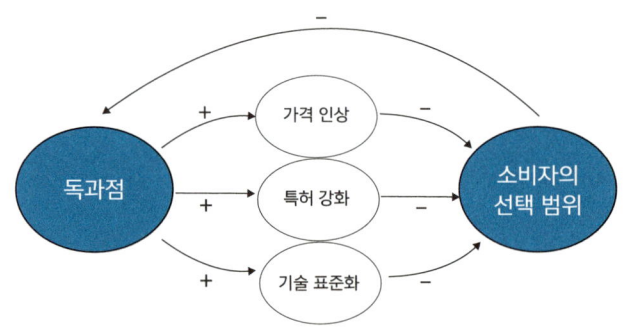

모니터링요소 확정

모니터링요소의 후보들을 시나리오별로 구분하여 아래의 표와 같이 정리한다. 이 표는 향후 5년 이내, 어떤 산업에 진입할 계획을 가지고 있는 업체가 '신규로 OO사업을 추진해야 하는가?'라는 핵심이슈 하에 시나리오를 수립하고 그에 따라 모니터링요소를 도출한 예다.

시나리오명	모니터링요소	
	공통	시나리오별
그들만의 리그	·대기업 독과점 가능성 ·정부의 산업 규제 ·산업의 기술 표준화	·대기업 선호 성향
신중한 접근		·중국업체 저가시장 진입
해볼만한 장사		·소비자 니즈 다양화
무주공산		·고객의 대기업 이탈

모니터링요소 정리표 예

여기서 유의할 점은 하나의 모니터링요소가 반드시 하나의 시나리오에만 관련될 필요가 없다는 것이다. 모든 시나리오는 핵심변화동인의 극점들을 조합하여 만들어졌기에 적어도 핵심변화동인의 극점들은 모든 시나리오에 모니터링요소로 포함되어야 한다(위 표에서 '대기업의 독과점 가능성'과 '정부의 산업 규제'가 바로 핵심변화동인이다). 이와 더불어 인과고리, 시나리오 맵, 시나리오 라이팅 결과물로부터 시나리오별로 특징적인 모니터링요소를 뽑아내

목록에 추가한다.

모니터링요소가 지나치게 많으면 시간과 인력이 많이 소요될 뿐만 아니라 시나리오의 현실 가능성을 판단하는 데 혼동만 야기한다. 일반적으로 모니터링요소는 모두 합해 6~7개 정도로 한정하는 것이 좋으며 시나리오별로는 3~4개가 적절하다. 시나리오팀원들 간의 토론으로 상대적으로 중요도가 떨어지는 것을 탈락시켜 최종적으로 모니터링요소를 확정한 후, 사인포스트를 설정하는 과정을 진행한다.

2) 사인포스트 설정

앞서 선정한 모니터링요소만 가지고 시나리오의 현실 가능성을 판단하기란 실제적으로 쉬운 문제는 아니다. 모니터링요소는 미래 환경의 어떤 부분을 지속적으로 관찰해야 하는지 안내하는 대강의 이정표일 뿐이다. '동쪽으로 갈지 남쪽으로 갈지'만을 알려줄 뿐 주소까지 일러주지는 않는다.

앞 표의 '정부의 산업 규제'라는 모니터링요소 하나만 살펴봐도 분석하거나 측정해야 할 세부 사항을 매우 많이 내포함을 알 수 있다. 이 단계에서는 모니터링요소를 측정 가능한 정량적 지표로 분해하는 방법을 논의한다.

사인포스트 요건과 설정 방법

앞에서 언급했듯이 모니터링요소의 출신 성분을 따져보면 변화동인에 해당된다. 그것들이 (+) 극점 혹은 (-) 극점 중 어느 쪽을 가질 것인가 주시하는 일이 모니터링의 과정이다. 따라서 모니터링요소의 방향((+)인지, (-)인지)을 선행적으로 결정하는 변수들을 찾아내 추적한다면 어떤 시나리오가 현실화될 것인지 미리 감지할 수 있다. 그런 변수들을 가리켜 '사인포스트signpost'라고 한다.

그렇다면 사인포스트를 어떤 방법으로 도출할 수 있을까? 아래와 같이 사인포스트가 갖춰야 할 5가지 요건과 함께 그 방법을 알아보자.

- 측정 가능성(measurability)
- 추적 가능성(traceability)
- 조기경보 가능성(early-alarmability)
- 정보 수집 가능성(information-availability)
- 비용효과성(cost effectiveness)

측정 가능성

예를 들어, 모니터링요소 중 하나가 시나리오의 핵심변화동인이기도 한 '정부의 산업 규제'라고 하자. 이 요소는 광범위한 세부요소를 포괄하기에 무엇부터 조사해야 하는지 갈피를 잡기 어렵다. 또한 측정 가능한 정량 지표가 아니라서 주관에 따라 다른 해석이 충분히 가능하므로 사인포스트라고 보기 어렵다.

시나리오 플래닝 프로젝트 이후, 주기적으로(보통 월 단위 혹은 격월이나 분기 단위로) 환경을 분석하여 그 값을 추적해가야 하기 때문에 사인포스트는 정량적으로 측정 가능한 지표여야 한다. 이것이 바로 사인포스트의 첫 번째 요건인 '측정 가능성measurability'이다.

구체성을 띨 때까지 모니터링요소를 분해하면서 측정 가능한 사인포스트를 담은 선행요인을 찾는 것이 가장 효과적인 방법이자 유일한 방법이다. 아래의 그림처럼 트리tree 모양으로 모니터링요소를 맨 위에 위치시키고 그것을 더 이상 나누기 어려운 단계까지 전개한다.

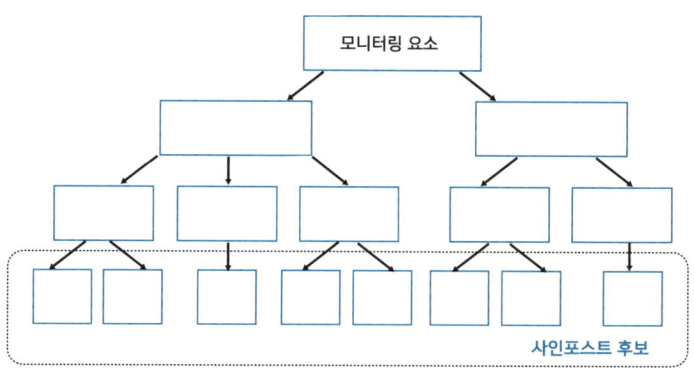

사인포스트 탐색 트리

트리가 제대로 완성된다면 대개의 경우 맨 아래에 놓인 노드node가 사인포스트의 후보가 된다. '후보'라고 말하는 이유는 다른 요건에 의해 사인포스트 자격을 상실할 수 있기 때문이다.

트리를 전개할 때 같은 레벨에 있는 노드끼리는 MECE(Mutually Exclusive, Collectively Exhaustive 겹침이 없어야 하고, 각 부분을 합했을 때 전체가 되어야 함)의 원칙을 만족해야 한다는 점에 유의한다.

예컨대 '정부의 산업 규제' 방향('강화'인지, '완화'인지)을 결정하는 선행요인에는 무엇이 있을까? 여러 가지가 있겠지만, 무엇보다 향후에 어떤 당이 정권을 잡게 되느냐(집권 가능한 당)가 정부의 산업 규제 방향에 큰 영향을 미칠 것이다. 각 당이 추구하는 가치, 정치철학, 경제정책 등이 제각기 다른 스펙트럼을 가지므로 산업을 통제하는 정책도 그에 따라 대폭 변경될 개연성이 크다. 시나리오의 시간 범위가 대개 5년 정도이므로, 5년마다 대통령 선거가 치러지는 우리나라는 집권 가능한 당의 향방에 따라 현실화될 시나리오도 크게 영향을 받을 가능성이 크다. 그렇다면 '집권 가능한 당'을 사인포스트로 선정해야 할까? '집권 가능한 당'은 '정부의 산업 규제 방향'보다는 좀 더 구체화된 요소이긴 하지만 여전히 측정 가능한 정량적 지표가 아니다. 이는 사인포스트가 될 수 없는 결격사유다. 좀 더 핵심에 다가갈 필요가 있다.

추적 가능성

'집권 가능한 당'이라는 요소를 보다 자세히 분해한다면 어떻게 할 수 있을까? 대통령선거는 5년 주기를 갖지만 4년마다 치러지는 지방선거와 총선은 정권의 향방을 가늠하는 중간평가의 성격을 지닌다. 따라서 지방선거 혹은 총선에서 '각 당이 얻는 득표율'을 사인포스트로 설정할 수 있지 않을까? 하지만 이것 역시 사인포스트로서 부족하다. '각 당이 얻는 득표율'은 매 선거 때마다 거의 100%의 정밀도로 측정되기 때문에 사인포스트의 첫 번째 요건인 측정 가능성을 만족한다. 하지만 선거라는 것이 1회성 이벤트로 종료되기에 추세를 지속 관찰하기가 어렵고 선거 일정의 간격이 들쭉날쭉하다는 문제를 안고 있다.

이는 '추적 가능성traceability'이 사인포스트가 만족해야 할 두 번째 요건임을 의미한다. 다시 말해, 주기적으로 시장에서 자료를 확보해 그 값을 판단할 수 있어야 한다는 말이다. 물론, 중간에 치러지는 여러 선거(총선, 지방선거, 재보궐선거 등)의 결과는 집권당이 누가 될지 예측하는 데 도움이 되지만 그 발생 주기가 일정치 않고 대통령선거와 종종 반대로 나타나므로 시시각각 변하는 민심의 방향을 포착하는 데 한계가 존재한다. 따라서 각종 선거에서의 득표율보다는 공신력 있는 기관에서 주기적으로 실시하는 '정당 지지율', '현 정부에 대한 신뢰도' 등의 설문 조사 결과치를 사인포스트로 채택하는 것이 보다 정확하고 지속적인 모니터링을 하는 데 도움이 된다.

조기경보 가능성

지금까지 설명한 측정 가능성과 추적 가능성은 사인포스트가 갖춰야 할 최소한의 요건이다. 사인포스트의 가장 중요한 요건은 과연 어떤 지표가 특정 시나리오의 현실화 여부를 미리 알려줌으로써 조직으로 하여금 조기에 대응케 할 수 있냐는 것이다. 사인포스트는 조직으로 하여금 대응할 시간을 벌 수 있도록 '조기경보 가능성early-alarmability'의 요건을 지녀야 한다.

그런데 실제 프로젝트를 수행하는 과정에서 시나리오팀원들이 이 요건을 간과하고 그저 측정하기 쉽고 추적하기 쉬운 것만을 사인포스트로 삼으려는 모습을 종종 보인다. 그 이유는 사고의 폭이 협소한 데다가 이미 널리 알려진(그래서 정보로서 가치가 떨어지는) 정보일수록 중요하다고 간주하여 그것에만 집중하려는 경향 때문이다. 이런 오류에서 벗어나려면 앞서 제시한 사인포스트 트리로 최대한 파고들어서 변화의 중심에 놓인 선행지표를 규명해야 한다.

정보 수집 가능성

사인포스트가 가져야 할 네 번째 요건은 '정보 수집 가능성information-availability'이다. 아무리 가치가 있는 지표라도 그것에 관한 정보와 자료를 수집하기가 지극히 어렵거나 구한다 하더라도 모니터링을 하는 데 질이 떨어진다면 사인포스트에서 제외시켜야 한다.

예를 들어, '남북통일'에 관련된 지표가 사인포스트의 후보로 제시된다고 하자. 남북이 통일되면 북한이 내수시장으로 편입될 뿐만 아니라 육로로 중국, 몽골, 러시아 등과 직접적인 교역이 가능해진다. 따라서 기업의 입장에서 양적 성장을 꾀할 수 있는 절호의 기회이기에 사인포스트의 하나로 채택할 수 있다. 문제는 어떤 정보로 남북통일의 조짐을 조기에 파악하느냐는 것이다. 남한과 북한과의 관계, 북한 내부의 권력 투쟁 양상, 북한 주민들의 움직임, 핵처리 시설과 관련한 미국과의 협상, 주변국들과의 관계 등 따져봐야 할 세부 사항이 무척 많을뿐더러 북한과 관련한 이슈를 집중 연구하는 조직이 아니고서는 어디서 어떤 정보를 어떻게 얻어야 하는지 막막할 수밖에 없다. 분명히 남북통일은 시나리오의 향방을 감지하는 데 매우 중요한 사인포스트일지 모르지만 정보를 습득하기가 지극히 어려우므로 기각하는 게 옳다. 요컨대, 정보 수집 가능성이 매우 낮기 때문이다.

비용효과성

마지막으로, 사인포스트의 다섯 번째 요건은 '비용효과성cost effectiveness'이다. 관련 정보를 수집하여 지표를 측정하고 추적하는 데에 필요 이상의 비용(인건비, 정보 구매비, 컨설팅비 등)이 소요된다면 역시 좋은 사인포스트라고 말하기 어렵다.

시나리오 플래닝을 전략 실행에 최초 적용하여 큰 성공을 거둔 로열더치셸의 경우처럼 모니터링만을 위해 전 세계에 '그림자팀shadow team'이라고 불리는 조직을 별도로 운영하는 기업이 있다. 모니터링은 보통 매월 1회의 주기(격월 또는 분기 단위의 주기로 운영하는 경우도 있다)를 가지고 진행한다. 그때마다 정보 수집에 많은 인력, 시간, 돈을 지출해야 한다면 1년 동안 모니터링에 소요되는 비용의 규모는 기업으로서 여간 부담이 되는 것이 아니다. 리스크를 최소화하려고 시작한 시나리오 플래닝이 오히려 기업에게 비용 압박을 가하는 모순에 직면한다.

따라서 모니터링으로 얻는 이득과 모니터링 수행에 드는 비용을 비교하여 비용효과성이 큰 사인포스트를 엄선해야 한다. 가능한 한 내부의 인력을 활용하고 공개된(그러나 가치 있는) 정보의 습득만으로도 충분히 모니터링이 가능한 사인포스트에 우선순위를 두기 바란다.

사인포스트 도출 사례

이해를 돕기 위해 1997년에 마츠 린드그렌Mats Lindgren과 한스 반트홀트Hans Bandhold가 스웨덴 출판인협회를 위해 수행했던 시나리오 플래닝 사례를 살펴보자. 오래된 사례이긴 하나 사인포스트를 도출하는 방법을 참조하는 데 도움이 될 것이다.

인터넷의 시초는 1969년으로 거슬러 올라가지만 1990년대 말에 이르러서야 일반 대중에 일상화될 수 있었다. 이 시점에서 출판인협회는 인터넷이라는 새로운 매체가 향후 신문산업에 어떤 영향을 미칠 것인지, 그리고 그것과 관련하여 어떤 불확실한 요소가 미래에 잠재해 있는지 시나리오로 구체화해 달라고 두 사람에게 요구했다. 지금이야 인터넷이 우리 삶의 일부가 되었지만 당시에는 인터넷이 산업에 미칠 효과를 전망하기가 상당히 조심스러웠다.

린드그렌과 반트홀트는 인터넷이 신문산업의 환경을 변화시키는 데 크게 두 가지의 불확실성이 존재한다고 판단했다. 그것은 각각 독자와 신문사가 무엇을 선택할 것인지에 관한 불확실성이었다. 독자의 행동에 내재된 불확실성은 향후 디지털화된 정보를 강하게 요구할 것인가 아니면 그다지 요구하지 않을 것인가의 문제였다. 그리고 타 신문사들이 여전히 종이매체를 고수하면서 정보기술IT 투자에 소극적일 것인가 아니면 인터넷 사이트로 기사 발행 시스템을 구축하는 등 IT 투자에 적극적일 것인가가 또 하나의 핵심변화동인이었다. 이 두 가지 핵심변화동인에 따라 다음처럼 4개의 시나리오가 채택되었다.

시나리오	독자의 디지털정보 요구	타 신문사의 IT 투자
사이버월드	강화	적극적
예의주시	강화	보수적
현행지속	미미	보수적
하이테크	미미	적극적

독자와 타신문사의 행동 시나리오

이 시나리오들은 각 신문사의 종이신문 판매량, 열독율, 광고 수익, 광고 단가, IT 투자 비용 등에 영향을 미친다. 린드그렌과 반트홀트가 그들의 책에서 사인포스트에 관한 힌트를 주지는 않지만, 내가 만약 프로젝트의 책임자였다면 2개의 모니터링요소에 대해 다음처럼 사인포스트를 설정했을 것이다.

> 모니터링요소 1: 독자의 디지털 정보 요구
> - 웹사이트 페이지뷰
> - 지하철에 버려지는 종이신문의 양
> - E-mail 사용량
> - 인터넷 서비스 가입자수
>
> 모니터링요소 2: 타 신문사의 IT 투자
> - 도메인 수
> - 기업의 IT투자에 관한 기사수
> - IT관련 영업사원의 방문 빈도
> - 정부의 IT진흥책을 언급한 기사 수

이 중 '지하철에 버려지는 종이신문의 양'이라는 지표를 사인포스트로 선정한 이유는 버려지는 신문의 양이 줄어드는 현상은 사람들이 신문을 구입해 읽는 것보다 공짜로 웹사이트에서 기사를 찾아 읽는 것을 더 선호한다는 증거로 간주할 수 있기 때문이다. 만일 버려지는 신문의 양이 어느 순간 특정 임계치(이것의 의미는 바로 뒤에서 설명한다) 아래로 주저앉고 그런 추세가 한동안 지속된다면 독자들이 비로소 디지털화된 정보에 익숙해졌다고 판단 내릴 수 있다. 따라서 머지않아 '예의 주시' 시나리오 또는 '사이버월드' 시나리오가 현실화될 것을 예상할 수 있다. 알다시피 '디지털 정보에 관한 독자 요구'에 해당하는 사인포스트들의 값들은 모두 임계치를 돌파해 폭발적으로 증가 혹은 감소되었고 결국 현재는 '사이버월드' 시나리오가 현실화된 상태다.

모니터링요소	사인포스트	관련 시나리오
정부의 산업 규제	·정당별 지지율 ·규제 완화/강화 필요성에 대한 기사 노출수 등	모든 시나리오
중국업체의 저가시장 진입	·중국업체의 수 ·중국업체의 국산화율 등	'무주공산'
대기업의 독과점 가능성	·상위 3개사 매출 집중도 ·인수합병 발생 건수 등	모든 시나리오
…	…	…

사인포스트 정리표 예

사인포스트 확정

시나리오팀은 추출된 사인포스트의 후보들을 사인포스트의 요건에 부합하는지 검증하고 위의 양식으로 정리한다. 사인포스트의 적정 개수는 프로젝트의 규모와 범위에 따라 다르고 모니터링에 지원되는 인력과 비용 등에 영향을 받지만 경험상 10

개 이내가 적당하다. 보통은 팀원 1명이 하나의 사인포스트를 담당하도록 하는 것이 보통이다.

3) 임계치 설정

사인포스트는 핵심변화동인과 연결되고 핵심변화동인은 시나리오의 근간을 형성한다. 따라서 사인포스트 값의 변화에 따라 핵심변화동인은 두 개의 극점 중 어느 쪽으로 기울게 될지가 결정된다. 현재는 두 개의 극점 중 무엇이 현실로 나타날지 불확실하므로 두 극점은 50 : 50의 발생확률을 가진다. 하지만 사인포스트의 값이 특정 수치를 넘어선다면 두 극점의 발생 확률이 확연히 달라지는 상황이 벌어질 것이다. 그때의 값을 '임계치'라고 부른다.

임계치의 의미

예를 들어, '상위 3개사 매출 집중도'라는 사인포스트가 '대기업의 독과점 가능성'이라는 핵심변화동인과 연관된다고 하자. 그렇다면 대기업의 독과점 체제로 시장구조가 형성될지 아니면 지금처럼 여러 기업이 경쟁하는 구조로 유지될지가 '대기업의 독과점 가능성'이라는 핵심변화동인이 갖는 두 개의 극점일 것이다. 그것들의 발생확률은 일단 50 : 50이다.

만약 현재 상위 3개사의 매출 비중이 40%인데 매월 단위로 값을 추적해보니 어느 순간 45%로 올랐다고 하자. 그러면 발생 가능한 most likely 시나리오를 미리 판단할 수 있을까? 독과점 체제로 완전하게 경쟁구조가 변할 거라고 보는 데에 45%의 수치가 과연 의미가 있는지 먼저 검토해야 한다. 즉, 45%를 기점으로 핵심변화동인이 특정 극점 쪽으로 쏠리게 될 것인지 아니면 45%는 마치 통계의 오차 범위와 같은 '작은 변동'에 지나지 않아서 시나리오의 발생 가능성을 판단하기엔 무리가 있는지 판단해야 한다. 계절적인 변동, 대기업의 신제품 출시, 공격적 마케팅 등으로 상위 3개사의 매출 비중이 돌연 45%까지 뛰어올랐을 수도 있기 때문에 구조적이고 근본적인 경쟁구조의 변화가 일어났다고 확신하는 것은 잠시 유보해야 한다.

임계치는 핵심변화동인의 극점별 발생 확률이 확연하게 변화하고 그 결과 특정 시나리오의 발생 가능성을 확실하게 예견할 수 있을 때의 값을 말한다. 즉, 두 극점의 발생 확률이 적어도 90 : 10 정도로 확실하게 차이가 날 것이라 판단해도 좋다는 신호를 주는 것이 바로 사인포스트의 임계치다. 만일 45%의 값이 '그렇다'는 신호를 주기에 충분히 높은 값이라고 판단된다면 '상위 3개사 매출 집중도'라는 사인포스트의 임계치로 설정된다. 그렇지 않다면 그저 일시적 변동이므로 두 극점의 발생 확률은 여전히 50 : 50으로 유지된다.

임계치 설정 방법

그렇다면 사인포스트의 임계치를 어떻게 설정할까? 45%가 임계치인지, 60%가 임계치인지 어떻게 알 수 있을까? 임계치를 설정할 때 일반적으로 적용되는 기준을 제시하기란 매우 어렵다. 과거에는 45% 정도면 임계치였지만 환경이 바뀌어서 앞으로 60%는 되어야 임계치라고 볼 수 있는 경우도 생긴다. 또한 시나리오팀원들 개인이 지닌 지식과 경험에 따라 각기 다른 수치를 임계치로 설정하려 한다. 그리고 어떤 사인포스트는 조금만 값이 변해도 그 효과가 증폭되어 환경의 구조적인 변화를 일으키는 반면, 큰 변동이 있어야만 핵심변화동인에 영향을 미치는 사인포스트도 있다.

더 큰 문제는 시나리오 플래닝 프로젝트가 종료된 이후에 모니터링을 해보니, 당초에 설정한 임계치를 넘었을지라도 환경이 변화되었다고 판단하기 어려운 경우가 생길 수 있다는 점이다. 예컨대 1인당 GDP가 5만 달러를 넘으면 국민들의 소득수준이 높아지고 그에 따라 A라는 시나리오의 발생 가능성이 높아질 것으로 예상했다고 해보자. 그런데 그저 원/달러 환율의 하락이 크게 작용한 결과라면 국민들의 실제 소득수준이 나아졌다고 판단하기는 어렵다. 그렇다면 이유야 어떻든 당초에 임계치를 잘못 설정했다는 이야기가 된다(이런 오류를 줄이려면 '돈'과 관련된 사인포스트의 임계치는 물가인상효과와 환율효과를 제거한 값으로 선정되어야 한다).

이처럼 '옳은' 임계치를 설정하는 것은 미래의 주가지수를 맞히는 것만큼이나 어려운 문제다. 어쩌면 그것은 신의 영역에 속하는 일일지도 모른다. 하지만 시나리오 플래닝은 우리가 절대로 미래를 정확히 예측하지 못한다는 것을 인정하고 다양한 가능성을 탐색하여 대비하는 과정임을 다시금 상기한다면 처음부터 절대 불변의 임계치를 발견해야 한다는 관점은 완벽주의자적인 강박관념이다. 임계치는 모니터링하는 도중에 언제든지 바뀔 수 있으며 또한 수시로 재설정해야 한다. 현재에서 미래로 환경이 움직이면서 모든 것이 변화되는데 임계치라고 해서 바뀌지 않을 이유가 없다.

그런데 혹자는 이렇게 의심할지 모르겠다. '임계치가 계속 변하는데 뭐 하러 처음부터 임계치를 설정하려고 애써야 하나?' 자연스러운 의문이지만 모니터링의 기준을 잡으려면 비록 나중에 옳지 않다고 판명되더라도 반드시 임계치를 설정해야 한다. 물론 가능한 한 정확하게 임계치를 잡도록 노력해야 한다. 하지만 시나리오팀원들끼리 모여 앉아 아무런 기준 없이 '이 정도는 되어야 임계치다'는 식의 토론을 벌이는 것은 무의미한 탁상공론이다. 토론의 결과와 경영환경은 서로 무관하다. 토론에서 정해진 임계치대로 경영환경의 구조(사인포스트의 임계치와 그것이 핵심변화동인에 미치는 정도 등)가 바뀌지 않기 때문이다.

비록 완전한 방법은 아니지만 임계치가 '어느 정도' 될 거라는 기준을 어렴풋이나마 정하기 위한 유일한 방법은 '패턴분석'을 해보는 것이다. 이를테면 과거부터 지금까지 사인포스트가 기록했던 값들을 살펴보는 것이다. 보통 과거 3년 정도의 데이터를 '월 단위'로 수집하는 것이 좋다. 만일 과거 데이터를 얻기가 어렵다면 최대한 수집 가능한 과거의 자료를 얻는다.

그런 다음 해당 사인포스트의 평균과 표준편차를 구하고, 평균에 '3시그마'를 더한 값을 상한치로, 평균에 3시그마를 뺀 값을 하한치로 설정한다(여기서 '시그마'는 표준편차를 의미한다). 이때의 상한치와 하한치가 바로 임계치가 된다.

상한치와 하한치의 폭이 6시그마가 되는데, 모니터링 과정에서 어떤 사인포스트의 값이 이 범위를 넘어선다면 환경이 크게 변화(즉 시나리오들의 발생 가능성이 변화)하고 있다는 신호로 간주할 수 있다. 물론 6시그마 범위를 벗어난 움직임을 보인다고 해서 무조건 환경의 변화가 일어난다고 단정할 수는 없다. 하지만 적어도 '그런 방향'으로 변화할 확률이 커지고 있다는 시사점을 얻는 데에 6시그마 룰을 적용하는 것이 유용하다.

하지만 기계적으로 6시그마 룰을 적용하지 않도록 유의하라. 6시그마 룰은 임계치 설정에 도움을 주는 최소한의 가이드일 뿐이다. 6시그마 범위('평균 +3시그마'와 '평균 -3시그마')의 값이 임계치로서 적당한지를 토론하여 최종적으로 임계치를 결정해야 한다. 변동성이 작은 사인포스트는 '4시그마 룰(평균 ±2시그마)'이나 '2시그마 룰(평균 ±시그마)'을 적용하는 것이 의미 있는 변화를 탐지하는 데 더 나을 수 있다. 평균 근처에서 매우 평탄한 패턴을 나타내는 사인포스트는 작은 변동이라 해도 변화의 시작을 알리는 신호일지 모르기 때문이다.

그렇다면 어떤 사인포스트의 변동성이 '크다' 혹은 '작다'를 과연 어떻게 판단할 수 있을까? 이때는 '변동계수Coefficient of Variation' 를 사용하는 것이 좋다. 변동계수는 표준편차를 평균으로 나눈 값을 말하며 변이계수라고도 불린다.

변동계수 = 100 × (표준편차 / 평균)

표준편차도 사인포스트의 변동성을 나타내는 지표로 많이 쓰이지만 '단위'가 서로 다른 사인포스트끼리 변동성의 크고 작음을 비교하기가 어렵다는 단점이 있다. 변동계수를 사용하면 단위가 서로 다른 사인포스트끼리 변동성의 크고 작음을 상대 비교할 수 있다.

사인포스트에 따라 다르지만 변동계수의 절대값(사인포스트에 따라 변동계수가 음수일 경우도 있으므로 절대값을 취하도록 한다)은 대개 5~10 정도의 값을 가진다. 이런 사인포스트는 임계치를 설정할 때 6시그마 룰을 쓰는 것이 적절하다. 만일 변동계수의 절대값이 1~3 정도라면 변동성이 작은 사인포스트이므로 4시그마 룰을 적용한다. 또한 그보다 작은 변동성(0에서 1 사이)을 가진다면 2시그마 룰을 임계치 설정에 참조할 것을 고려해본다. 하지만 변동계수를 사용한 이런 방법은 그저 가이드에 지나지 않는다. 임계치의 최종적인 결정은 변동계수의 기계적인 적용이 아니라 팀원들 간의 토론으로 이루어져야 한다는 점을 재차 강조한다.

실제로 모니터링을 진행하다보면 변동계수가 10이상의 값을 갖는 사인포스트가 발견되기도 한다. 심할 경우 변동계수가 100을 넘기도 하는데, 이는 애초에 사인포스트를 잘못 선정했음을 의미한다. 이처럼 변동계수가 과도하게 크다면 해당 사인포스트를 변형시켜 변동계수를 10 이하로 줄이도록 하라. 예를 들어 '특허발효건수'라는 사인포스트가 변동성이 매우 크다면 '특허발표건수의 6개월 이동평균'이나 '특허발표건수의 6개월 단위 증가율'을 사인포스트로 설정하는 게 좋다.

사인포스트별로 임계치 설정이 완료되면 다음과 같은 양식으로 정리하고 결과를 팀원들과 공유한다.

사인포스트	핵심변화동인	극점	임계치
상위 3개사 매출 집중도	대기업 독과점 가능성	독과점 심화	45% 이상
		현행 유지	-
인수합병 발생건수	대기업 독과점 가능성	독과점 심화	3건/년 이상
		현행 유지	-
정당별 지지율	정부의 산업 규제	규제 강화	○○당 지지율 40% 이상
		규제 완화	△△당 지지율 40% 이상

임계치 설정표 예

4) 시나리오 현실성 평가

지금까지 모니터링요소와 사인포스트 그리고 핵심변화동인의 극점을 결정하는 사인포스트의 임계치 설정 작업을 진행했다. 여기까지가 시나리오 플래닝 프로젝트에서 완료할 과정이다. 사인포스트를 기준으로 환경을 주시하면서 어떤 시나리오가 실현될 가능성이 높은지를 탐색하는 실제적인 모니터링은 프로젝트가 종료된 이후에 이루어진다.

프로젝트가 종료되면 이제부터는 퍼실리테이터가 아니라 시나리오팀장이 모니터링의 실질적인 작업 전반을 총괄해야 한다(퍼실리테이터가 내부 직원이라면 팀장을 겸해도 무방하다). 팀장은 모니터링 수행에 앞서 먼저 사인포스트별로 담당자를 지정한다. 프로젝트마다 조금씩 다르지만 보통 6개에서 10개 정도의 사인포스트가 도출된다. 그런데 이 모든 사인포스트를 1~2명의 인력이 담당해 모니터링하려면 무리가 따른다. 특히 데이터를 찾기 위해 리서치가 필요한 사인포스트라면 모니터링에 소요되는 시간이 만만치 않다. 모니터링의 질을 높이려면 사인포스트별로 난이도를 참작하여 팀원 1인당 1개나 많아도 2개 정도의 사인포스트만을 집중 관리토록 하는 것이 효과적이다(어려운 사인포스트일 경우 2명 이상의 인력을 배정할 수도 있다).

모니터링 회의

팀원들은 각자가 담당한 사인포스트의 변화를 면밀히 주시하면서 정기적으로 사인포스트별로 리포트를 작성한다. 그리고 팀장은 팀원들의 사인포스트별 리포트를 취합하여 다음과 같이 모니터링 스코어카드Scorecard 양식으로 정리한 다음, 모니터링 회의를 주관한다.

핵심변화동인	극점	사인포스트	임계치	현 수치
대기업 독과점 가능성	독과점 심화	상위 3개사 매출집중도	45% 이상	50%
		인수합병 발생건수	-	0건/년
	현행 유지	상위 3개사 매출집중도	3건/년 이상	-
		인수합병 발생건수	-	-
정부의 산업 규제	규제 강화	정당별 지지율	○○당 지지율 40% 이상	24%
		규제 강화 필요성 기사 노출수	중앙일간지 기준 10건/월 이상	0건/월
	규제 완화	정당별 지지율	△△당 지지율 40% 이상	43%
		규제 완화 필요성 기사 노출수	중앙일간지 기준 10건/월 이상	14건/월

모니터링 스코어카드

모니터링 회의는 보통 1개월 주기로 개최한다. 일반적으로 팀원들이 한 달 동안 모니터링한 결과를 리포트로 작성해 매월 말까지 제출하면 다음 달 초(예를 들어 첫 번째 월요일)에 모니터링 회의를 여는 방식으로 운영한다.

그런데 분기 혹은 반기 단위로밖에 측정하지 못하는 사인포스트가 있기 마련이다. 사인포스트의 측정 주기에 따라 매번 모니터링 회의에서 다루어야 할 사인포스트를 달리 가져가는 것이 좋다. 또한 변화가 적은 산업에 속해 있다면 격월이나 분기 단위로 모니터링 리포트를 작성하고 회의를 개최해도 무방하다. 또한 팀원들이 아직 모니터링에 훈련되지 않았거나 개개인이 지닌 정보 수집 능력의 차이 때문에 1개월 주기의 모니터링이 현실적으로 어렵기도 하다. 팀장은 사인포스트의 특성, 산업의 변화 속도, 팀원들의 모니터링 역량 등을 종합적으로 판단하여 모니터링 주기를 적절하게 설정한다. 초기에는 분기 단위로 운영하다 나중에 1개월 단위로 주기를 짧게 하는 것도 방법이다.

모니터링 회의의 의제

모니터링 회의에서 다루어야 할 주요 의제(아젠다) 중 하나는 사인포스트 값이 임계치에 도달했는지의 여부에 따라 시나리오별 발생 가능성이 어떻게 변화되는지 살펴보는 일이다. 시나리오팀장과 팀원들은 매월 집계되는 모니터링 스코어카드를 보면서 각 시나리오의 현실화 가능성을 판단한다. 그 다음, '현 시점에서는 A라는 시나리오의 현실화 가능성이 가장 큰 것으로 나타났으니 계속해서 추이를 지켜볼 필요가 있다.'는 식의 메시지를 최고의사결정자를 포함한 구성원들에게 알려야 한다. 만약 사인포스트들이 특정 시나리오를 향해 강력한 신호를 보내고 있다면 '지금 즉시 이 시나리오를 대비하는 전략 대안을 실행에 옮겨야 한다.'는 경보를 날려야 한다. 시나리오팀장은 매 모니터링 회의의 결과를 최고의사결정자에게 보고한다.

그런데 시나리오팀장은 섣부른 판단으로 경보를 울렸다가 자신이 자칫 '양치기 소년'으로 전락하는 것은 아닌지 고민에 빠지곤 한다. 제대로 사인포스트를 설정한 것인지, 임계치는 올바르게 정했는지, 사인포스트의 값을 잘 측정한 것인지 등을 숙고하는 데 시간을 소모하면 조기경보를 날려야 할 타이밍을 놓치기도 한다.

하지만 처음부터 모든 것을 완벽하게 갖춘 상태에서 모니터링에 임하기 어렵다는 한계를 시나리오팀장이나 최고의사결정자는 인정해야 한다. 신이 아닌 인간으로서 모니터링의 불완전성을 해결하는 유일한 방법은 매번 모니터링할 때마다 기존 사인포스트들이 과연 적합한지, 임계치는 수정할 필요가 있는지, 새롭게 추가해야 할 사인포스트가 있는지 등을 끊임없이 되묻는 것뿐이다. 시나리오팀장은 모니터링 스코어카드로 취합된 결과를 분석하여 시나리오별로 현실성을 판단하는 것 외에 사인포스트와 핵심변화동인 간의 정합성, 임계치의 적정성, 신규 사인포스트의 발굴 등을 매번 모니터링 회의의 주요 안건으로 올려야 한다. 알다시피 환경과 시나리오는 시시각각 얼굴을 달리한다. 따라서 모니터링의 기준(사인포스트와 임계치)도 그에 따라

능동적으로 변화시키는 것이 당연한 일임을 기억해두자.

　지금까지 시나리오 플래닝 방법론의 7단계를 모두 살펴봤다. 어렴풋이 개념으로만 알던 방법론을 상세하게 들여다본 계기가 되었기를 바란다. 여행의 메인 코스는 끝났으니 에필로그와 함께 여행을 마무리해보자.

전혀 예측할 수 없는 기업 환경이라는 것은 없다.
그것은 어떤 형태로든 미리 당신에게
경고 메시지를 보내고 있다.

피에르 왁 Pierre Wack

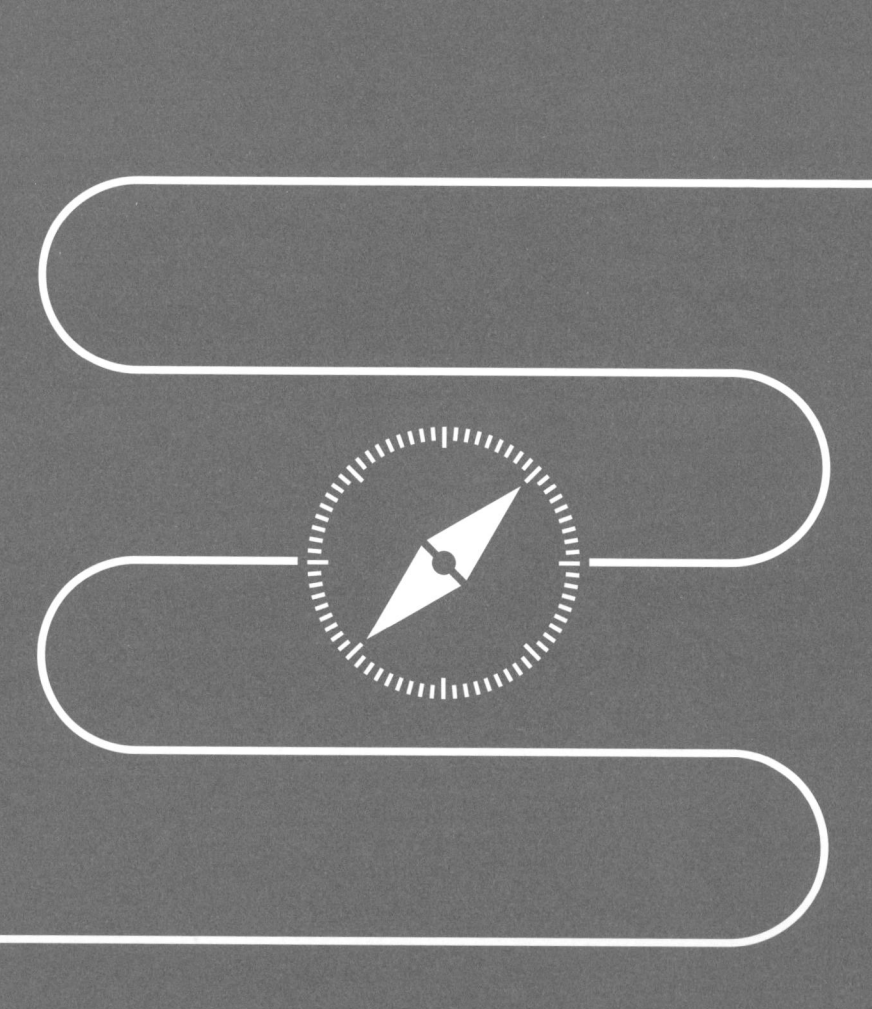

에필로그

열린 시각으로 행동하라

시나리오 플래닝에 관한 오해들

초판이 나온 후 시나리오 플래닝이란 용어를 들어본 적이 있다는 사람들이 예전보다 많아졌다. 그러나 각자 시나리오 플래닝의 의미를 다르게 이해하는 듯하여 저자로서 당혹스러울 때가 많다. 책을 마무리하기 전에 에필로그의 공간을 빌려 시나리오 플래닝에 대한 대표적인 오해 3가지를 바로잡아 볼까 한다.

시나리오 플래닝은 미래학이다?

사람들에게 시나리오 플래닝을 소개할 때 이런 질문을 받으면 무척 당혹스럽다. "앞으로 우리 회사나 산업이 어떻게 될 것 같습니까?", "내가 OO에 집을 사려는데, 괜찮을 거 같나요? 시나리오 플래닝하면 답이 나오지 않을까요?"

사람들이 이런 당혹스러운 질문을 던지는 이유는 미래를 예견하기 위한 또 하나의 도구로 시나리오 플래닝을 인식하기 때문이다. 다시 말해, 시나리오 플래닝을 미래학(未來學, Futurology)과 동일시하기 때문이다. 『제3의 물결』, 『권력 이동』을 쓴 엘빈 토플러와 같은 미래학자들의 저작물 덕에 일반인들은 미래학을 친근하게 받아들이고 있다.

미래학의 정의는 이렇다.

"미래학은 과거와 현재의 상황을 바탕으로 미래사회의 모습을 예측하고, 그 모델을 제공하는 학문이다."

이 정의에서 알 수 있듯이, 미래학은 과거와 현재의 상황으로 미래를 예측하는 학문이다. 우리가 막연히 불안하게 떠올리는 미래를 확실한 모습으로 보여줌으로써 사람들의 행동이나 판단에 도움을 주는 것이 바로 미래학의 가치인 셈이다.

미래학자들은 이런 가치를 창출하려고 과거와 현재 사이의 환경에서 '확실성이 큰 요소', 즉 '트렌드'를 발굴하는 과정을 거친다. 문헌 연구, 전문가 인터뷰, 데이터 분석 등의 방법을 동원하여 미래의 거대한 흐름을 형성하는, 변하지 않는 몇 가지 키워드를 찾아낸다. 미래에는 지식노동자들이 대접 받을 거라든지, 여성의 사회적 역할이 강화될 거라든지 등이 미래학의 아웃풋들이다.

시나리오 플래닝은 결코 미래학이 아니다. 시나리오 플래닝은 미래학과 달리 불확실성이 큰 요소가 무엇인가에 관심을 두기 때문이다. 물론 시나리오 플래닝 과정을 하면서 불확실성이 매우 작은 요소인 트렌드가 발견되기도 하지만 '이렇게 될 수도 저렇게 될 수도 있는' 요소가 시나리오를 형성하는 주재료다. 애당초 시나리오 플래닝은 확실한 모습을 전달하기 위한 기법이 아니다. 미래학자들은 가능성이 가장 큰 미래를 제시하지만, 시나리오 플래닝은 동일한 가능성을 지닌 여러 개의 시나리오를 보여준다.

정리하면, 미래학은 트렌드에 집중하고 시나리오 플래닝은 불확실성에 집중한다. 시나리오 플래닝은 미래를 다룬다는 점에서 미래학과 통하는 면이 있지만 결코 동일하지 않다. 이런 이유로 시나리오 플래닝의 대가로 소개되는 피터 슈워츠가 미래학자로 불리는 것은 잘못된 일이다. 그의 예견이 딱 들어맞은 게 아니라, 그가 만든 여러 시나리오들 중에 하나가 적중한 것이니까 말이다.

시나리오 플래닝은 위기경영이다?

어느 날 신문을 보니 "시나리오 플래닝으로 경영의 방향을 수시로 점검하겠다", "시나리오 경영으로 위기를 타개하자!"라는 기사가 눈에 들어왔다. '기업들이 이제 예측 관행을 버리고 드디어 미래의 불확실성을 제대로 인식하기 시작했구나.'라서 반가

웠다.

어떻게 시나리오 플래닝으로 전략을 수립했는지 알아보려고 지인들에게 연락을 취하니 한결같이 이런 반응이었다. "금시초문인데?", "그냥 선언적인 이야기일 뿐이야." CEO 혼자만의 아이디어이거나 조직에 위기감을 불어 넣으려고 시나리오라는 단어의 어감을 활용하는 것에 불과하다는 대답도 들었다.

가장 어이 없었던 것은 기업 경영자들이 시나리오 플래닝을 '긴축경영'의 의미로 간주한다는 점이었다. 비용을 감축하고 인력을 줄이고 계획했던 투자안을 일단 보류부터 하고 난 다음에 시장 상황을 예의 주시하자는 뜻으로 시나리오 플래닝이나 시나리오 경영이란 말을 언급하는 것이다. 그들은 찬바람을 잠시 피하려고 몸을 움추리는 것을 시나리오 플래닝으로 여긴다.

어떤 사람은 컨틴전시 플래닝Contingency Planning을 시나리오 플래닝으로 이해하기도 한다. 컨틴전시 플래닝은 중대하고 위급한 상황이 발생할 경우 그 후속조치를 어떻게 취해야 할지 논하는 과정이다. 둘 다 리스크를 줄이려는 기법이라서 언뜻 보면 비슷한 것 같지만 사고의 전개 방향은 아주 다르다. 컨틴전시 플래닝은 위급한 상황이 발생하고 난 후의 처리 방안에 무게중심을 두는 과정인데 반해, 시나리오 플래닝은 현재에서 미래로 시간이 흘러가면서 펼쳐질 여러 시나리오를 그려보는 데에 초점을 맞춘다. 예컨대 공장에 화재가 발생하면 어떻게 후속조치를 취해야 하는지를 논하는 과정이 컨틴전시 플래닝이라면, 시나리오 플래닝은 화재 사고를 불확실성을 내포한 하나의 변수로 간주할 뿐이다.

시나리오 플래닝에 대한 또 다른 오해는 단기적 롤링Rolling 플랜으로 여긴다는 점이다. 모 회사가 3개월 혹은 6개월 단위로 경영전략을 수정하는 '시나리오 경영'을 강화하겠다는 기사를 본 적이 있는데, 그들이 말하는 시나리오 경영은 시나리오 플래닝과 사실상 관련이 없다. 그저 '단기 롤링 플랜'일 뿐이다. 거창하게 시나리오 플래닝이란 이름을 붙일 이유가 없는 것은 시나리오 플래닝은 5년 정도의 장기적 관점을 견지하고, 조직의 중대한 의사결정을 다루며, 짧게 잡아도 2~3년 후의 미래를 상정하기 때문이다. 3~6개월의 단기적인 이슈는 시나리오 플래닝 관점에서는 매순간 형태를 바꾸는 주가 그래프와 같다고 비유할 수 있다.

시나리오 플래닝을 긴축경영, 컨틴전시 플랜, 단기 롤링 플랜과 같이 위기경영의 도구로 잘못 이해한다면 발등에 떨어진 불만 열심히 끄려는 단기적 경영 관행이 고질병이 되고 만다. 불을 끄느라 발을 휘젓다가 다른 곳에 불이 옮겨 붙을지 모르는 일이다. 사람들은 '위기가 곧 기회'라고 말하곤 하는데 이 문장에 숨은 의미를 제대로 알아야 한다. 남들이 허겁지겁 발등에 떨어진 불을 끄려고 할 때 차분하게 미래를 예상하고 미래를 대비하는 사람에게만 위기는 기회가 된다는 뜻으로 이해해야 한다. 단기적 위험을 요리조리 잘 빠져나가는 것은 근본적인 생존전략이 아니다.

시나리오 플래닝은 집단지성이다?

다음은 조선일보 2008년 11월 20일자에 나오는 기사 한 토막이다.

> "참가자들이 단말기로 주어진 주제에 답을 하면 즉석에서 투표결과가 나오는데, 이렇게 집단 지성을 통해 미래 예측을 하는 것이 시나리오 플래닝이다."

시나리오 플래닝을 다루는 논문이나 도서에서는 절대로 찾아볼 수 없는 이상한 정의였다. 표를 많이 얻은 쪽으로 예측을 하는 게 과연 시나리오 플래닝일까? 참가자들이 어떤 사건에 대한 예측에 대부분 동의한다고 해서 진짜로 현실화될까?

시나리오 플래닝은 집단 지성과 아무런 상관이 없다. 원래 집단 지성이란 말은 특정 문제에 있어 개인에서는 나타나지 않는 해결능력이 집단에서 창발한다는 개념이다. 전문가들의 투표는 집단 지성은커녕 집단 예측에 불과하다.

사람들을 여러 명 모아서 투표하는 일 따위로 미래를 예측하는 방법은 전혀 신뢰할 수 없다. 인간은 심리적으로 매우 취약해서 불황일 때는 실제보다 부정적으로, 호황일 때는 실제보다 낙관적으로 보는 경향이 강하다. 전문가들이라고 해서 다르지 않다. 시나리오 플래닝을 '전문가 투표에 의한 미래 예측 기법'으로 잘못 알까 두렵다.

요컨대 시나리오 플래닝은 확실한 미래만을 전달하는 미래학이 아니다. 또한 긴축경영, 컨틴전시 플랜, 단기 롤링 플랜과 같이 위기경영의 도구도 아니다. 그렇다고 단기적 위험을 집단 지성으로 포장된 손쉬운 방법을 써서 요리조리 잘 빠져나가는 것이 시나리오 플래닝이 추구하는 생존전략은 아니다.

시나리오로 미래를 바라보라

지금까지 시나리오 플래닝이라는 먼 길을 함께 달려왔다. 책을 마무리하는 시점에서 두 가지를 당부하고자 한다.

첫째, 미래를 열린 시각의 시나리오로 바라보라. 종교개혁가 마틴 루터Martin Luther는 자신의 강연에서 지동설을 주장하는 천문학자 코페르니쿠스를 이렇게 비꼬았다.

> "어떤 초보 천문학자가 지구가 태양 주위를 돈다고 주장하고 있습니다. 하늘과 해와 별이 지구를 도는 것이 아니라고 말한다는군요. 아마도 그 바보는 천문학의 모든 성과를 뒤엎고 싶은가 봅니다."

새롭고 낯선 이론을 주장하는 사람은 이처럼 바보로 여겨지기가 쉽다. 비슷한 이유로 아직 다가오지 않은 미래의 시나리오를 제시하는 자들은 종종 조롱 섞인 말을 듣곤 한다. "그럴듯하긴 하지만, 설마 그런 일이 일어나기야 하겠어? 흥미로운 이야기지만 현실적이지 않아."

이렇게 말하는 자가 높은 지위(기업에서는 CEO)에 있는 사람이라면 그 말은 무소불위의 힘을 행사하며 모든 구성원의 전략적 사고를 마비시킨다. 그런 조직에 시나리오 플래닝이 끼어들 자리는 한 뼘도 되지 않을 것이다.

불확실한 미래에 자신감을 갖는 자세는 나쁘지 않다. 이는 건강한 사고방식이다. 그러나 불확실한 미래를 모두 알고 있다고 확신하는 태도는 지양해야 한다. 철학자 존 모티머John Mortimer는 "민주주의를 시험하는 것은 다수의 의견이 항상 선행되어야 한다는 점이 아니라, 소수가 어디까지 존중되냐는 점이다."라고 말했다. 스스로 민주적인 사람이라고 자인한다면 미래를 이야기하는 '이단자'들에게 귀를 기울여라.

아인슈타인이 뉴턴의 결정론적 우주관을 뒤엎는 상대성이론을 정립했듯이 과학의 도약은 대개 이단적 발상으로 이루어졌다. 기업의 성장동력 역시 새로운 시각을 제시하는 사람과 그것을 수용하는 사람 사이의 조화로부터 만들어진다. 르네상스를 화려하게 꽃피운 이탈리아의 영광이 순식간에 몰락한 결정적 원인은 바로 갈릴레이를 영원히 침묵하게 만든 것이라고 영국의 시인 존 밀턴John Milton은 꿰뚫어 보았다.

불확실성을 정복하려고 하는 자, 현실의 쳇바퀴에 머물려는 자, 아무 생각 없이 자신의 신념을 강조하는 자들을 물리치고 미래의 시나리오를 이야기하는 이단자를 포용하라. 그것이 지속적인 경영을 가능케 하는 경영의 덕이자 지혜다.

둘째, 행동하라. 그렇지 않으면 시나리오 플래닝은 반드시 실패한다. 이 책의 내용대로 시나리오와 대응전략을 마련하고 면밀하게 모니터링을 실시하여 기회나 리스크의 순간을 경쟁사보다 빨리 포착할 수 있다면 당신은 이미 대단한 성공을 거뒀다고 자축할지 모르겠다. 하지만 샴페인을 터뜨리기 전에 잊지 말아야 할 경구가 있다. 바로 '아는 것과 행동하는 것은 다르다'는 말이다. 즉각적인 대응에 나서지 않으면 그동안의 노력은 헛수고가 된다.

알고도 행동으로 옮기지 않아서 위험에 빠진 사례는 일일이 열거하기 어려울 정도로 많다. 대표적인 예가 폴라로이드다. 알다시피 이 회사는 즉석카메라 기술로 한때 이름을 날렸으나 이제 그 존재감조차 희미하다. 그들은 디지털카메라의 시대가 올 것이라는 사실을 1980년대부터 알고 있었다. 내부에서조차 당장 조치를 취하지 않으면 디지털의 발전 때문에 폴라로이드는 영원히 사라져버릴 거라는 주장이 강하게 제기되었다. 카산드라 (Kassandra, 그리스신화에 나오는 여자 예언자)의 신화가 그렇듯이 불행을 전하는 예언은 사람들로부터 배척 당하기 마련일까? 그들은 즉석카메라를 끝까지 포기하지 않았다. 1997년에 60달러를 호가하던 주식은 2001년에 겨우 몇 센트로 주저앉았고 폴라로이드는 결국 파산에 이르고 말았다.

1970년대 말에 터진 위기를 얕잡아 보고 늦게 대응한 미국의 Big 3 자동차 회사(제너럴모터스, 포드, 크라이슬러)도 마찬가지다. 석유 파동으로 유가가 고공 행진을 거듭하고 일본 자동차 회사 혼다Honda가 오하이오 주에 공장을 설립하여 연비가 높고 튼튼한 소형차를 판매하기 시작할 때도 Big 3는 '진정한 자동차는 오직 미국 자동차일 뿐이다!'라는 환상에서 깨어나길 거부했다. 그리하여 결국 일본 자동차 메이커에게 소형차 시장을 내주고 BMW, 벤츠와 같은 독일 자동차 메이커에 고급 자동차 시장마저 내줄 수밖에 없었다. 1979년에서 1991년 사이에 무려 15만개의 일자리가 사라지고 Big 3는 파산 직전까지 몰리는 어려움에 처하고 말았다. 그때의 교훈을 망각했는지 Big 3는 2008년에 다시 파산 위기에 몰렸다.

그리스의 시인 소포클레스Sophocles는 "신은 행동하지 않는 자에게 절대로 손을 내밀지 않는다."고 말했다. 미래의 가능성을 탐색하는 자들에게 시나리오는 엄청난 기회의 문을 열어준다. 하지만 행동하지 않는 자들에게까지 자비를 베풀지 않는다.

자, 이제 시나리오 플래닝의 여행을 끝마칠 때가 됐다. 부디 즐겁고 유익한 시간이었기를 빈다. 그리고 앞으로 닥칠 불확실한 미래를 잘 헤쳐나가길 바란다.

순수하게 선형적 분석에 의존하던 이들은
세상이 어디로 가고 있는지
명확한 비전을 제시하지 못했다.

리처드 오글Richard Ogle

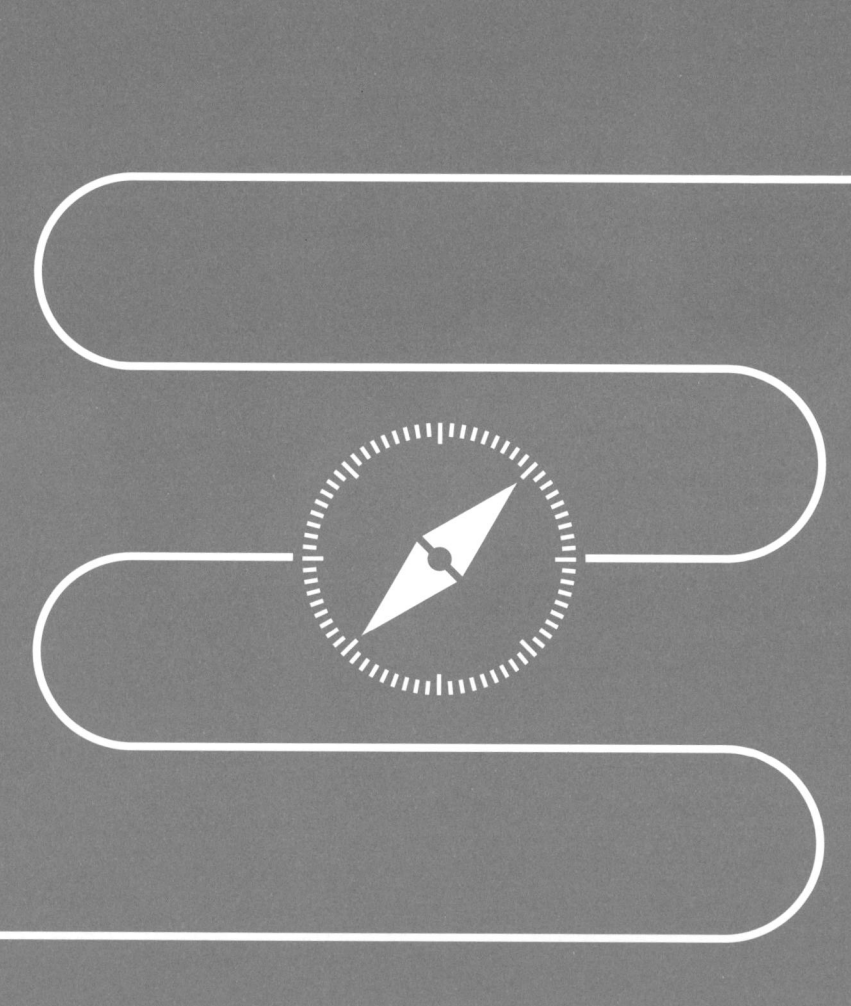

부록 1
개인의 고민을 시나리오로 풀기

이 책이 기업이나 공공기관 같은 조직을 대상으로 쓰여졌기에 시나리오 플래닝은 개인의 고민을 푸는 데 사용하기는 어렵다고 단정지을지 모르겠다. 그러나 나는 25년 가량 시나리오 플래닝을 컨설팅하면서 이 기법이야말로 개인의 고민 해결에 훌륭한 도구가 될 수 있음을 자주 느끼곤 한다.

알고보면 모든 사람들은 매일 어떤 식으로든 시나리오 플래닝을 한다. 미래에 벌어질 몇몇 상황을 미리 떠올리고 그에 따라 결정을 내리는 일은 사실 우리의 일상이다. 내일 비가 올 것인가, 오지 않을 것인가를 가늠해서 우산을 가지고 나갈지 결정하지 않는가? 주식 투자를 할 때도 정부, 경쟁자, 고객 등 여러 참여자의 행동을 상상한 다음 매수와 매도를 결정하지 않는가? 집을 구입할 때도 '나에게 가장 좋은 집은 무엇인가?'를 밤새도록 고민하지 않는가?

지면을 빌어 이런 개인적 고민을 시나리오 플래닝을 적용해 풀어가는 과정을 간단하게 소개하니 보다 나은 해법을 찾는 데 도움이 되길 바란다.

어느 집을 살까?

홍길동은 두 곳의 집을 놓고서 "어느 집을 매입할까?"를 고민한다. 그는 현재 30평대 전세집에 살고 있는데, 이 집이 '직주일체'를 선호하는 자신의 라이프 스타일에 꼭맞아서 오랫동안 살고 싶어 한다. 게다가 현 집주인이 다른 세입자를 들일 의도는 없어 보이기에 홍길동이 지금 당장 다른 집을 매입할 필요는 없다. 그러나 사람 마음은 변할 수 있는 법. 집주인이 돈이 필요해 보증금을 올려 달라고 한다든지, 장가 갈 아들에게 집을 마련해 주기로 한다든지 등 여러 이유로 집주인이 홍길동에게 집을 비워 달라고 할 수 있지 않을까?

이렇게 불확실한 상황에서 홍길동은 집주인의 결정을 예측하려고 하기보다 본인의 주거 안정을 추구하자는 목표를 세우고 시나리오 플래닝을 해야 한다. 본문에서 소개한 '파스칼의 매트릭스' 방식으로 홍길동의 고민을 풀어보자.

여기에서 홍길동이 느끼는 불확실성은 무엇일까? 바로 '집주인의 결정'이다. 집을 비워달라고 말할 가능성이 현재는 크지 않더라도 향후 5년 안에 마음이 바뀔 가능성이 충분이 존재하기 때문이다. 그러므로 다음과 같이 2개의 시나리오가 설정된다.

불확실성: 집주인의 결정
- [시나리오 1] 5년 안에 집을 비우라 통보하는 시나리오
- [시나리오 2] 5년 안에 집을 비우라 통보하지 않는 시나리오

홍길동은 이 시나리오들을 모두 대비하고자 부동산 사이트를 이 잡듯 뒤져서 자신이 매입 가능한 2개의 매물을 찾았다. 두 집 모두 현재 보유한 현금(2억원)으로 '전세를 끼고 매입'할 수 있다. 나중에 거주할 집을 큰 부담 없이 미리 사두는 데 이보다 더 좋은 조건은 없다. 두 매물의 가격 조건은 아래와 같다.

A집
- 매매가 7억원
- 현재 세입자가 보증금 5억원으로 거주 중
- 평수는 32평
- 3년된 신축 아파트

B집
- 매매가 4억원(시세보다 4천만원 낮은 급매물)
- 현재 세입자가 보증금 2억원으로 거주 중
- 평수는 18평
- 40년된 구축 아파트

그렇다면 '홍길동의 매트릭스'는 다음과 같이 만들어진다.

시나리오 전략대안	[시나리오 1] 5년 내에 집 비우라 통보한다	[시나리오 2] 5년 내에 집 비우라 통보하지 않는다
A집을 매입한다		
B집을 매입한다		
매입하지 않는다		

파스칼이 했듯이, 홍길동은 각 칸에 비용과 편익을 모두 계산해 넣어야 한다. 그렇게 하려면 각 집을 평가하는 기준을 먼저 세워야 한다. 홍길동이 세울 법한 평가 기준은 다음과 같다(개인마다 평가기준은 다를 수 있다).

- 주거 안정성
- 라이프 스타일과의 적합도
- 비용 부담
- 향후 집값 상승 여력

'주거 안정성'은 갑자기 길 한복판에 나앉을 상황이 되느냐 아니냐를 뜻한다. '라이프 스타일과의 적합도'는 '현재 거주 중인 전세집과 집 구조와 면적이 유사하고 주위 인프라도 비슷한가'

를 의미한다. '비용 부담'은 A집이든 B집이든 나중에 입주를 하려면 해당 세입자에게 보증금을 내줘야 하니 그때까지 돈을 열심히 저축해야 한다는 부담을 가리킨다. 그리고 '향후 집값 상승 여력'은 집을 7억원 혹은 4억원에 매입한 후에 얼마나 오를까라는 지극히 일반적인 기대를 말한다. 실거주할 집을 고르면서 집값 상승 여력이 무슨 의미가 있냐고 말할 수 있지만 적어도 다른 지역의 집값 상승 속도와 비슷해야 먼 미래에 이사를 다시 갈 때 상대적 박탈감은 없을 거라는 이유로 이 평가 기준을 설정했다.

시나리오별로 평가하기

'5년 내에 집을 비우라고 통보하는' 시나리오부터 평가를 진행하자(각 평가 기준마다 100점을 만점으로 한다). 첫째, '주거 안정성' 측면에서 두 집의 평가값은 같다. 둘 중 어느 것이라도 매입하면 집주인이 나가라고 해도 갈 곳이 있기 때문이다. 길 한복판에 나앉지 않아도 되니 둘 다 80점을 준다. '라이프 스타일과의 적합도' 측면에서 A집이 B집보다 훨씬 유리하다. 신축이고 면적도 훨씬 넓은 이유다. 평가값이야 사람마다 다르지만 여기에서는 A집에 80점, B집에 20점을 주자. 하지만 '비용 부담'으로 판단하면 우위가 바뀐다. 5억원 대 2억원이니까 B집이 훨씬 유리하다. A집엔 20점, B집엔 80점을 부여하자.

'향후 집값 상승 여력'은 어떨까? A집은 지어진 지 3년밖에 되지 않았고 분양가가 지나치게 높았는지 3년 동안 별로 오르지 않았다. 그래서 앞으로의 가격 상승 여부도 의심스러우니 40점만 준다. B집은 매도인이 급매로 내놓은 터라 시세보다 9% 가량 싸게 내놓았다(4억 4천짜리를 4억원에). 그래서 홍길동이 매입을 하면 바로 4천만원을 버는 꼴이고 오래된 아파트라서 재건축 가능성이 있다. 가격 상승에 메리트가 될 수 있는 요소가 있으니까 60점을 준다.

'아무것도 매입하지 않는다'라는 선택지의 '주거 안정성'은 0점이다. 집주인으로부터 명도를 통보받자마자 정신없이 살 집을 찾아야 하기 때문이다. '라이프 스타일과의 적합도'는 현재의 전세집에 계속 거주하는 것이니 100점을 준다. 마찬가지로 '비용 부담'은 없으니 100점을 매긴다. 그리고 '향후 집값 상승 여력'은 해당이 되지 않으니 0점이 된다.

두 번째 시나리오인 '5년 내에 집을 비우라고 통보하지 않는다'에 대한 평가는 생략하고, 다음 페이지의 표와 같이 최종 결과가 나왔다고 가정하자.

이 매트릭스를 보며 홍길동은 어떤 결정을 내려야 할까? A집을 매입하면 총점이 480점이고, B집을 매입하면 560점이기에 B집을 매입하는 것이 유리하다. 물론 각 평가 기준에 가중치를 다르게 주면(예를 들어 '라이프 스타일 적합도'에 큰 가중치를 주면) 다른 결과를 얻을 수 있다.

파스칼의 매트릭스 방식이 별것 아닌듯 보이지만 헝클어진 고민을 명확하게 표현케 함으로 좀더 나은 결정을 하게 해준다.

앞으로 이런 류의 고민에 빠질 때 시나리오 플래닝을 꼭 적용하기 바란다.

전략대안 \ 시나리오	[시나리오 1] 5년 내에 집 비우라 통보한다	[시나리오 2] 5년 내에 집 비우라 통보하지 않는다
A집을 매입한다	220	260
B집을 매입한다	240	320
매입하지 않는다	200	300

부록 2

'가정 뒤집기'로 시나리오 수립하기

오토네이션AutoNation은 미국 플로리다를 중심으로 활동하는 자동차 딜러 회사인데, 이들이 시나리오 플래닝을 적용했던 때는 2006년 무렵이었다. 이들의 고민, 즉 핵심이슈는 "어떻게 해야 매출을 확대할 수 있을까?"였기에 평범하기 그지없었다.

본문에서 언급했듯이, 이렇게 '뻥뻥한' 주제를 핵심이슈로 삼으면 무엇을 의사결정요소와 변화동인으로 도출해야 하는지 막막하기 십상이다. '매출 확대'라는 목표를 달성하는 데 주변을 둘러싼 모든 이해관계자의 행동과 전략, 고객의 라이프 스타일이나 선택, 정부의 개입, 국제 정세의 변화 등이 매출 확대에 영향을 끼칠 것이기에 변화동인의 개수가 급격하게 증가한다. 그럼에도 커버하지 못한 영역이 있을 수밖에 없고, 변화동인들이 모두 중요하게 보이고 모두 불확실하게 느껴지기 때문에 핵심변화동인을 규명하는 데 엄청난 시간과 노력이 투여될 수밖에 없다.

최대한 구체적이고 '내로우-다운 narrow-down'된 핵심이슈로 시나리오 플래닝을 하는 것이 기본이지만, 매출 확대처럼 중요하지만 평범한 이슈의 해결책을 모색해야 하는 게 조직의 현실 아닌가!

'가정 뒤집기'라는 트릭

특별할 것 없는 핵심이슈로 시나리오 플래닝을 수행할 수 있는 방법이 하나 있다. 일종의 트릭이지만 새로운 시각을 얻고 경쟁자들보다 미래를 대비할 기회를 먼저 잡는다는 측면에서 아주 효과적이다. 그 트릭은 바로 '시장에 대한 기본 가정 basic assumption을 뒤집어보는 것'이다. 어떤 산업이든 이런 가정들이 존재한다. "고객은 이런 것을 선호해", "경쟁자들은 이럴 때 이런 식으로 행동해", "공급업체들은 이런 식의 전략을 추구하고 있어", "정부는 우리 산업을 이런 식으로 바라보고 있어"와 같은 가정들이 있다. 우리 회사와 경쟁자가 공통적으로 가진 가정이 존재하고, 우리만 인식하는 가정이 있다.

그런 가정들을 가능한 한 많이 수집해 보라. "현재의 고객 취향은 성능보다 디자인이야", "경쟁자는 원자재 가격이 떨어져도 그 인하분을 제품 가격에 반영하지 않아", "차기 정부는 우리 산업을 육성하려는 정책을 펼칠 거야" 등 다양하게 나올 수 있다.

오토네이션의 이야기로 돌아오면, 이 회사는 이렇게 '시장에 대한 기본 가정'을 뽑아보는 것으로 시나리오 플래닝을 시작했다. 2006년 당시 미국 자동차 시장에 대한 가정들은 여러 가지가 있었지만, 오토네이션은 다음의 3가지에 집중했다.

- 첫째, 미국 시장은 연간 1,200만 ~ 1,400만대의 신차가 팔린다
- 둘째, 고객은 평균 3년마다 차를 교체한다
- 셋째, 자동차 구매 자금을 금융기관에서 쉽게 융통할 수 있다

당시 오토네이션의 CEO인 마이크 잭슨 Mike Jackson은 '이 3가지 가정이 언젠가 뒤집어질 수 있다, 언젠가 틀릴 수 있다.'라고 간파했다. 사실 가정은 깨지라고 있는 게 아닌가! 그는 이렇게 당시의 시장 상황을 의심했다.

- 고객이 자동차를 5년마다 교체하면 어떻게 될까?
- 고객이 자동차 구입자금을 마련하지 못하면 어떻게 될까?

이 두 개의 가정이 가장 중요하면서도 (가장 영향이 크면서도) 가장 불확실한 가정이라고 그는 판단했다. 시나리오 플래닝 식으로 표현하면, 이 둘을 핵심변화동인으로 설정했던 것이다. 그에 따라 수립되는 4개의 시나리오는 다음과 같았다.

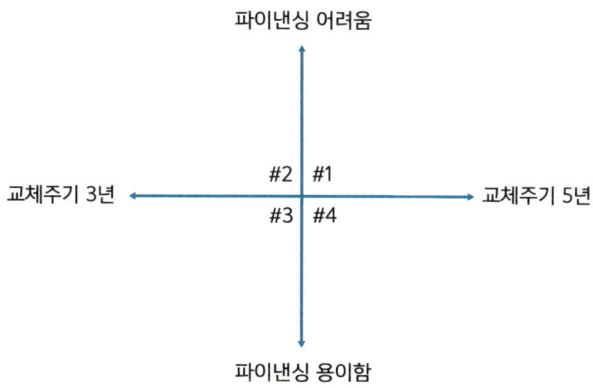

　4개의 시나리오 중에서 오토네이션 입장에서 최악의 시나리오는 고객이 자동차를 5년마다 교체하고 자동차 구매 자금 마련이 어려운 1번 시나리오다. 반면 3번 시나리오는 현재와 같은 상황이고 동시에 오토네이션 입장에서(또 다른 딜러 회사 입장에서) 가장 좋은 시나리오다.

최악의 시나리오에 대한 전략은?

　본문에서 언급했듯이, 조직이 리스크를 회피하는 데 관심이 크다면 최악의 시나리오인 1번 시나리오에 대한 대응전략을 가장 먼저 고려해야 한다. 자, 자동차 딜러 회사라면 1번 시나리오에 어떻게 대응해야 할까? 아마 자동차 업계 종사자가 아니면 대응전략을 고안해내기가 쉽지 않을 것이다.

내가 시나리오 플래닝을 강의할 때 이 질문을 던지면 많은 이들이 "고객들이 자동차를 쉽게 구매할 수 있도록 자금을 대출해주면 되지 않나?"라고 답한다. 일리 있는 전략이긴 하지만 쉽게 취할 수 있는 전략은 아니다. 고객이 부도를 낼 리스크를 떠안는 셈이기 때문이다. 또 오토네이션이 미국에서 제법 큰 딜러라 해도 고객에게 파이낸싱을 해줄 만큼의 자금을 보유하지는 못했을 것이다. 금융서비스를 제공하려면 오토네이션도 은행 같은 곳에서 돈을 꿔와야 하는데 만약 금리가 오르면 어떻게 되는 걸까? 물론 어느 정도 금리 리스크를 헷지하는 방법이 있긴 하겠지만 오토네이션 입장에서는 골치아파지는 일이 아닐 수 없다.

우선 '교체주기가 5년으로 늘어난다'는 상황을 상상해보라. 그러면 무엇이 증가할까? 당연히 자동차를 오래 타니까 고장건수가 증가하기 마련이다. 그러면 애프터서비스를 원하는 고객의 니즈는 예전보다 크게 올라갈 것이다(미국에서는 딜러 사가 애프터서비스를 제공한다). 따라서 고객은 좀더 좋은 애프터서비스 패키지를 제공하는 딜러 사에서 자동차를 구매하려 할 것이다. 이렇게 사고를 전개한 오토네이션은 1번 시나리오에 대비하는 전략 중 하나로 "애프터서비스 강화"를 채택했다.

또한 경기가 나빠져서 자동차를 오래 타기로 한다면 필시 소비자는 '실용적인 구매'를 하게 된다. 패밀리카나 트럭처럼 범용적인 자동차를 구매하지, 스포츠카나 틈새 차종은 구매를 꺼리기 마련이다. 그래서 오토네이션은 재고를 빠르게 정리하고 개편하는 작업에 돌입하여 판매량이 많고 이익률이 괜찮은 차종으로 제품 포트폴리오를 정리했다.

이렇게 오토네이션은 '애프터서비스 강화'와 '재고 감축 및 제품 포트폴리오 정리'라는 두 가지 방향을 최악의 시나리오인 1번 시나리오의 대응전략으로 채택했는데, 이 두 전략은 나머지 3개의 시나리오에서도 그리 나쁠 것없는, 꽤 괜찮은 전략이라고 판단했고 곧바로 전략 실행에 돌입했다.

시나리오 플래닝으로 얻은 성과

그런데 2007년에 서브프라임 모기지 사태가 발발하면서 전 세계 금융시장이 급속도로 얼어붙고 말았다. 1번 시나리오에 꼭 맞는 상황이 벌어졌던 것이다. 그때 미국 자동차 업계는 엄청난 위기에 봉착했고 경영자들은 공적자금을 지원 받으려고 의회 청문회에 참석해야 했다.

하지만 오토네이션은 그 시기에 주가가 무려 400%나 상승하는 기염을 토했다. 금융위기여서 자동차 전체 수요는 줄었지만 그래도 자동차를 사려는 소비자는 있었다. 오토네이션은 상대적으로 좋은 애프터서비스, 실용적인 라인업이란 전략으로 다른 딜러 회사로 향할 소비자들을 끌어당겼다. 시장에 대한 기본가정을 의도적으로 뒤집어봄으로써 남들보다 시장의 변화를 먼저 대비했기 때문에 오토네이션이 비범한 성과를 냈던 것이다.

'매출 확대'와 같은 벙벙한 주제로 시나리오 플래닝을 해야 할 때는 여러분이 시장에 대해 가진 모든 가정을 수집해 본 다음 가장 중요하고 가장 불확실성이 큰 가정 2개를 가지고 4개의 시나리오를 만들어 보라. 그런 다음, 최악의 시나리오에 최적이면서 나머지 시나리오에서도 괜찮은 전략을 수립하라. 그러면 서브프라임 사태처럼 돌발적이고 파괴적인 시장 변화에 빠르게 대처할 수 있다. 오토네이션의 방법도 잘 알아뒀다가 적시에 써보기 바란다.

모두가 비슷한 생각을 한다는 것은
아무도 생각하지 않는다는 말이다.

알버트 아인슈타인 Albert Einstein

참고문헌

시나리오 플래닝 도서

- Michel Godet, 『Creating Futures : Scenario Planning as a Strategic Management Tool』, Economica 2nd Edition, 2006.
- Eric Garland, 『Future Inc. : How Businesses Can Anticipate and Profit from What's Next』, AMACOM, 2007.
- Liam Fahey & Robert M. Randall, 『Learning from The Future : Competitive Foresight Scenarios』, John Wiley & Sons, 1998.
- Mat Lindgren & Hans Bandhold, 『Scenario Planning : the link between future and strategy』, Palgrave Macmillan, 2003.
- Kees van der Heijden, 『Scenarios : The Art of Strategic Conversation 2nd Edition』, John Wiley & Sons, 2005.
- Bill Ralston & Ian Wilson, 『The Scenario Planning Handbook : A Practitioner's Guide to Developing and Using Scenarios to Direct Strategy in Today's Uncertain Times』, Thomson/South-Western, 2006.
- Kees van der Heijden, 『The Sixth Sense : Accelerating Organizational Learning with Scenarios』, John Wiley & Sons, 2002.
- 피터 슈워츠, 손민중 역, 『미래를 읽는 기술』, 비즈니스북스, 2004.
- 에드워드 코니시, 이영탁 역, 『미래진단법』, 예지, 2005.
- 니시무라 미치나리, 이호석 역, 『시나리오 로드맵으로 미래를 설계한다』,

바다출판사, 2005.
- 벤 길라드, 김은경 역, 『미래를 내다보는 창』, 3mecca.com, 2005

미래학 도서

- LG경제연구원, 『2010 대한민국 트렌드』, 한국경제신문, 2006.
- 제임스 캔턴, 김민주 역, 『극단적 미래예측』, 김영사, 2007.
- 페트릭 딕슨, 고빛샘 역, 『퓨처와이즈』, 엘도라도, 2007.
- 에디 와이너, 아널드 브라운, 안진환 역, 『퓨처싱크』, 해냄, 2006.

기타 도서

- 제임스 러브록, 이한음 역, 『가이아의 복수』, 세종서적, 2008.
- 유정식, 『경영유감』, 거름, 2006.
- 유정식, 『경영, 과학에게 길을 묻다』, 위즈덤하우스, 2007.
- 로이 W. 스펜서, 이순희 역, 『기후 커넥션』, 비아북, 2008.
- 하워드 블룸, 이무연 역, 『루시퍼 원리』, 파스칼북스, 2002.
- 테리 번햄, 서은숙 역, 『비열한 시장과 도마뱀의 뇌』, 갤리온, 2008.
- 토머스 L. 프리드만, 김상철 외 역, 『세계는 평평하다』, 창해, 2006.
- 프리더 라욱스만, 박원영 역, 『세상을 바꾼 어리석은 생각들』, 말글빛냄, 2008.
- 리처드 오글, 손정숙 역, 『스마트월드』, 리더스북, 2008.
- 토르 뇌레트라네르스, 박종윤 역, 『왜 사랑에 빠지면 착해지는가』, 웅진지식하우스, 2007.
- 피터 센게, 안중호 역, 『피터 센게의 제5경영』, 세종서적, 1996.
- 캐스 R. 선스타인, 홍장호 역, 『최악의 시나리오』, 에코리브로, 2008.
- 도모노 노리오, 이명희 역, 『행동경제학』, 지형, 2006.
- 래리 보시디, 램 차란, 정성묵 역, 『현실을 직시하라』, 21세기북스, 2004.
- 김재문, 『프로기획자의 전략적 사고』, 새로운 제안, 2004.

불확실한 시대의 성공 전략 **시나리오 플래닝**

ⓒ유정식

개정판 1쇄 발행 | 2024년 11월 20일

지은이 | 유정식
편집디자인 | 유정식
표지디자인 | 달그리고
펴낸이 | 유정식
펴낸곳 | 경다방
출판등록 | 2020년 7월 27일(제2020-000080)

주소 | 서울시 서대문구 연희로27길 113, 1층 (우 03698)
전화 | 02-733-1568
이메일 | kyoungdabang@gmail.com

값 19,000원
ISBN 979-11-973221-2-9   03320

*이 책의 판권은 지은이와 경다방에 있습니다.
  이 책 내용의 전부 또는 일부를 재사용하려면 반드시 양측의 서면 동의를 받아야 합니다.
*잘못 만들어진 책은 구입하신 서점에서 교환해 드립니다.